久而思

地方志编修和研究文集

褚半农 著

上海辞书出版社

图书在版编目(CIP)数据

久而思 ：地方志编修和研究文集 / 褚半农著.
上海 ：上海辞书出版社，2024. -- ISBN 978-7-5326-6306-4

Ⅰ. K290-53

中国国家版本馆 CIP 数据核字第 2024W1G784 号

上海市闵行区文化发展专项资金扶持项目

久而思：地方志编修和研究文集

褚半农　著

责任编辑	苏铁颖
装帧设计	梁业礼
责任印制	曹洪玲
出版发行	上海世纪出版集团 上海辞书出版社®(www.cishu.com.cn)
地　　址	上海市闵行区号景路 159 弄 B 座(邮政编码：201101)
印　　刷	上海世纪嘉晋数字信息技术有限公司
开　　本	720 毫米×1000 毫米　1/16
印　　张	21
插　　页	8
字　　数	350 000
版　　次	2024 年 12 月第 1 版　2024 年 12 月第 1 次印刷
书　　号	ISBN 978-7-5326-6306-4/K·1278
定　　价	88.00 元

1

2

图1　第十三届中国地方志学术年会、2024年上海地方志论坛合影（2024年5月上海华夏宾馆，三排左3为作者）

图2　第二届方志文化国际学术研讨会暨第九届中国地方志学术年会合影（2019年7月长沙，四排右1为作者）

3

4

图3　首届中国地方志与中华优秀传统文化论坛合影（2023年3月重庆，三排右11为作者）

图4　2016年地方志理论研讨会合影（2016年12月上海师范大学，三排右7为作者）

5

6

图5　2018年地方志与地方史理论研讨会合影（2018年8月复旦大学，二排左3为作者）

图6　2021年地方志理论研讨会合影（2021年10月上海科学会堂，三排右8为作者）

7

8

图7　2023年地方志理论研讨会合影（2023年8月上海科学会堂，二排左5为作者）

图8　上海郊县教育志协作会议上海县会议（1986年10月上海县，一排左1凌洪曼、左2庞鹿鸣，三排左1陈沛寰，二排右1刘式训、右4为作者）

9

10

11

图9　2016年地方志理论研讨会（2016年12月上海师范大学，左为复旦大学巴兆祥教授）

图10　2016年地方志理论研讨会（2016年12月上海师范大学，右为上海师范大学张剑光教授）

图11　浙江省方志文化研究与传承协同创新中心第一届方志文化研究与传承学术论坛（2024年10月金华，左为中心执行主任颜越虎，右为宁波大学沈松平教授）

12

图12 2019年地方志理论研讨会（2019年12月复旦大学，右为安徽省地方志研究院5室张军副主任）

图13 第二届方志文化国际学术研讨会暨第九届中国地方志学术年会（2019年7月长沙）

图14 2021年地方志理论研讨会（2021年10月上海科学会堂）

13

14

15

16

图15　2022年地方志理论研讨会（2022年11月上海通志馆）
图16　2023年地方志理论研讨会（2023年8月上海科学会堂）

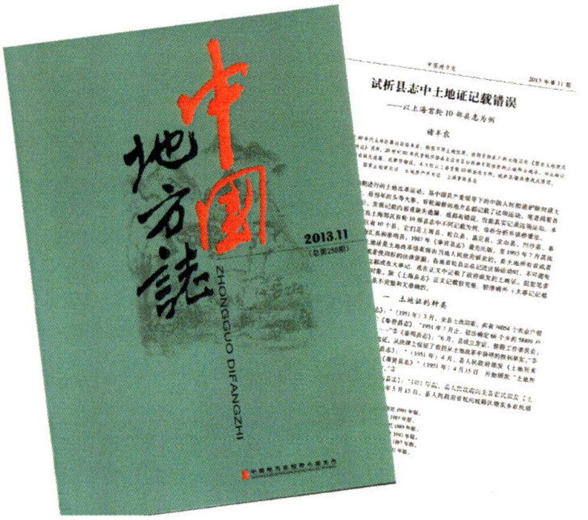

17

18

19

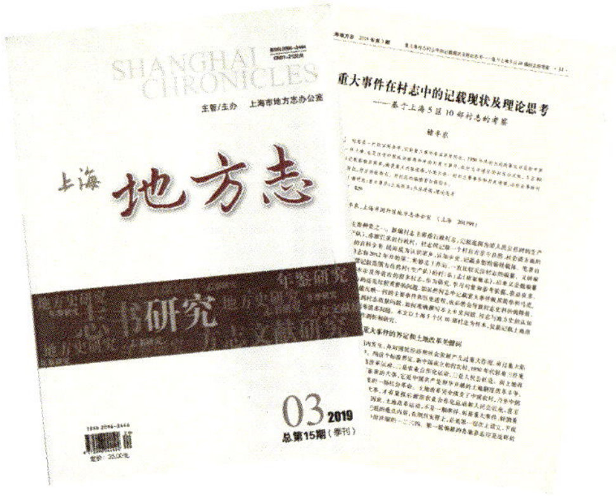

20

21

图17 第一篇地方志论文发表于2013年第11期《中国地方志》

图18 2016年第1期《上海地方志》

图19 2017年第1期《上海地方志》

图20 2019年第3期《上海地方志》

图21 2023年第3期《上海地方志》

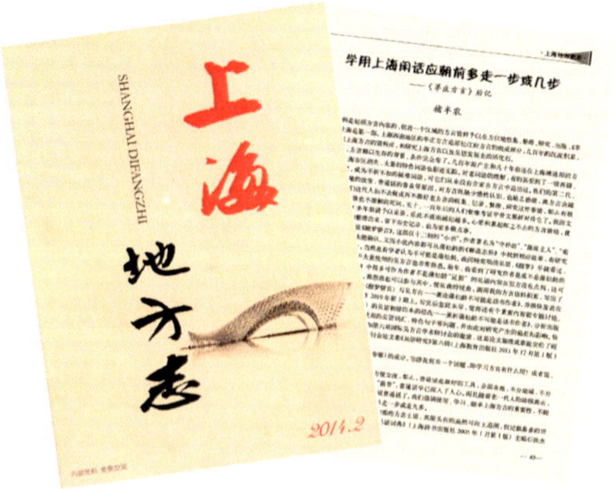

22

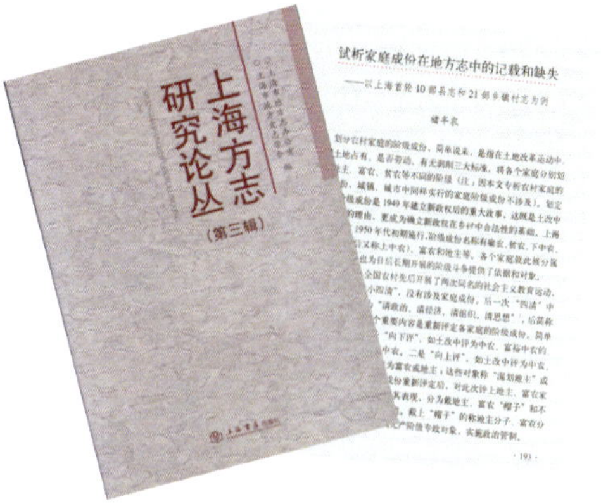

23

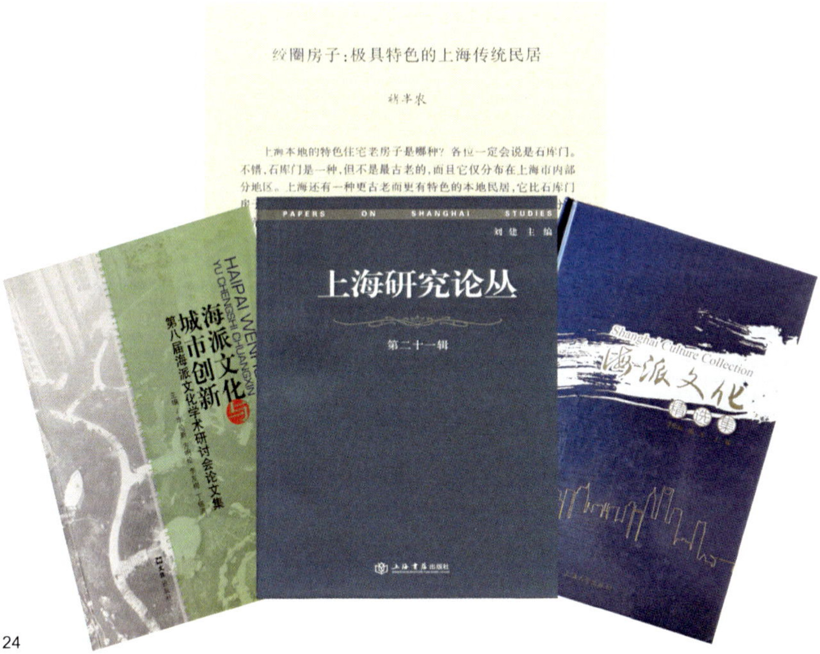

24

图22 2014年第2期《上海地方志》
图23 论文被上海方志研究论丛（第三辑）收录（2017年6月）
图24 绞圈房子论文被3部学术文集收录（标题有改动）

25

26

图25 上海第一张绞圈房子实体照（1990年摄于莘庄乡莘北村谈家塘）

图26 绞圈房子仪门头（同上）

27

28

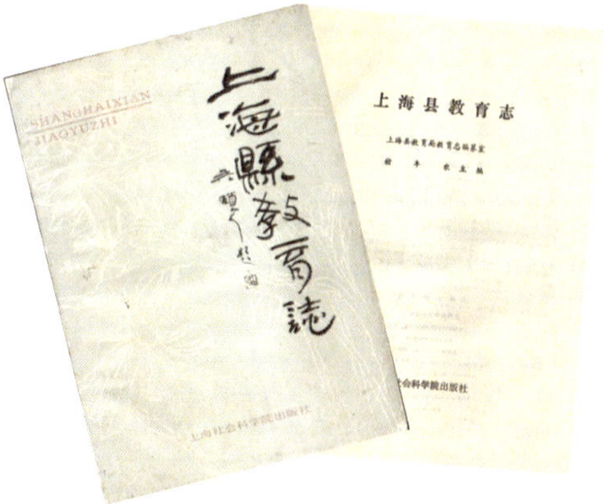

29

30

31

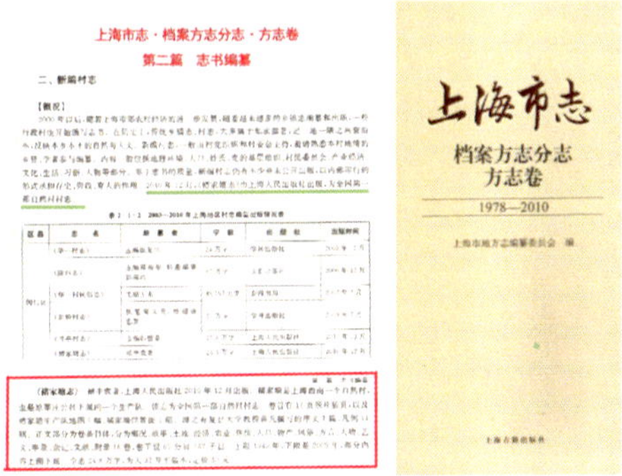

32

图27 参与编纂的《上海县志》封面

图28 参与编纂的《上海市闵行区志1992—2011》封面

图29 参与编纂的《上海县教育志》(后任主编)书影

图30 《褚家塘志》(2010年第1版)书影

图31 《褚家塘志》(2010年版)获奖证书

图32 《褚家塘志》(2010年版)为全国第一部自然村村志

33

图33 《褚家塘志》(2019年第2版)封面、扉页
图34 《东吴志》(2020年版)书影
图35 《东吴志》(2020年版)封面、扉页
图36 《东吴志》三校稿

34

35

36

37

38

图37 短视频《传统民居 记录有志》（褚半农撰稿，闵行区融媒体中心拍摄，闵行区地方志办公室选送，2023年4月）

图38 短视频《传统民居 记录有志》获奖证书和奖牌

39

图39 编修《东吴志》工作照1：在区档案馆抄录档案目录（2015年8月）

图40 编修《东吴志》工作照2（2020年12月）

40

序　一

褚半农先生是上海地方志界的“老兵”。自 1983 年 2 月参加上海第一轮地方志编修工作以来，一直在修志第一线。退休后继续编修村志，研究理论，撰写论文，参加上海及全国的地方志学术研讨会，至今还活跃在方志界。现在，他的大著《久而思：地方志编修和研究文集》被列为“上海市闵行区文化发展专项资金扶持项目”正式出版，值得关注。基层修志人员出版研究文集，这在闵行区是首次，在上海也是首例，令人感佩，特向他表示祝贺。

上海第一轮修志时，褚先生就参加了《上海县教育志》的编纂工作（后任主编），并为《上海县志》撰稿。2011 年 9 月 5 日起，又应莘庄镇政府之邀，参加上海第二轮地方志编修工作，为《上海市闵行区志 1992—2011》撰写莘庄镇内容，实际完成的撰稿任务还有区志中的方言、风俗、专记中一个生产队的社会调查等章节。他为自己的自然村（生产队）修的《褚家塘志》，不仅在上海市第三届地方志优秀成果评选中获得（志书类）三等奖，还被《上海市志 · 档案方志分卷 · 方志卷》认定为“全国第一部自然村村志”。2015 年 6 月 1 日起，又应原东吴村之邀，在 5 年时间里，以一己之力编修完成出版约 88 万字的行政村志《东吴志》。此外，他还为一家企业修了部公司志稿，现正与上海师大刘民钢教授共修《闵行方言志》（出版中）。他热爱修志工作，将此生约一半的时间献给了上海县、闵行区的地方志事业。

褚半农先生在为地方志撰稿的同时，注重总结修志经验，探索修志问题，研究修志理论，发表修志论文，这部研究文集就是他善于思考、勤于动笔的成果汇编。他的第一篇地方志学术论文是《试析县志中土地证记载错误——以上海首轮 10 部县志为例》，而且出手不凡，直接发表在国家级核心刊物

《中国地方志》（2013 年第 11 期）上。论文对 1980 年代上海首轮所修县志没有区分两种不同性质的土地和土地证作出剖析，这个问题的发现，对于地方志的存史价值研究具有重要的现实意义，我们可以更深入理解地方志在记录历史中的重要作用，以及在学术研究中的价值。从一张小小的土地证上也可看出，褚半农先生对农村社会基层情况，甚至历史细节都非常熟悉，对志书撰写又非常认真扎实，这也是地方志工作者应该具备的基本素质。

行政村是最小的基层单位和社会细胞，编修村志是地方志的重要任务之一。褚半农先生有长期而丰富的村志编修实践经验，还下功夫对村志进行较为系统和翔实的研究，形成深刻独到的见解。文集中关于村志编纂的论文有十多篇，且都是公开发表过的。具体地说，一是宏观论述，如《重大事件在村志中的记载现状及理论思考》《试析家庭成分在地方志中的记载和缺失》《村志记载知识青年插队落户的评述和思考》《村志记载生产队的现状分析及思考》等，内容涵盖了村志的性质、功能、编纂原则、体例特点、资料选用以及具体的编纂技巧等多个方面。二是微观分析，如《从随写俗体字谈村镇志书写规范》对村镇志中随意使用不规范俗体字的现象提出了善意批评。这些论文一文一议，分析理性、语言通俗、针对性强，具有指导性，可为编修村志提供思路和参考意见，以提高村志的编修质量和存史价值。

褚半农先生长期研究松江府方言和明清吴语，成绩斐然，他发挥特长，发表的《上海旧志中的方言词汇考察及价值初探》探讨了旧志中方言记载概况、方言在志书中的分布、方言词汇主要类型等内容，这“在目前基本还属处女地、尚是学术新课题的地方旧志中的方言词汇研究方面做出尝试性的努力”（陈畅语，2022 年第 1 期《上海地方志》第 14 页），具有开创性意义。同类论文还有《地方旧志：方言文化的珍贵资源库》《从河流名称古音现状思考上海方言的传承》。绞圈房子是上海及苏南的优秀传统民居，1983 年第一轮修志时，褚半农先生就根据房子结构特点及方言读音，正式定名为“绞圈房子”，记入《上海县志》（1993 年出版），这是绞圈房子首次正式、准确、完整地载入地方志。后他又从清光绪九年（1883 年）出版的《松江方言教程》中，挖掘出了 120 多年前（距今已 140 多年）记载绞圈房子的珍贵资料；发表论文《绞圈房子：极具特色的上海传统民居》，公布他的研究成果。这是全市第一篇研究绞圈房子的学术论文，先后被市地方志办公室编辑的《上海研究论丛》（第二十一辑）等3部文集收录，也为这种长期存在却被遗忘的古老建筑重新进入世人之眼，提供了研究课题和翔实资料。

本文集中的这些论文，是从修志实践中来的，是自身修志的感悟，无论是老方志人还是新修志人，阅后必有启发，在此特向各位修志人推荐，并感谢作者。

是为序。

朱雷萍

（上海市闵行区地方志办公室主任）

久而思

序　二

如果把历史研究比作一座大厦，历史资料的积累就相当于大厦的基础。地方志的编纂，做的就是为历史研究打基础的工作。没有史料的积累，历史的研究大约就是一座空中楼阁。

褚半农先生长期从事地方史研究，在方言、地方史的研究和地方志的编纂上，都卓有建树。比如在本地方言的考据、绞圈房子等本地特色建筑的发掘研究、本地风俗的记录和探讨等方面，无不成就斐然。不过，在诸多成就中，我个人认为，他在地方志编写和研究方面的贡献尤为卓著。

半农先生参与地方志的编纂工作，已历四十余个年头，所参与编写和担纲编著的方志已有多种，大到县志，小到专志、村志，积累了丰富的志书编纂的实践经验，尤其是近年独力编写完成的《褚家塘志》和《东吴志》，已经成为国内村志的典范性著作。

地方志的编写，大志不易，小志尤难。因为志书不同于史书，史书作者可以直接表达自己的观点和判断，然而方志一般不直接陈述观点，而是通过所收录的历史资料，隐晦表达作者的观点和看法。因而，志书中材料的取舍、记载的详略，往往体现了编写者对社会的了解、文化的积淀和才识的深浅。特别是小志的编纂，需要作者一方面熟悉本地历史、文化、特产、方物，另一方面有对社会、政治、经济的思考。哪些史实可以入志，哪些史料需要深入开掘，往往以小见大，尤见功力。《褚家塘志》和《东吴志》的成就，不仅在于作者对本地史料的长期积累和深度发掘，更在于编纂者具有独到的眼光和见识。

更为难得的是，半农先生在丰富的实践工作基础上，对相关的理论问题深入思考，并在编志之余总结成文，这在当今的方志工作者中，尤为难能可贵。他的论文，往往富有卓见。比如，他认为1960年代以后，中央提出“三级所有，队为基础”，生产队成为农村基本的经济核算单位，是相当长的时期里中国农村极具特色的基层组织。因此，在方志的编写中，尤其是在村志的编写中，无论是农村的行政管理，还是农业生产、经济分配，生产队都是绕不过去的一个点。因而方志应该对生产队的方方面面，进行深入发掘和记录，本集中的《村志记载生产队的现状分析及思考——以上海若干部村志为探讨中心》一文，正是半农先生对这一问题进行理论思考的记录。

除此之外，他还对修志中历史档案和家庭档案的利用、村志中重大历史事件的记载、方志中“家庭成分”等内容的记载、“知识青年插队落户”史实的记述、农村自留地这一史实的记述、城镇化背景下村志的编修、方志中重要历史证书（如土地证）的记录等问题，都有着深入的思考。本集中的相关论文，正是这些理论研究的总结。

我和半农先生因方志而认识，前后交往已近四十年。他长我十多岁，蒙他不弃，一直当我是朋友。我深知他在方言、建筑、文学、方志多个领域多有成就。我们一起编写地方方言志，交流很多，平时议论，多聆高见。我也知道他常常将平时的心得撰写成文，在杂志和研讨会上发表。

现在知道他有机会将多年积累下来的方志研究论文编纂成集，我很是高兴。现在各地的方志编写正蔚成风气，但是对方志有正确、深入认识的不多。不少作者以为摭拾材料，抔集成书，就是方志了，这实在是把地方志看轻了。正如上文所言，方志的编纂，没有对当地文化的深入了解，没有相关史料的长期积累，特别是没有深入的理论知识的支撑，是很难编出好的方志的。因此，我觉得半农先生的上述研究成果，正好切中现在方志编纂的时弊，因而极有参考价值，很值得现在的方志编写者们认真研读和参考。

半农先生要我给他的论文集写序，我殊感惶恐。谨以我们长期交往中他常常述及的想法和我的一些理解，作为集中论文的背景，介绍给大家，或可作为参考。

刘民钢

（上海师范大学图书馆原馆长、中文系教授，语言学家）

目　录

二、其　他

三、受 评

四、附 录

久而思。

一 文论

久而思。

重大事件在村志中的记载现状及理论思考

——基于上海五区 10 部村志的考察

摘　要： 村志是一村的百科全书，记载重大事件是其职责所在。1950 年代的土地改革运动是中华人民共和国成立后农村的第一件大事，在村志中理应得到充分反映。上海五区 10 部村志实际记载都极其简单，致使重大内容遗漏，不能反映一村的主要事件和历史进程，必然会导致村志史料价值降低，存史功能弱化。对村志的编纂要加强指导。

关键词： 村志记载；重大事件；重大遗漏；加强指导

村志，是地方志主要种类之一。新编村志主要指行政村志，记叙范围为原人民公社时的生产大队（下有若干个生产队），亦即后来的行政村。村志因记载一个村自古至今自然、社会诸事物的历史和现状，是一个村的百科全书，因而成为认识家乡、认知乡史、记载乡愁的最佳载体。我 1980 年代参加上海第一轮修志工作，后又参加 2011 年开始的上海第二轮修志工作，一直比较关注村志的编纂。后因编纂了上海乃至全国第一部记叙范围为自然村（生产队）的村（队）志《褚家塘志》，又受命编纂行政村志，故更注重收集本市及外省市的很多村志，作为研究、学习对象和参考依据，获益良多。但也从中发现一些问题，有的还是比较重要的问题、亟须解决的问题。如村志中记载重大事件极其简单和马虎，而且还不止一部村志，致使志书内容有重大遗漏，不能反映一村的主要事件和历史进程，也必然会导致村志史料价值降低，存史功能弱化。这不仅关系到如何准确撰写本土乡史问题，而且涉及对村志与地方史的认知问题以及地方志编纂体例等诸多问题。本文以上海五个区 10 部村志为样本，仅就记载土地改革运动（简称“土改”）的现状作剖析和研究。

一、重大事件的界定和土地改革关键词

重大事件是指在某一个时期内发生，并对国民经济和社会发展产生过重大作用、有过重大影响，具有某种标志性意义的大事件。用这个标准界定，中华人民共和国成立初期的农村，1950 年代就有三件重大事件，以时间顺序排列，一是土地改革运动，二是农业合作化运动，三是人民公社化运动。而土改是中华人民共和国成立后在农村开展的第一件头等大事，它是中国共产党领导的废除封建土地所有制的革命运动，由此完全改变了中国农村。也因为有了这件大事，才有紧接后面的农业合作化运动和人民公社化运动，直至 1980 年代出现联产承包责任制等。因此，土改不是一般事件，而是重大事件、特别重大事件。这类事件是地方志首选记载的重点内容，在纲目安排上，必须在第一层次上设立章目，下面层次中细列；在具体内容上，也必须有准确而详细的介绍。第一轮编修的各地县志应这样处理，后起的乡志、村志也应是这样的。

要完整、准确地记叙土改这件大事，必须先要理清土改指示精神，理清时间脉络，理清运动内容，做到心中有数，特别是要关注五个关键词：开展时间、政府指示、划分成分、没收（征收）和分配土地、颁发土地证，并了解其中的重要内容、具体信息。

（一）开展时间

因五个区 10 部村志所在的行政村范围，在 1950 年代时分属江苏省和上海市，土改开展的时间自然有先后。总的来说，土改开展时间在 1950 年和 1951 年，是有领导地分期分批地进行的，每一个村庄所用时间约六个月。

（二）政府指示

需要了解当年中央政府和地方政府核发的有关文件，如 1950 年 6 月中央人民政府发布命令公布施行的《中华人民共和国土地改革法》，是指导土地改革的基本法律依据。同年 11 月政务院通过《城市郊区土地改革条例》。上海市还有《上海市郊区土地改革实施办法》等指导性文件。

（三）划分成分

划分家庭阶级成分既是土改重大举措，也是1949年建立新政权后的重大政事。成分名称有雇农、贫农、中农、富农和地主等。也只有划分了各个家庭的阶级成分，土改中没收（征收）地主、富农等的土地房产等，并变更土地权属就有了依据和理由。每个家庭从此都有属于自己的阶级成分，同一村庄的各家就此分属不同阶级，有的属于剥削阶级（地主、富农等），有的属于非剥削阶级（贫农、雇农等），这也为日后长期开展的阶级斗争提供了依据和对象。此后农村各项工作中，不同阶级的家庭成员，有的是依靠对象（贫农、雇农等），有的是团结对象（中农等），有的是中立对象（富农等），有的成为革命对象（地主等）。

（四）没收（征收）和分配土地

家庭阶级成分评定后，便依法没收（征收）地主、富农等的土地房产等，并将这些分配给无地（房）或少地（房）的农户，土地权属由此发生变化：农村土地由原来只有私有制，变成有三种情况、两种性质。我曾在论文《试析县志中土地证记载错误——以上海首轮10部县志为例》中分析过："土改结束时，农户的土地出现三种情况，一是无地农户分到的土地（也包括被没收土地后地主、富农家庭分到的土地）；二是自有少量土地的农户，他们也分到的土地；三是有些家庭自有土地较多，土改中未分到土地，这部分农户的土地还是土改前原有的。三种情况的土地实为两种：分得的土地和自有的土地。从土地性质来看，这是两种性质完全不同的土地。"[①] 两种不同性质的土地，一为国有土地，拥有者只有使用权，没有所有权；二为私有土地，拥有者既有使用权，也有所有权。

（五）颁发土地证

土地证是土地所有者（即土改前原有土地的农户），或者土地使用者（即在土改中分得土地的农户）享有土地所有权或者使用权的法律依据，也

---

① 褚半农：《试析县志中土地证记载错误——以上海首轮10部县志为例》，《中国地方志》2013年第11期。

是土改历史的载体之一和见证。两种性质完全不同的土地，政府颁发的土地证也有两种，在土地证上通栏大字标注的名称分别是“土地房产所有证”和“国有土地使用证”。又因行政区划关系，江苏省的土地证上都会标明区域名称，如“苏南区奉贤县土地房产所有证”“苏南区上海县国有土地使用证”等。土地证颁发给每一户家庭，在一个村庄内，必有若干户领到《国有土地使用证》，若干户领到《土地房产所有证》，若干户既领到《国有土地使用证》也领到《土地房产所有证》。

上述五个关键词，其核心内容一是划分各家庭阶级成分，二是没收（征收）地主、富农等的土地并分配给无地或少地的农户，三是颁发土地证，这是村志记载土改的重点内容，必须详写，缺一不可。

二、村志的记载现实和问题的提出

土改既然如此重大、重要，那在村志中又是怎样被记载的呢？我从自己收藏的志书中，随机选了上海市奉贤区、闵行区、金山区、宝山区和浦东新区五个区的10部村志作为考察对象，了解它们对这一重大事件的记载情况，思考村志中如何“系统详细客观地”记载好重大事件。这些村的修志工作都走在全市前列，表明了具备相对成熟的编纂条件。10部村志的共同特点是，都设有编纂委员会，下设编纂办公室，也都经过职能部门的指导和完稿后的审评，就是说，都是合法、合规的地方志书。10部村志中，正式出版的7部、内部印刷的3部，出版（印刷）时间自2003年至2016年（2003年1部，2009年1部，2010年2部，2013年1部，2014年2部，2016年3部，其中《华一村志》是上海第一部出版的村志）。这些村志涵盖了上海东西南北区域不同类型的行政村，可基本反映当前村志的编纂情况和存在的问题。

10部村志记载土改的基本情况是：仅在正文中记载的1部，即《杨行镇志·（1949—1985）杨行卷》；仅在大事记中记载的有6部，它们是《杨王村志》《光明村志》《华一村志》《欢兴村志》《杨行镇志·（1949—1985）吴淞卷》《金星村志》；在大事记、正文中同时记载的有《新桥村志》《南星村志》《界龙村志》3部。

（一）从用字数（自少到多排列）及其在村志总字数中的占比分析

《华一村志》12字（连标点，下同），占0.005%；《金星村志》19字，占0.011%；《杨行镇志·（1949—1985）吴淞卷》22字，占0.007%；《杨王村志》42字，占0.004%；《欢兴村志》127字，占0.064%；《光明村志》128字，占0.023%；《南星村志》150字，占0.091%；《新桥村志》168字，占0.058%；《杨行镇志·（1949—1985）杨行卷》232字，占0.074%；《界龙村志》931字，占0.147%。用字数在50字以下的有4部，100~200字的有4部，超过200字的有2部，其中《界龙村志》用了近千字记载土改。百分比虽然不能完全对应重视度，但肯定能反映出些情况的。

4部记载不满50字的村志内容：

1.（1951年3月）开展土地改革，年底结束。①（共12字）

2.（1950年）秋冬土地改革开始，先在凉亭乡进行试点。②（共19字）

3.（1950年）是年秋天，进行土改，评出地主23人、富农54人。③（共22字）

4.1　（1950年12月）杨王地区完成土地改革的没收、征收土地工作。④（共21字）

4.2　（1951年4月）奉贤县人民政府向农民颁发“土地房屋所有证”。⑤（共21字）（4.1和4.2合并，共42字）

真是不看不知道，一看吓一跳。上引4部村志，全书记载土地改革的字数都在50字以内。这么重要且内容极其丰富，政治意义、经济意义极为重大的土改，只用了不到50个字来记载，文字再怎么精练（编纂者有无此特长且

---

① 上海市闵行区梅陇镇华一村村民委员会、上海市闵行区区志办公室编：《华一村志》，学林出版社2003年12月版，第3页。

② 浦东新区祝桥镇《金星村志》编纂委员会编：《金星村志》，2014年3月内部印刷本，第8页。

③ 中共上海市宝山区杨行镇委员会、上海市宝山区杨行镇人民政府编：《杨行镇志·（1949—1985）吴淞卷》，上海人民出版社2010年12月版，第5页。

④⑤ 上海市奉贤区南桥镇《杨王村志》编纂委员会编：《杨王村志》，学林出版社2016年11月版，第21页。

不论），内容是绝不可能完整的。不管从什么角度讲，编纂者使用的字数太少太少了！少到不成样子的地步！而字数最少，也是最为夸张的《华一村志》《金星村志》，连标点符号在内，居然分别只有区区12个字和19个字！这是我至今看到的记载土改最漫不经心的村志。再从10部村志各自用字数在总字数中所占比例来看，除了《界龙村志》是小数点后面一位数计算，占0.147%外，其他都是小数点后面两位数甚至三位数起算的，也太不成比例了！如百万字的皇皇巨著《杨王村志》，土地改革内容字数仅42字，所占比例要从小数点后面第三位起算，只占0.004%！为10部村志中占比最低的。

（二）从记载内容分析

上引4部村志中的土改内容，仅出现在大事记中，每一条又因字数太少，记载极不完整，也不可能有时间、事件、原因、过程等各种基本要素。归纳起来，一是只说开始或结束，没有具体内容。二是说评出了地主和富农，其他有没有评？怎么评？都未记载。三是说完成没收、征收土地工作，为什么要没收、征收？没收、征收了谁的土地？一概阙如。四是只颁发了“土地房屋所有证”，且此说法也有误，以实物为证，应是“土地房产所有证”。

其他村志又记载了哪些内容呢？

1.《光明村志》

1.1　（1951年3月）土地改革、土地分配工作结束。谢家村92户农户，有雇农11户、贫农31户、中农43户、富农5户、地主2户。潘家村70户农户，有雇农13户、贫农22户、中农23户、富农10户、地主2户。沙衍村102户农户，有雇农23户、贫农54户、中农16户、富农1户、地主8户。①（共116字）

1.2　（1951年4—7月）颁发“土地房屋所有证”。②（共12字）（1.1和1.2合并，共128字）

①② 上海市奉贤区南桥镇《光明村志》编纂委员会编：《光明村志》，学林出版社2014年2月版，第9页。

2.《新桥村志》

2.1 （1951年3月）开展土地改革，在土改中划定阶级成分，年底结束。① （共23字）

2.2 新中国成立之初，实行生产自救、减租减息、成立农民协会、进行土地改革，在土改运动中划定阶级。对土地实行没收、征收、分配，通过整理地籍、颁发土地证，废除了封建的土地所有制，实现了耕者有其田。在土改运动中，仅新桥自然村有18户王姓后裔被划为地主成分，他们的土地、房屋按土改政策，该没收的一律没收。② （共145字）（2.1和2.2合并，共168字）

3.《南星村志》

3.1 （1950年）秋，村域全面土地改革。③ （共11字）

3.2 1950年秋，发动群众进行阶级教育和政策学习，培训干部及归户并册，划分阶级成分等准备工作，冬天开展斗地主分浮产。没收地主、富农及其他业主土地，每户分配人均0.13~0.17公顷。1951年春开始进行"反黑田"复查补漏工作，翌年冬，由金山县人民政府向每户颁发土地证，确立了农民的土地所有权，实现耕者有其田。④ （共139字）（3.1和3.2合并，共150字）

4.《欢兴村志》

4.1 （1950年8月）欢庵乡根据6月30日《中华人民共和国土地改革法》颁布后的政策法令，全面开展土地改革运动，没收地主"五大

① 《新桥村志》编委会编：《新桥村志》，学林出版社2009年7月版，第3页。
② 《新桥村志》编委会编：《新桥村志》，学林出版社2009年7月版，第121页。
③ 南星村村志编纂委员会编：《南星村志》，2016年5月内部印刷本，第6页。
④ 南星村村志编纂委员会编：《南星村志》，2016年5月内部印刷本，第102页。

财产”（土地、耕牛、农具、房屋、物资）分给贫苦农民。①（共76字）

4.2　（1951年6月）松江县人民政府颁发土地房产所有证，欢庵乡农民拿到苏南专区松江县土地房产所有证有490户，土地改革运动结束。②（共51字）（4.1和4.2合并，共127字）

5.《杨行镇志·（1949—1985）杨行卷》

1950年秋，本乡全面展开土地改革运动（简称土改）。区人民政府派出人员组成土改工作队进驻本地一镇四乡。各乡镇相继组成了由乡干部、乡农会干部参加的土地改革委员会，发动群众进行忆苦、算账，并进行政策教育，摸清各家各户的土地占有情况，依据《中华人民共和国土地改革法》规定，实施土改。各乡镇按各自的总面积和总人口得出平均数，然后没收地主的土地、财产，征收富农的多余土地，使无田少田的雇农、贫农分到了土地，领到土地证，土地归农民个人所有。农民成了土地的主人，劳动收益也归自己所有。③（共232字）

上引5部村志记载内容稍微有所增加，但也没有一部村志内容是完整的。归纳起来，记载内容分别是：一是土改结束，或土改分配工作结束。二是划定阶级，有地主、富农、中农等阶级成分。三是没收地主财产。四是颁发土地房产所有证（也有错写成“土地房屋所有证”的）。五是虽然有的记载字数超过200字，但内容仍很不完整。就是将5部村志的这些文字全部综合起来，也还没有将土改内容记载清楚、完整，且不考虑表述不准确的文字。

在10部村志中，《界龙村志》记载字数最多，在大事记和正文中有两处记载，共931字（因文长不引），土地改革内容从5个方面记载，分别是健全组织、思想教育、评议土地赋册、划分阶级成分和没收、清理、分配。记载内容显然比其他9部村志多得多，属于比较完整。

①② 欢兴村村志编纂委员会编：《欢兴村志》，2016年5月内部印刷本，第7页。
③ 中共上海市宝山区杨行镇委员会、上海市宝山区杨行镇人民政府编：《杨行镇志·（1949—1985杨行卷）》，上海人民出版社2010年12月版，第88页。

三、原因探究和理论思考

土地改革既是政治运动，又是经济运动。这件大事在档案里都保存着大量第一手资料，计有中央和地方政府的文件，有运动总结，有划分家庭阶级成分的依据及结果等。更重要的是，还有土地改革结束后本村的人口、土地、房产情况分户登记情况表，即每户人家的土地证存根（有两种）。这类资料当年是重点归档，现在是重点保管，都属永久档案，不可能缺失，更不可能大量村庄的土改资料缺失，因此由于档案资料不足而造成记载简单的原因是不存在的。出现上述情况的原因无非有二。一是内因：（1）编纂者对这一重大事件的重要性认识不足。土改已过去60多年，人们对事件淡忘了、隔膜了。（2）对这一重大事件的历史事实认知不清。对土改中发动群众、培训骨干、划分阶级、没收和分配土地财产、复查总结等几个阶段及内容，了解甚少。（3）没有认真、实在地查阅档案、利用档案。（4）不了解志书编纂要求及修志规则。二是外因：村志尚未列入地方志修纂规划，对自发修志缺少指导。尽管有审稿、修改，也只是小修小改，有的重大差错在评审时也未发现。

胡道静先生在谈1930年代上海通志馆工作时，引用过柳亚子先生的例子，说柳亚子先生就认为，既要修志，就应当按照“史以求实，志以存真”的原则。① 其实，这也是古今修志者形成的一种共识。“求实”和“存真”相互依存，“求实”是“存真”的基础和先决条件，只有“求实”才能“存真”。重大事件是由重要事实组成的，而事实只要发生过，就不会消失。修志过程就是系统、详细、客观地记录一村的发展历程，就是历史事件“求实”“存真”的过程。土地改革的事实有哪些呢？本文土地改革5个关键词，特别强调了3个核心词语“划分成分”“没收（分配）土地”和“颁发土地证”。记录这3个核心词语所涉及的基本内容，就是土改中最大最重要的“求实”。以其中划分家庭阶级成分来说，编纂者了解阶级成分种类、名称是“求实”，记录划分政策和对象是“求实”，明确每户家庭成分情况是“求实”。从土改

---

① 上海市地方志办公室、上海市地方史志学会：《上海方志研究综述》，上海社会科学院出版社2008年4月版，第42页。

中出现家庭成分到1979年取消家庭成分，影响整个社会和家庭长达三十多年。可10部村志中只有4部记载了此事件，却因内容极简而多有遗漏，如《杨行镇志·（1949—1985）吴淞卷》大事记中的“评出地主23人，富农54人”是“求实”吗？不是。评出的家庭成分，单位是“户”，而不是“人”。另外，其他阶级成分，如贫农、中农等呢？全部阙如，焉能“求实”？《光明村志》详列了谢家村92户农户、潘家村70户农户中各种阶级成分，是“求实”，但对没收（征收）地主、富农土地，将它们分给贫苦农民，由此彻底改变了土地所有制性质的“实”呢？一个字都未“求”，也就是最终没有做到“求实”，志书哪会“存真”呢？其实，对重大事件的“求实存真”，只要做到明确关键词，围绕关键词，突出核心内容即可。

“求实”“存真”自然是为“存史”。古人修志也强调：“缺焉不修何以示后。”①“示后”，表明了修志的目的是存史。村志本可发挥小志特点，详县志所略，对重大事件记载丰富翔实，客观可信，为史学研究和其他学科研究提供具体、重要的有价值资料。现实情况是，一大块重要历史事实忽略而“缺焉不修”，怎能发挥志书“存史、资治、教化”的功能作用呢？本文所论述重大事件记载极简单的情况，还不同于第一轮修志中关于敏感政治内容“宜粗不宜细”的说法，因为记载土改从1980年代第一轮修志开始就不存在着禁区。一部缺少记载土地改革重大事件的村志注定是残缺的、没有深度的，因为它忽视了村志存史的基本要素以及志书的精髓所在。

上海市地方志办公室2018年1月公布了《上海市乡镇街道村志及专业志编纂规划（2017—2025）》，这表明村志的编修列入工作日程，将会有更多的村志编纂并出版。“编纂规划”对乡镇街道村志编纂提出的编修原则中，就有“坚持实事求是的原则，系统详细客观地记录发展历程，体现地方特色和时代特征”的要求。需要特别提一笔的是，10部村志中，有的不仅记载土改简单、马虎，对其他重大事件，如农业合作化运动等的记载同样简单、马虎，这涉及修志人员的政策理解、知识积累、认知程度等。对重大事件的记载简单、存在遗漏等问题在修志实际工作中客观存在，又普遍被忽视，需要

①（清）光绪《重修华亭县志·勒方锜序》，《上海府县旧志丛书·松江县卷》中，上海古籍出版社2011年10月版，第717页。

引起注意和重视，看来对村志的编纂工作加强指导、对编纂人员予以培训等是十分必要的。

参考文献

1.《中华人民共和国土地改革法》，中共中央文献研究室编：《建国以来重要文献选编》第一册，中央文献出版社 1992 年 5 月版。
2.《政务院关于划分农村阶级成分的决定》，中共中央文献研究室编：《建国以来重要文献选编》第一册，中央文献出版社 1992 年 5 月版。
3. 刘少奇：《关于土地改革问题的报告》，中共中央文献研究室编：《建国以来重要文献选编》第一册，中央文献出版社 1992 年 5 月版。
4. 周鸿主编：《中华人民共和国国史通鉴》第一卷 1949—1956，当代中国出版社 1993 年 12 月版。
5. 上海市地方志办公室、上海市地方史志学会：《上海方志研究综论》，上海社会科学院出版社 2008 年 4 月版。
6.《上海市乡镇街道村志及专业志编纂规划（2017—2025）》，上海市地方志办公室官网。

（本文为上海市地方志办公室、复旦大学主办的“2018 年地方志与地方史理论研讨会”入选论文，首发于 2019 年第 3 期《上海地方志》）

《凤凰村志》重大事件的记载及思考

摘　要： 莫艳梅担任主编并总纂的《凤凰村志》，是浙江省杭州市萧山区衙前镇下属一个行政村的百科全书，约 231 万字，也是我见到的体量最大的村志。安徽省地方志办公室王晖先生《乡镇村志编纂存在的问题与对策》专门谈了目前全国村志编纂中的七个问题，其中一个问题是专谈村志中“重大历史事件缺失”，“可到目前为止，尚未见到乡镇村志能够正确记述”。《凤凰村志》比较完整地记录了凤凰村开展土地改革的过程，基本反映了这一重大事件的概况和历史进程，但“土地改革”在村志“大事记”中漏记，且 200 多万字的巨著应为这一重大事件提供更多的篇幅。志书中高级社的内容较少，从初级社开始，到高级社，一直到人民公社这一农村生产关系变革的历史阶段，是可以记载更多更有价值的资料的。

关键词：《凤凰村志》；重大事件；记载不完整；存史价值

从长沙参加“第二届走向世界的中国方志文化国际学术研讨会暨第九届中国地方志学术年会”回来后，就收到莫艳梅寄来的两厚册《凤凰村志》，马上拜读。凤凰村是浙江省杭州市萧山区衙前镇下属一个行政村，《凤凰村志》是该村的百科全书，由莫艳梅任主编并总纂，篇首设大事记、总述，另有正文 18 编，约 231 万字，是我见到的体量最大的村志，没有之一。对《凤凰村志》的评论，可从各方面进行，我比较关心的是村志如何记述重大事件，因为这几年中我一直关注着这个问题，还将它作为研究课题。又因从编纂实际现状看，村志在记述重大事件方面不尽如人意，或者说，很不尽如人意。《中国地方志》2018 年第 2 期曾发表过安徽省地方志办公室王晖先生《乡镇村志编纂存在的问题与对策》一文，专门谈了目前全国村志编纂中的七个问题，其中第四个问题专谈村志中“重大历史事件缺失”，文中有段文字是这样的："笔者在中国名村志丛书编纂研讨会上就呼吁过，至少在大事纪略中设置条目反映，可到目前为止，尚未见到乡镇村志能够正确记述，有的只字不提，割断历史，导致乡愁缺失。"

重大事件是指在某一个时期内发生，并对国民经济和社会发展产生过重大作用、有过重大影响，具有某种标志性意义的大事件，进而成为直接影响到全村生产活动、家庭生活、乡风民俗、人际关系的大事。用这个标准界定，中华人民共和国成立以后，就农村来说，就有诸多重大事件，以时间顺序排列，有土地改革运动、农业合作化运动、人民公社化运动、"四清"运动（又名社会主义教育运动）、农业学大寨、知识青年插队落户、联产承包（分田到户）、撤社改乡、城市化等。莫艳梅主编对村志的定位是："记述一村之村情村史村貌的资料性文献……是反映我国千百年来农村、农业、农民问题的重要载体。"① 从这个认识出发，村志记载本村内的重大事件是其职责所在，对比其他村志，《凤凰村志》对重大事件还比较重视，志书中也确有比较实际的记载，本文仅就土地改革和农业合作化这两件重大事件作些介绍和分析。

一、关于土地改革

1950 年代初的土地改革运动可以说是中华人民共和国成立后在农村开展的第一件头等大事，它是中国共产党领导的废除封建土地所有制的革命运动，由此完全改变了中国农村，而且因为有了这件大事，才有紧接后面的农业合作化运动和人民公社化运动，直至 1980 年代出现联产承包责任制等。因此，土地改革运动不是一般重大事件，而是特别重大事件。这类事件是地方志首选记载的重点内容，体现在纲目上，必须突出安排，以显示其重要性，在具体内容记载上，也必须有准确而详细的事实和数据。各地县志应这样处理，在乡镇志和村志中更应得到充分反映。

《凤凰村志》将"土地改革"这第一重大事件，安排在第一章"生产关系变革"中立目，目下设两节，即分为"第一节　土地改革前"和"第二

---

①《村志编纂如何突出地方性》，莫艳梅：《莫艳梅方志探论》，方志出版社 2018 年 3 月版，第 176 页。

节　土地改革”。在第一节里，村志要表达的重要内容有两项：一是当年土地占有情况，“自土地由私人占有后，土地可以租赁、买卖和典当，土地大量向地主、富农和中农阶层集中，使占人口极少数的地主拥有大量土地。地主通过土地的租赁、典押、雇佣等手段剥削无地农民。由于地主的欺诈与掠夺，加上频繁的水灾、旱灾、蝗灾，多数村民生计无着，温饱问题难以解决”。二是高额地租情况，“民国初期，土地的租赁方式有分租制、定租制和预租制，地租一般为正产全收量的50%，高的达70%”。因农业歉收断粮，致使某年饿死100余人。（第925页）

在第二节中，记述了土改开展的宣传教育、划分阶级、没收地主土地和财产、分配土地和财产等四个阶段，在详细分述各个阶段进行的具体工件和实施结果的同时，注意突出了两个重点：一是划分家庭阶级成分，二是没收地主土地和分配土地。在第一阶段中记述了土改工作队进村后宣传国家法规，发动群众诉苦，鼓励贫农、雇农站起来与地主作斗争等。第二阶段划分阶级（即划分家庭阶级成分）是土改工作的重点，此项工作结束，表明各个家庭就此划分为各种阶级成分，有的成为依靠对象（贫农、雇农等），有的成为团结对象（中农等），有的成为中立对象（富农等），有的成为革命对象（地主等），这也为日后长期展开的阶级斗争提供了依据和对象。家庭阶级成分关系到每户家庭和每个家庭成员，自土改开始，此项政策在全国先后实行了20多年，还在1960年代中期“大四清”中第二次划分家庭阶级成分，直到1979年才正式取消家庭成分。凤凰村根据《中华人民共和国土地改革法》和政务院颁发的《关于划分农村阶级成分的决定》要求着手划分阶级成分，并按照依靠贫农、雇农，团结中农，中立富农的原则，分清界限，找出典型户，民主讨论评定成分。村志记载：“时交通乡989户，其中划定地主12户、半地主式富农2户、富农28户、中农325户、贫农538户、雇农76户、小土地出租者1户、工商业资本家1户、工人6户。西曹自然村评定地主2户、富农1户。”第三、第四阶段也是土改重点，将地主土地和财产没收后，分配给缺地或少地农民，由此彻底改变了土地所有制性质，而后“各农户领到由萧山县人民政府颁发的土地所有权证”。（第927页）这一点很重要，村志必须记载，因为土地证是土地改革历史的见证和载体，是土地所有者或者土地使用者享有土地所有权或者使用权的法律依据，意味着土地产权的确认。“土地改革”这一节后，还附有交通乡、凤凰乡土地改革前后各阶层土地占有情况的表格，意在前后对比，说明土改后扭转了地主、富农大量占有土地的情况，改变了贫苦农民缺少土地的面貌。

这两节内容，村志记叙时间明确，重点突出，要素详列，用资料说话，比较完整地记录了凤凰村开展土地改革的全过程，基本反映了这件重大事件的概况和历史进程，达到了存史的目的。

二、关于农业合作化

在各地农村实行农业合作化，是土地改革后着手进行的另一件全国性的重大事件，这件大事按中央指示，分两步实施。

第一步是组织农业互助组。土改以后，分得土地、耕畜和农具的广大贫苦农民，虽然表现出很高的积极性，但由于个体劳动者占有的生产资料分散，不能满足迅速发展生产的需要，很多农民在经营中发生严重困难，尤其是占很大比例的贫农、雇农，生产和生活仍然存在严重问题，因此他们希望通过互助合作的方式发展生产。1951 年 2 月 15 日，中共中央颁布《关于农业生产互助合作的决议》，要求有条件的地方设办互助组，互助组由此在全国迅速发展，各自然村内均成立临时互助组或常年互助组，组内成员自愿组合，互相帮工干农活、有偿借用耕牛等大型农具，解决了一部分农民的实际困难。凤凰村（地区）的情况同中央文件中的要求相一致，村志记载了 1952 年春耕时，为发展农业生产，根据萧山县委提出的坚持“自愿互利，典型示范”的原则，“交通乡建立农业互助组 35 个，凤凰乡建立农业互助组 54 个”。“是年，凤凰乡有常年农业互助组 3 个，季节性农业互助组 51 个”。（第 928 页）

第二步是实现农业合作化，成立农业生产合作社。按照中央指示精神，这又分两步进行，一是先成立初级农业生产合作社。1953 年 12 月，《中国共产党中央委员会关于发展农业生产合作社的决议》正式公布，要求在群众有比较丰富的互助经验，而又有比较坚强的领导骨干的地区，应当有领导地同时又是有重点地发展第三种形式，即土地入股的农业生产合作社，这种农业生产合作社也称初级农业生产合作社（简称“初级社”）。凤凰村（地区）自然积极响应号召，农民开始组织起来走合作化之路。《凤凰村志》中记载：

“1954 年 2 月，交通乡试办胜利农业初级社。至年底，经多次组织动员，几经反复管理重组，交通乡建立农业初级社 12 个。”（第 928 页）《凤凰村志》在 1955 年 12 月的大事记也记述到：“衙前境内初级农业社已达 81 个，其中交通乡 25 个，凤凰乡 19 个。傅家自然村为胜利初级农业合作社，西曹自然村为胜健初级农业合作社。”（第 16 页）村志还记载到交通乡胜利社还被评为萧山县农业生产一等模范。（第 928 页）

从互助组到初级社，组织形式、分配形式全然不同，于是，《凤凰村志》又记载到：“初级农业合作社社员土地入股，集体耕种，秋后按股分红；大型农具折旧，分期偿还……年底按工分获取劳动报酬，多劳多得。”（第 928 页）其中“土地入股”和“按股分红”是初级社年终分配的原则和最大特点，《凤凰村志》作了记录，准确地反映了那段历史。

农业合作化的第二步是在初级农业生产合作社的基础上，成立高级农业生产合作社（简称“高级社”），时间在 1956 年。1955 年 10 月，中共七届六中全会通过《关于农业合作化问题的决议》后，各地贯彻执行，“交通乡分片成立中心高级社 3 个”，“高级社成立后，土地归集体所有，由集体统一经营管理，社员实行按劳分配”。（第 929 页）《凤凰村志》记载到，高级社成立后把全社划分为几个生产小队，这生产小队就是生产队的前身（1980 年代撤社建乡后即为村民小组），它是独立的生产经营单位。高级社成立后，全队统一耕种土地、统一安排劳力、统一使用大中型农具、统一实施种植计划、统一出工收工时间。经济上自负盈亏，社员参加集体生产劳动，按劳动等级评工记分，年终以工分形式按劳取酬。高级社与初级社的年终分配，不同之处是取消了初级社时的入股土地报酬，即以劳动工分参加分配，获得报酬，这在村志中都有记载和反映：“年终按各农户总工分和土肥投资等各项总和分红。”（第 929 页）

三、思考和建议

土地改革这第一重大事件在《凤凰村志》“大事记”中一字不提，属漏记。

皇皇 200 多万字的《凤凰村志》巨著，应该为“土地改革”提供更多的篇幅，上海闵行区梅陇镇陇西村志《陇西志》（文汇出版社 2006 年 12 月版）可供参考。该志第二章“土地、房屋”记载全村土改前后情况，既用文字，又有“本地区土地改革后人口、成分、土地情况统计表”，栏目设户主、家庭人员、房子（间数）、国有（土地，坵数、亩数）、私有（土地，坵数、亩数）、合计等。21 张总表、分表反映全村共有土地若干亩，其中私有土地人均 1.42 亩、国有土地人均 0.62 亩等。表格还表明，私有土地占 70.90%，全村仅 7 户家庭无私有土地，因表中有“贫农 155 户”，可得知占 4.52%。家庭成分中，全村有地主 1 户、富农 8 户、中农 152 户、贫农 155 户。全村 23 个自然村 315 户家庭，每户入志，共计 21 页，占村志 468 页总数的 4.49%。

农业合作化中成立初级社，并不是全部农户参加的，还有大量的农户未参加，政策也允许他们在合作社外单干。而成立高级社是个转折点，土地和大型农具等生产资料全归集体所有，取消初级社的土地分红。并以生产队为核算单位，全部实行评工记分、多劳多得、按劳分配的管理制度。高级社事实上也为 1958 年秋季“一大二公”的人民公社成立做好了准备，《凤凰村志》中高级社的内容较少，其实是可以记载更多更有价值的资料的。

（原载莫艳梅编:《杭州市〈凤凰村志〉评论集》，中国社会科学出版社 2020 年 12 月版）

试析家庭成分在地方志中的记载和缺失

——以上海首轮10部县志和21部乡镇村志为例

摘　要： 家庭阶级成分在1950年代土改中划定，后又经1960年代“大四清”重新划分而强化，一直到“文革”后的1979年全部废除，全国实行了近30年，涉及每户家庭、每个成员。如此重大的政事，但在地方志中要么因选择性记载而出现重大遗漏，要么索性不予记载而出现重大失误。

关键词： 划分家庭成分；记载缺失；记载不完整；重大失误；存史价值

划分农村家庭的阶级成分，简单说来，是指在土地改革运动中，依据土地占有、是否劳动、有无剥削三大标准，将各个家庭分别划分为地主、富农、贫农等不同的阶级（注：因本文专析农村家庭的阶级成分，城镇、城市中同样实行的家庭阶级成分不涉及）。划定各家庭阶级成分是1949年中华人民共和国成立后的重大政事，这既是土改中变更地权的理由，更成为确立新政权在乡村中合法性的基础。上海农村在1950年代初期施行，阶级成分名称有雇农、贫农、下中农、富裕中农（后又称上中农）、富农和地主等。各个家庭就此分属不同阶级，这也为日后长期开展的阶级斗争提供了依据和对象。

1960年代，全国农村先后开展了两次同名的社会主义教育运动：前一次后简称“小四清”，没有涉及家庭成分；后一次中共中央文件明确为“清政治、清经济、清组织、清思想”①，后简称“大四清”，其中一个重要内容是重新评定各家庭的阶级成分。简单说有两种评法：一是“向下评”，如土改中评为中农、富裕中农的，这次改评为贫农或下中农；二是“向上评”，如土

①《农村社会主义教育运动中目前提出的一些问题》（中共中央政治局召集的全国工作会议讨论纪要，一九六五年一月十四日），樊天顺、李永丰、祁建民主编：《中华人民共和国国史通鉴》第二卷1956—1966，当代中国出版社1993年12月版，第618页。

改中评为中农、富裕中农的，这次改评为富农或地主，这些对象称“漏划富农”或“漏划地主”。家庭阶级成分重新评定后，对此次评定为地主、富农家庭的男女主人，则要根据其表现，分为戴地主、富农“帽子”和不戴地主、富农“帽子”两类。戴上“帽子”的称地主分子、富农分子，明确为阶级敌人，属无产阶级专政对象，实施政治管制。

1950年代土改划定的家庭阶级成分，后又经1960年代“大四清”的重新划分而强化，一直到“文革”结束后的1979年全部废除，全国前后实行了近30年。阶级成分对每个家庭、每个成员极为重要，尤其是对地主、富农等这些属于剥削阶级的家庭，将直接影响、限制、拦阻其家庭成员的入学、工作、参军、婚姻、入团、入党、提干等。那些年月里，凡个人需要填写表格时，都得如实填写家庭成分，不得隐瞒。农村中连年终分配、家庭造房申请、结婚登记、学生申请学费减免等表格上都得注明各自成分，而后区别对待，这被称为贯彻阶级路线。

如此重大、重要、时间跨度长且涉及每户家庭、每个成员（包括未成年人）的政事，理应是地方志重点记叙的内容。综观1980年代上海首轮10部县志和21部乡镇村志（其中6部是2000年后修纂的），对土改中划分阶级成分和“大四清”中重新划分阶级成分有记载的，也有不记载的。尤其是“大四清”中重新划分阶级成分，大部分县志没有记载，好像上海农村从来没有发生过这样的大事，也从未实行过这项政策；而有记载的，内容也很不完整，没有明确是重新评定阶级成分。当然，也不仅是上海的地方志是这样。

一

1950年代初期进行的土地改革运动，核心任务是划分、评定各家庭阶级成分，没收（征收）地主、富农等的土地并分配给无地或少地的农户，颁发土地证等。上海首轮10部县志都在大事记和正文中，记述了运动中发动群众、培训骨干、宣传动员、没收征收、果实分配等几个阶段，对划分、评定家庭阶级成分，县志又是怎样记载的呢？如：

①（1950年）12月土改全面展开，至1951年3月结束。全县共划

出地主 1 862 户，富农 3 172 户……①

② 土改一般分五个阶段进行，即土改思想教育，评议土地赋册，划分阶级成分，没收、征收土地，分配胜利果实。②

③（1950 年）7 月全县开始土地改革。至年底，共划定地主 900 户、工商业占有土地（者）748 户、半地主式富农 191 户、富农 224 户……③

④ 土改全过程分 5 步……第三步，划分阶级，全县共划出地主 900 户，工商业占有土地（者）748 户，半地主式富农 191 户，富农 224 户。④

⑤（1951 年）3 月，全县土改结束，共有 76 054 个农业户领到土地证，其中地主 1 111 户，占农户数 1.46%；富农 1 666 户，占农户数 2.19%。⑤

⑥ 按照政策和各户经济状况，划分阶级成分。着重将地主阶级的户划出来，以防遗漏，各户划定的阶级成分，须经村民小组会评议，在村民大会上通过。⑥

⑦（1950 年）8 月，县委在朱泾、新浉两乡进行土改试点；并以 5 个区的重点乡为县的副点，先后交叉进行阶级教育、归户并册、评议赋册和划分阶级的工作。⑦

上引县志中的记载有几个特点：一是都提到“划分阶级”或“划分阶级成分”等内容，这表明划分阶级成分是各县土改中必经步骤和取得的成果。在上海首轮 10 部县志中 9 部是这样记载的，唯有《崇明县志》一字不提划分阶级成分，致使正文“土改中各阶层得益表”中，凭空出现的 10 种阶级成分让人感到很突兀，不知是怎么来的，逻辑文理也衔接不上。二是具体内容选择性记载，重点放在没收（征收）地主、富农等的土地及将这些土地分配给贫农等。这是土改的其中一项内容，但有个前提，只有将地主、富农以及贫农、雇农等的成分划定出来，此项工作才于法有据，才能进行下去。三是土

---

① 上海市南汇县县志编纂委员会编：《南汇县志》，上海人民出版社 1992 年 3 月版，第 27—28 页。
② 上海市南汇县县志编纂委员会编：《南汇县志》，上海人民出版社 1992 年 3 月版，第 259 页。
③ 上海市川沙县县志编修委员会编：《川沙县志》，上海人民出版社 1990 年 11 月版，第 29 页。
④ 上海市川沙县县志编修委员会编：《川沙县志》，上海人民出版社 1990 年 11 月版，第 152 页。
⑤ 上海市松江县地方史志编纂委员会编著：《松江县志》，上海人民出版社 1991 年 8 月版，第 35 页。
⑥ 上海市松江县地方史志编纂委员会编著：《松江县志》，上海人民出版社 1991 年 8 月版，第 303 页。
⑦ 上海市金山县县志编纂委员会编：《金山县志》，上海人民出版社 1990 年 10 月版，第 229 页。

改划分阶级成分不仅仅是划分出地主、富农，而是全部划分，即还有中农、富裕中农、贫农、雇农等其他成分，整个划分家庭成分的过程及全部结果9部县志全付阙如。地方志应全面记载一地之情况，保存第一手资料，仅从这个角度看，上述县志记载都是很不完整的，属重大遗漏，至于1部县志一字不提划分阶级成分，更属重大失误。

划分、评定家庭阶级成分是土地改革法定任务，也是土改工作进程之阶段性标志。只有在划分和明确了各家庭阶级成分后，土改的其他任务，如没收（征收）土地、分配土地等有了对象才能进行。试问，连地主、富农的家庭成分都尚未划分、确定，没收（征收）他们土地的依据何在？将这些土地分配给无地或少地的农户，依据又何在呢？就是说，地方志中要记载没收（征收）地主、富农等的土地，以及接着将这些土地分配给无地或少地的农户，其前提必须是先划分并确定好各家的阶级成分，完成这个法定任务。用这个基本要求衡量，上海首轮县志的记载，9部有缺陷，1部有重大缺陷，都没有完整、准确地记载土地改革这场运动。而且，如果这里的记载是完整和准确的，十几年后开展的“大四清”重新划分阶级成分才有了依据。

二

1960年代的“四清”运动是根据中共中央部署进行的社会主义教育运动。尤其是“大四清”，当时是1949年后规模最大、声势最大、“成果”最大的政治运动。上海的“大四清”是由上海市委直接领导、部署的，市委和各县县委两级为此组成和派出的工作队（组）队伍庞大，人数众多，以至每个生产队都有工作队（组）人员，如浦东的鲁汇公社平均每个大队30人，[①]浦西的莘庄公社平均每个大队33人。[②]工作队（组）的任务就是贯彻中共中央文件精神，确保运动深入开展。运动开展以后，随着对阶级斗争形势估量得越来越严重，重划阶级成分的问题被逐渐提出并确定。[③]1964年9月10日《中共中央关于农村社会主义教育运动中一些具体政策的规定（修正草

① 上海市闵行区鲁汇镇《鲁汇志》编写组编：《鲁汇志》，1999年5月内部印刷本，第11页。
② 上海市上海县莘庄乡《莘庄乡志》编写组编：《莘庄乡志》，1987年2月内部印刷本，第6页。
③ 郭德宏：《四清运动中重划阶级成分始末》，《安徽史学》2010年第3期。

案）》，明确提出要重划阶级成分："经过群众的充分讨论，对每一个家庭的成分进行审查和评定，并且建立阶级档案。凡是过去划错了成分的，都要改正过来。"① 如此大规模、涉及每户家庭的重新划分家庭成分，上海首轮10部县志的记载情况又是怎样的呢？大致有两种情况，一种如：

①（1965年）5月26日　中共上海市委派社会主义教育工作团4 000余人进驻本县各单位（至1966年7月结束，共清出有"经济问题"干部、群众35 469人，合计金额375万余元。清出"漏划"、"漏管"的地主、富农和"暗藏""新生"的反革命分子、坏分子1 534人，其中被带［戴］上"帽子"的585人。以"阶级异己分子"被清除出干部队伍的有156人，党员受各种党纪处分的有1 105人）。②（注：运动还涉及其他多类对象，本文因专析家庭成分，引文中如有其他内容也不作分析。以下同）

②（"大四清"）基本过程是：……清政治、清组织、清理阶级成分，开展对敌斗争；……运动中清出地富反坏分子101名，贪污盗窃投机倒把分子192名，资产阶级分子5名，蜕化变质分子8名。全县在对四类分子评审中，摘帽的有415名，不作四类分子和错划改正的有1 685名（主要是原定的坏分子），重新戴帽的29名。清出地富反坏706名，已摘帽156名。③

③（1965年）6月下旬　全县全面开展以"清政治、清经济、清思想、清组织"为内容的社会主义教育运动（称"大四清"）……"清政治"，全县原有地、富、反、坏"四类分子"7 535人，运动中又查出863人；查出33起"反革命集团"案……④

《嘉定县志》卷十九中专设"社会主义教育运动"一节，叙述"四清"运动始末，有"全县查出隐藏的'四类分子'（地主、富农、反革命分子、坏分子）645名，另有4 900人交代了政治历史问题"⑤ 的内容，但没有重新

---

①《中共中央关于农村社会主义教育运动中一些具体政策的规定（修正草案）》，樊天顺、李永丰、祁建民主编：《中华人民共和国国史通鉴》第二卷1956—1966，当代中国出版社1993年12月版，第587页。

② 上海市松江县地方史志编纂委员会编著：《松江县志》，上海人民出版社1991年8月版，第43页。

③ 上海市川沙县县志编修委员会编：《川沙县志》，上海人民出版社1990年11月版，第555页。

④ 上海市上海县县志编纂委员会编：《上海县志》，上海人民出版社1993年7月版，第55页。

⑤ 上海市嘉定县县志编纂委员会编：《嘉定县志》，上海人民出版社1992年12月版，第621页。

评定阶级成分的记载。

仅上述4部县志记载有相关内容，运动中“查出”“四类分子”多少人，还有“漏划”“漏管”的具体人数等，应该就是贯彻重新划分阶级成分政策的成果。但各县志都没有提到是重新划分家庭成分，也没有记载重新划分的其他成分。因为重新划分的不仅是地主、富农家庭，还有中农、下中农等家庭。《青浦县志》大事记中明确记有“并在农民中重新划分阶级成分”①，但全志也无重新划分阶级成分的具体内容。

另一种情况像其他6部县志，全都一字不提运动中重新划分家庭阶级成分，更没有记载上述4部县志中的相关内容，基本写法大同小异，如：

> ①（1965年）5月25日，南汇县……开展清政治、清经济、清组织、清思想的“四清”运动，至1966年7月结束。对改善农村干部作风和人民公社的经营管理起了一定的作用，但运动中贯彻了“重点整党内走资本主义道当权派”的极左路线，使一大批干部受到打击，直至党的十一届三中全会以后才进行了复查纠错。②
>
> ② 1963—1965年，市委在金山开展社会主义教育运动（“四清”运动）试点，工作队进驻县及各个公社，运动从清账目、清仓库、清财务、清工分逐步升级为清政治、清经济、清组织、清思想。工作队人数达万人。在整顿“三类队”和“大四清”运动中，提出了所谓“民主革命不彻底”“镇反不彻底”，错误地处理了一些党员干部……③

记载的都是共性内容。例②《金山县志》大事记中将“小四清”和“大四清”分开记载，第二十编中却没有分清，并不是“运动从清账目、清仓库、清财务、清工分逐步升级为清政治、清经济、清组织、清思想”的，是前后两次“四清”，故民间就分别称之为“小四清”“大四清”。运动虽同名，但因有大小之分，贯彻的文件不同，指导思想不同，运动方式不同，清理对象也不同，不能混为一谈。

---

① 上海市青浦县县志编纂委员会编：《青浦县志》，上海人民出版社1990年4月版，第37页。
② 上海市南汇县县志编纂委员会编：《南汇县志》，上海人民出版社1992年3月版，第34—35页。
③ 上海市金山县县志编纂委员会编：《金山县志》，上海人民出版社1990年10月版，第568页。

三

乡镇村志是否能较完整、准确地记载这两件大事呢？现以上海县（1992年与原闵行区“撤二建一”后称闵行区）21部乡镇村志为例，作番探究。

首轮修志时，上海县共有21个乡镇，完成志书15部（以出版或内部印刷本为准）。2000年后，当年尚未完成撰稿任务的乡（已升格为镇）已有2个完稿并出版了志书，还出版了4部行政村志。这21部乡镇村志中，对土改中划分阶级成分记载完整的有11部，占52%。它们分别是《北桥志》《陈行志》《杜行志》《华漕志》《梅陇志》《莘庄乡志》《曹行简志》《陇西志》《纪王镇志》《七宝镇志》《九星村志》，内容也比县志完整、详尽、准确，试看两例：

> ① 在土改中，北桥地区的北桥、大树、俞箕、黄浦、寿华、莺湖6个乡，共划出地主29户，半地主132户，小土地出租44户，中农980户，贫农1 622户，雇农108户。①
>
> ② 曹行地区（曹行、双溪、关港、净土四乡）共划出地主34户、半地主11户、富农105户、小土地出租134户、中农1 325户、贫农1 194户、雇农56户。②

《漕河泾镇志》《鲁汇志》等8部志书没有记载划分家庭阶级成分，涉及的地主、富农等成分是在记载、分析他们占地情况时出现的，有的仅记载划分、评定地主、富农家庭成分，而无划分、评定其他家庭成分。试看两例：

> ① 土地改革全面开展，年底基本完成。经过宣传教育、评成分、分土地等三个阶段，全乡（现乡境内的各村）共评出地主54户，占有土地4 146.29亩；评出富农131户，占有土地3 472.85亩。③
>
> ② 土地改革胜利结束，诸翟乡共没收征收地主富农土地4 429.915亩，

---

① 上海市上海县北桥乡《北桥志》编写组编：《北桥志》，1987年11月内部印刷本，第73页。
② 上海市上海县曹行乡《曹行简志》编写组编：《曹行简志》，1987年12月内部印刷本，第53页。
③ 上海市上海县颛桥镇《颛桥志》编写组编：《颛桥志》，1989年1月内部印刷本，第4页。

有963户3 967人分得了3 911.394亩土地，彻底结束了封建土地所有制。[①]

例①只提到评出地主、富农的户数，其他家庭成分呢？没有记载。两个例子都是从占有、没收土地角度记载地主、富农的，但这两种成分是怎么来的？其他家庭的阶级成分有没有划分、评定？这8部志书全无记载。

其中《华一村志》对轰轰烈烈土改的记载，大事记中仅10个字："开展土地改革，年底结束。"第十章中也仅一行字："解放后，经土地改革，废除封建土地所有制。"[②] 这是我看到的地方志中对土改最漫不经心的记载，这部志书当然不会有任何划分、评定家庭阶级成分的记载。

21部乡镇村志对"大四清"中重新划分阶级成分又是怎样记载的呢？

除《华漕志》既在大事记、又在"政治"篇"历次运动"中记述外，其余都只在大事记中记述，且内容单薄。又可分为两类：

一是记载漏划地主、富农的，共7部，占33.33%，它们是《三林志》《鲁汇志》《华漕志》《莘庄乡志》《曹行简志》《漕河泾镇志》《龙华乡志》，但叙述中都未出现"重新划分阶级成分"等字眼，对重新评定的其他家庭成分也一字未涉及，如：

① 1965年6月……"四清"清出"三漏"对象36人，其中地主10人，富农19人，反革命分子4人，坏分子3人。对四类分子175人进行了评审，其中1人重新戴帽，11人由监督劳动改为候补社员，14人由候补社员改为正式社员，6人摘帽……[③]

② 1966年六月二十九日……运动经过十一个月，经济上定案处理的有204人，政治上处理定案的有"漏划地主、漏划富农、漏划历史反革命分子"59人。[④]

③ 1965年　"大四清"……清出认为犯有错误干部304人，占干部

---

① 诸翟乡人民政府乡志编写组编：《诸翟乡志》，1985年5月内部印刷本，第5页。

② 上海市闵行区梅陇镇华一村村民委员会、上海市闵行区区志办公室编：《华一村志》，学林出版社2003年12月版，第3、144页。

③ 上海县华漕乡人民政府《华漕志》编写组编：《华漕志》，1988年1月内部印刷本，第35页。

④ 上海县龙华乡人民政府乡志编写组编：《龙华乡志》，1985年7月内部印刷本，第7页。

总数51%，清出经济总数10.44万元，清出漏划地主、富农34人，反革命分子1人。运动后期，有175人被定性，其中4人戴贪污分子帽子、1人戴投机倒把分子帽子。①

二是没有记载重新划分家庭成分，连漏划地主、富农的内容也未记载的乡镇村志有14部，占66.67%，如：

① 1965年1月，公社贯彻中央《农村社会主义教育运动中目前提出的一些问题》（后称“二十三条”）。

1966年7月，“四清”运动持续一年，在经济上定案退赔的有267人，判刑的1人。②

② 1965年1月 ……开展“清政治、清经济、清组织、清思想”的“大四清”运动，历时十七个月……在“大四清”后期，党员进行了重新登记。③

新出版的《七宝镇志》完整记述了土改中划分评定阶级成分的过程及全部结果，但对“大四清”中的重新划分、评定阶级成分及出现的成分变化却也一字未记，如：

① 1965年1月 七一公社贯彻中共中央《农村社会主义教育运动中目前提出的一些问题》（简称“二十三条”）工作。④（注：此为病句，本文不作改动）

② 6月22日 中共上海市委上海县委社会主义教育工作团到七一公社开展“清政治、清经济、清思想、清组织”社会主义教育运动（“大四清”）。1966年7月结束。⑤

---

① 上海市闵行区鲁汇镇《鲁汇志》编写组编：《鲁汇志》，1999年5月内部印刷本，第11页。
② 上海县陈行乡人民政府《陈行志》编写组编：《陈行志》，1985年7月内部印刷本，第6页。
③ 上海市上海县梅陇乡《梅陇志》编写组编：《梅陇志》，1986年12月内部印刷本，第8页。
④ 上海市闵行区七宝镇人民政府编：《七宝镇志》，上海人民出版社2010年2月版，第804页。
⑤ 上海市闵行区七宝镇人民政府编：《七宝镇志》，上海人民出版社2010年2月版，第804—805页。

最新出版的《九星村志》居然有125万多字，本可以充分发挥小志特点，详细记述划分家庭阶级成分的，但它也只完整记载了土改划分成分，同样也没有记载"大四清"重新划分阶级成分，内容简单如下：

> 1965年6月，中共上海市委"四清"工作队进驻九星大队、李家木桥大队，全面开展以"清政治、清经济、清思想、清组织"（简称"大四清"）的社会主义教育运动。1966年5月基本结束。运动后期，中共党员重新登记。①

为什么那么多志书对两次划分农村家庭阶级成分，尤其是对"大四清"重新划分家庭阶级成分的记载，既不同中共中央文件规定的运动内容保持一致，又不同已然发生的事实保持一致，要么完全缺失，要么重大遗漏？首轮修志时是有如"宜粗不宜细"等说法，那主要是指政治敏感性内容，如刚过去没几年的"文革"。但同样是首轮修志，有的志书对更敏感的内容，如湖南道县、北京大兴县发生的群众性杀害"四类分子"（地主、富农、反革命、坏分子）及其子女事件都予以记载，内容也很详尽。划分家庭阶级成分，有的志书对这两项内容也有记载详细的，有的志书已记载了划分阶级成分，只是内容不完整、事实不清楚。到第二轮修志时，第一轮志书中出现的缺失、遗漏等问题，在新修志书中还是一如当初，没有一点改观。看来修纂者或主编总纂对这段历史的不熟悉是主要原因。不管出于何种原因，志书中出现如此重大缺失、遗漏，是对历史的不负责任。

地方志的功能决定了地方志首先是资料性，上述那么多志书记述的都是一般性、表面性的资料，还产生了记述角度偏差，过程性介绍多，重点抓不住而出现重要内容的缺失和遗漏。记述中华人民共和国成立后两次划分家庭阶级成分及结果，不仅要有记载，还要让资料来说话。这些资料在哪里？在区县馆藏档案中。我不敢说所有档案馆的资料都完整，但如此多的志书没有出现这类资料，却不能反推出所有档案馆都没有此类资料。

---

① 上海市闵行区七宝镇九星村民委员会编：《九星村志》，上海人民出版社2013年10月版，第6页。

四

乡镇志以下的志书，可充分发挥小志特点，将上位志书无法载入或无法详细载入的内容，尽可能多地予以记载，为上位志书补苴罅漏。《褚家塘志》是上海第一部自然村志（亦即生产队志）。这部25万字的小志依据方志写作规范，记载了上位志书，尤其是村镇志应该记载却少记、漏记的很多内容，仅以土改和“大四清”两次划分阶级成分的记载来看，就相当完整，亦同当年法令和中央文件规定内容保持一致，如实再现了当时运动过程和结果，终使乡间具体的自然史变成有记载的历史：

> 1951年土地改革运动中，根据《城市郊区土地改革工作条例》和《上海市郊区土地改革实施办法》，对农村家庭划分、评定阶级成分……褚家塘共评出地主3户，半地主4户，富农1户。①

到“大四清”时，该村地主、富农等家庭结构已有不少变化，如2户富农划属其他生产队，2户地主全家迁往他处等。记载这段历史时，志书一是明确“重新划定家庭阶级成分”，二是如实记载划分情况：

1964年，褚家塘生产队开展“大四清”，内容之一是重新划定家庭成分。土改中划定的阶级成分业已发生变化，其一是土改时的户主有的已死亡，有的子女分家后一家成数家，但原划定的家庭成分均由其子女继承；二是部分改变土改划定成分，如土改中评定的中农重新评定为下中农，也有土改中评定的上中农重新评定为富农的。此时，褚家塘共有地主2户，富农5户；地主分子2人，富农分子2人，坏分子1人，右派分子1人。另有富农成分、不戴富农分子帽子者3人。②

志书紧接着列出两张表格，一是“土改运动评定阶级成分情况表”（第15页），二是“四清运动阶级成分登记情况表”（第16页），表中既有“向

---

① 褚半农：《褚家塘志》，上海人民出版社2010年12月版，第14—15页。

② 褚半农：《褚家塘志》，上海人民出版社2010年12月版，第15页。

下划”也有“向上划”的家庭成分（资料全部来自区馆藏档案并标明出处），全部记录了全村两次评定的各家庭成分，完整地保存了特定时期的特定内容，弥足珍贵，可资作史者参考借鉴。

划分家庭阶级成分后，还涉及子女问题。到“大四清”重新评定各家阶级成分后，地主、富农、反革命、坏分子等家庭的子女数量增加，《褚家塘志》记载的情况是：

> “大四清”后，共有“五类分子”子女31人（男18人，女13人，含第三代8人），其中地主、富农子女24人（男13人，女9人。含第三代男6人，女2人），反革命子女2人（男1人，女1人），坏分子子女3人（男1人，女2人），右派分子子女2人（男1人，女1人）（合计数31人中含结婚外嫁者、在外工作者4人。嫁入者2人和已迁出户不计入）。①

可设想，如果家庭阶级成分制度实行至今，这些家庭的子女数量还要继续增加，或会出现第四代、第五代子女。因为家庭成分的不可改变，即使土改中的第一代人员（多数被定为戴上“帽子”的阶级敌人）都已死亡，他们的第二代、第三代等还要延续祖上的家庭成分，并继续承担不应由他们承担的责任或苦难，那真叫是世世代代绵延不绝。

存史、资治、教化，其中存史是地方志最主要的功能，资治、教化是在地方志保存大量有价值的史料基础上实现的，所以存史是地方志存在的根本。而对当年长时期内的头等政治大事，在地方志中要么不予记载而出现那么多的缺失，要么因选择性记载而出现那么多的重大遗漏，大量有价值的史料没有收集，更没有让它按照历史面貌在志书中得到反映，存史无从说起，资治、教化更从何说起呢?

（本文首发于2016年第1期《上海地方志》〔创刊号〕，后收入《上海方志研究论丛》〔第三辑〕，上海书店出版社2017年6月版）

---

① 褚半农:《褚家塘志》，上海人民出版社2010年12月版，第17页。

村志记载知识青年插队落户的评述和思考

——以上海12部村志为研究对象

摘　要： 城镇知识青年下乡插队落户是一个历史时期内，在国家政策号召下发生，并对社会产生深远影响的重大事件。1968年插队落户的城镇知青，全部返城要到1981年，前后共14年；1967—1980年，下乡知识青年多达1 700万。知青插队理应在村志中得到充分反映，但从记载现状看，在村志中的定位过低，资料普遍不完整，有的连最基本的知青姓名、性别、年龄等都缺失。应从专题的角度收集各类资料，做到要素齐全，按先后顺序，其基本要素有插队时间、批次，知青姓名、性别、年龄，接收的生产大队和生产队，队内生活（知青口粮、劳动工分及收入），以及返城就业等情况，缺一不可。要以志体为主，兼用记、图、表等体裁，多角度记载。

关键词： 知青插队；重大事件；村志记载；多角度记载

知识青年上山下乡，也称知识青年插队落户。1955年毛泽东在为河南省郏县大李庄乡《在一个乡里进行合作化规划的经验》一文写的按语中指出："一切可以到农村中去工作的这样的知识分子，应当高兴地到那里去。农村是一个广阔的天地，在那里是可以大有作为的。"① 这是国家领导人第一次明确号召知识青年到农村去。1968年12月22日，《人民日报》报道甘肃省会宁县知识青年上山下乡的消息时，在编者按中公布了毛泽东前一天发布的最新指示："知识青年到农村去，接受贫下中农的再教育，很有必要。要说服城里的干部和其他人，把自己初中、高中、大学毕业的子女，送到乡下去，来一

① 中共中央办公厅编：《中国农村的社会主义高潮》中册，人民出版社1956年1月版，第795页。

个动员。各地农村的同志应当欢迎他们去。”[①] 最新指示一经发表，立即在全国城乡引起了前所未有的巨大反响。紧接着，在全国范围内掀起了历史上从未有过的知识青年上山下乡新高潮，时间持续十多年，千千万万的城镇居民家庭送子女到农村插队落户。

知识青年插队落户（以下简称“知青插队”）是一个历史时期内，在国家政策号召下发生，并对社会产生深远影响的重大事件。一是时间漫长，自1968年起始的知青插队，直至1978年停止，前后共11年，如再加上知青全部返城要到1981年，这样，前后共有14年时间。在中国农村，有哪件事情能像知青插队这样大规模持续进行十几年的？二是涉及对象众多，“仅在60年代末，全国就有数百万知识青年下乡。而从1967—1980年，下乡知识青年多达1 700万，超出了此前10年的14倍以上”。[②]背后又关系到千千万万户城镇家庭，以及接收知青的千千万万个生产队。为使这件大事在村志中得到充分记载，必须深入扎实搜集材料，认认真真编修，不能简单了事。

一、 村志记载知青插队的基本要素

按照《上海市乡镇街道村志及专业志编纂规划（2017—2025）》的编修要求，志书“体例上坚持志体，横排门类，纵述史实”，“内容要记述完整，横不缺要项，纵不断主线”，入志资料必须符合真实性、全面性、系统性要求。这可从重大专题的角度进行资料收集，做到要素齐全。按其先后顺序，基本要素有插队时间、批次，知青姓名、性别、年龄，接收的生产大队和生产队，队内生活（知青口粮、劳动工分及收入等），以及返城就业等情况，缺一不可。唯其如此，才能完整、准确反映这一重要历史事件，才能正确记述一个生产大队（上海郊区1984年后改制为村）内知青插队的种种情况。

（一）插队时间及批次

知青去农村插队落户是分批次的，以上海县（1992年9月与原闵行区撤

---

①② 王瑞璞、孙启泰主编:《中华人民共和国国史通鉴》第三卷1966—1976，当代中国出版社1993年12月版，第129页。

销后建立新闵行区）为例，从1968年到1978年，共有10批知识青年到农村插队落户，最早的是1968年“10月25日，第一批城镇初高中毕业生（1966、1967届）和待业青年4 124人到县内农村插队落户，参加农业生产”。① 以后的每一批情况各不相同（第10批上海县仅15名）。上海其他县（后都撤县改区）知青插队的基本情况差不多，村志都应完整记录。

（二）知青姓名、性别、年龄、家庭地址等

这是每一个知青（包括社会待业青年）的基本资料，更要完整记载，不可缺项。年龄反映知青是否成年，家庭地址说明知青来自何处，都属重要的历史资料。

（三）接收知青的生产大队和生产队

知识青年到农村后，是全部分配落实到各个生产队的，这是每个知青的“新”家，户口同时迁入，即成为人民公社一名新社员，要记载好有关生产队的名称以及所隶属的生产大队和公社名称。

（四）队内生活

知识青年分配到各个生产队是去务农，要同公社社员一样，参加当地的集体劳动并取得工分。每个知青年底以工分参加各自生产队的年终分配，取得报酬，多劳多得，不劳不得，也有出现年终透支于生产队等情况。知青队内生活还包括入团、入党、参军、提干、婚姻等诸多事项。队内生活多式多样，是村志重点记载的内容。

（五）返城就业等情况

这是插队知青离开农村的记录，情况千差万别，有的在生产队只待一两年就返城了，有的生活了十年甚至更多。返城去向也各不相同，有的参军、有的招工、有的上大学等。就是招工，也有各种情况，有的进入政府机构、有的进入工厂企业，也有顶替未退休父母进入其工作的单位等。上海县的知

① 上海市上海县县志编纂委员会编:《上海县志》“大事记”，上海人民出版社1993年7月版，第64页。

青返城是1978年4月7日提出的，县革命委员会知青办公室发文提出《关于招收插队知识青年工作的意见与打算》，要求广开门路，统筹解决“文化大革命”期间下乡插队知识青年的回城就业问题。至1981年底，尚在农村的1万余人全部安排进市、县企事业单位工作。①

二、村志记载知青插队情况分析

本文以上海12部村志为调查样本，评述1968年开始的知识青年插队落户在村志中的记载情况。这些村志涉及上海七个郊区，其中既有上海第一部村志闵行区的《华一村志》，也有其他区的重点村志，如浦东新区的《界龙村志》、奉贤区的《杨王村志》等。从出版时间看，最早的是2003年12月出版的《华一村志》，最晚的是2021年12月出版的上海市莘庄工业区的《新生村志》和奉贤区的《江海村志》。② 12部村志中，除《八一村志》和《江海村志》是内部印刷本外，其余10部都是正式出版物。

（一）关于响应号召

《界龙村志》对知青插队有如下一段描述：“1968年，广大知识青年响应

---

① 上海市上海县县志编纂委员会编：《上海县志》“大事记”，上海人民出版社1993年7月版，第65页。

② 上海市闵行区梅陇镇华一村村民委员会、上海市闵行区区志办公室编：《华一村志》，学林出版社2003年12月版。

上海市闵行区梅陇镇陇西村民委员会编：《陇西志》，文汇出版社2006年12月版。

上海市莘庄工业区管理委员会编著：《新生村志》，首都师范大学出版社2021年12月版。

黄桥村编志工作领导小组编：《黄桥村志》，2021年6月内部印刷本。

《界龙村志》编纂委员会编：《界龙村志》，上海辞书出版社2013年12月版。

上海市浦东新区张江镇新盛村村民委员会、浦东新区史志办公室编：《新盛村志》，上海三联书店2007年8月版。

上海市嘉定区江桥镇太平村党总支、太平村村民委员会编：《太平村志》，上海文化出版社2009年11月版。

上海市奉贤区南桥镇《杨王村志》编纂委员会编：《杨王村志》，学林出版社2016年11月版。

上海市奉贤区南桥镇《光明村志》编纂委员会编：《光明村志》，学林出版社2014年2月版。

上海市奉贤区南桥镇《江海村志》编纂委员会编：《江海村志》，2021年12月内部印刷本。

《崧泽村志》编辑委员会编：《崧泽村志》，文汇出版社2013年4月版。

八一村村志编纂委员会编：《八一村志》，2016年5月内部印刷本。

毛泽东关于‘知识青年到农村去是大有作为的’号召，下乡插队。”其中所引最高指示句子是错误的。为保证所引例句一字不差，我专门查阅了家中藏书《中国农村的社会主义高潮》，正确的文字应是：“一切可以到农村中去工作的这样的知识分子，应当高兴地到那里去。农村是一个广阔的天地，在那里是可以大有作为的。”① 这是1955年全国农业合作化期间，毛泽东为河南省郏县大李庄乡《在一个乡里进行合作化规划的经验》一文所写按语的下半部分内容，连标点共53个字。既是带引号的引用，就不能多一字，也不能少一字，何况还是最高指示，更不能随意删节。

（二）关于志书体例

地方志的体例包括体裁、结构、章法三个方面。志体结构要事以类从，以类系事，分门别类记述一方的历史和现状。《界龙村志》把“1968—1977年，川沙城镇等地的15—18岁男女中学生85人，分批下到域内各生产队插队务农”，归在“人口计划生育”第二节“人口变动”中的“二、落实政策”中（第63页），属归类不当，知青插队和计划生育二者之间事不同、类不从。《黄桥村志》“大事记”只记述了1968年11月“第一批松江县知识青年到大队插队落户，接受贫下中农再教育”（第255页），也无知青其他信息，却将记有重点内容的“知识青年插队落户”归在第二十四章“杂记”中，与“政治运动”（设有镇压反革命、“四清”运动、“文化大革命”三目）、“重大事故”同属，更是归类不当，实在无法“以类系事”。

（三）关于知青插队的时间和批次

各县知青插队落户开始的时间会有不同，而且是分批次下去的，每一批的情况也各不相同，这都要完整记录。村志大事记本可在记述第一批知青插队事后，归纳记述一共分几批、共来了多少名知青等内容，做到“纵不断线”。但存在的实际问题一是没有记载，如《杨王村志》1968—1978年“大事记”中，没有知识青年插队的任何记录，但在1974年却记载了知识青年：“是年，组建以插队知识青年为主的篮球队、乒乓球队参加光明公社第二届运

① 中共中央办公厅编：《中国农村的社会主义高潮》中册，人民出版社1956年1月版，第795页。

动会”（第 25 页），前后记载内容脱节，造成矛盾。二是记载遗漏、事实不清，《陇西志》“大事记”记了 3 条：1968 年 10 月 25 日，记了第一批 22 名“上海县城镇初中毕业生到陇西 17 个生产队插队落户”（第 20 页）；1971 年 2 月，记了插队知青开始返城工作（第 21 页）；1977 年 5 月，还记了“最后一批知青 10 人到陇西插队落户，至此本大队共接收插队知青 125 人”（第 22 页）。但正文中无知青插队内容，这样，“大事记”未记清的插队知青共来了几批、男女性别、年龄等情况，全都遗漏了。

12 部村志中，唯一没有记载知青插队内容的是《崧泽村志》。1968 年“大事记”仅 1 条，内容是与知青无关的“有线广播进入农户，崧泽大队户户通广播”（第 7 页）。“大事记”其他年份中也无知青内容，正文中也没有查到“知青”“知识青年”“上山下乡”“插队落户”等内容。

（四）关于插队知青的人数

《华一村志》《陇西志》《新生村志》《黄桥村志》《界龙村志》《新盛村志》《太平村志》《杨王村志》《光明村志》《江海村志》等 10 部村志都记载了本大队插队知青总人数。也有村志没有记录插队知青总人数，如《八一村志》的“大事记”提到“1968 年 10 月，八一、新光和新圩大队接待安排 13 名首批城镇知青去 11 个生产队插队落户”（第 9 页）。既然提到“首批”，那必定有第二、第三批等，但《八一村志》以后再也没有继续记录插队知青，八一大队里究竟共有几批、多少名知青插队？志书没有提供信息。

（五）关于插队知青统计表

设有知青插队人数统计表的有《华一村志》《新生村志》《界龙村志》《新盛村志》《太平村志》《光明村志》和《江海村志》7 部，都为一览表，对知青插队状况作列举式反映。一览表的基本要求是表体结构清晰、标目要素完整、涉及数字准确。而存在的主要问题是要素缺项，尤其是横向标目缺项较多，还有是涉及数字不准确。标目设置最多的是《光明村志》，共设队别、姓名、性别、出生年月、文化程度、插队时间、何地迁入、上调安排年月、安排单位 9 项（第 80 页）。设置 6 项要素的有 3 部村志，《新生村志》设有队别、姓名、插队时年龄、插队时间、离队时间、插队时长（第 65—68

页），《界龙村志》设有队别、姓名、性别、插队时间、返城时间、返城原因（第63页），《江海村志》设姓名、性别、毕业学校、文化程度、插入队名、插队年数（第150—151页）。标目设置最少，也就是缺项最多的《华一村志》仅有队别、姓名、插队离队时间3项（第68—69页），连性别也没有设置。

需要强调的是，各村志插队知青表格中基本都不设“年龄”这一标目，而我认为这一项很重要，要应设尽设，要记录和反映历史事实。莘庄工业区《新生村志》原稿也没有“插队时年龄”这一项，因我担任该村志评稿组长，是我提出后他们增补的，这也成了12部志书中唯一记载知青年龄的村志。然而总数66名插队知青中，仍有18名没有填写年龄，其他48名知青中16岁的3名、17岁的20名，尚未成年的占比30.3%。

存在的另一问题是记录的插队知青总人数前后矛盾，数字不准。如《界龙村志》在“人口计划生育”第二节“人口变动”“二、落实政策”中记载：“1968—1977年，川沙城镇等地的15—18岁男女中学生85人，分批下到域内各生产队插队务农。”下面“界龙村插队落户知识青年名单”列表中却是83人，少了2人（第65页）。而《江海村志》称：“1968—1978年，城镇知识青年73人响应国家号召，先后到本域插队落户。”而后列的“1968—1978年江海村插队知识青年情况表”中，共有知识青年77人。比上面记载的“73人”多了4人（第150—151页）。其实只要表中设“序号”一栏，就可完全避免出现这种差错。

（六）其他

《华一村志》《杨王村志》《光明村志》3部村志收录有知青口述、回忆文章。至于知青插队后的队内生活，包括劳动工分及收入等，各村志全无记载。

三、《东吴志》如何记载知青插队

《东吴志》① 是我为闵行区原东吴村（由原东吴大队改制而来）编修的一

① 褚半农：《东吴志》，中西书局2020年12月版。

部村志，2020 年 12 月由中西书局出版。从 1968 年 10 月到 1977 年 5 月，东吴大队 9 个生产队先后分 9 批，共接收来自莘庄、七宝、北新泾和漕河泾 4 镇的下乡插队落户知识青年 71 名（男性 37 人，女性 34 人），其中 16 岁 4 人、17 岁 32 人，二者占比为 50.7%。插队时间最长的 11 年，有 8 人；最短的不到 1 年，有 1 人（因参军）。至 1981 年，最后 3 名知青回城就业。

（一）知青插队内容分作四部分

第一部分卷首是首批知青插队落户通知书彩照；第二部分记录在“大事记”中；第三部分归在“人口”章，记载了插队知青基本情况和人数等；第四部分在“社会调查”中特设“插队落户知识青年情况调查”一节，详细记载知青的“队内生活”。

（二）基本内容集中书写

知青插队基本内容归在第六章“人口”第三节“户口”之“一、变入后变出”（“变入”“变出”系户口处理专用术语，亦即“迁入”“迁出”）中，用志体记载了这一重大事件的概况，71 名知青基本情况则列表显示，标目设队别、姓名、性别、年龄、家庭地址、插队落户起讫时间、农龄（年）、返城单位、备注共 9 项，知青情况一览无余。在城市化进程中，原东吴村已于 2012 年撤销行政村建制，并进行了撤村分配，每一村民以参加生产队劳动的“农龄”享受现金分配，表中的“农龄”亦即各个知青插队的实际时长和撤村分配依据。而年龄、家庭地址、插队落户起讫时间、农龄（年）、返城单位等标目在 11 部村志中都是被忽略的内容。从村志的角度看，这一节中已包括知青插队的所有基本资料，内容已很完整。

（三）特设“插队落户知识青年情况调查”

由于知青插队的特殊性，志书记载如果缺乏完整性、系统性，好多内容会被简化、省略，导致某些重要的资料缺失，为修志留下许多遗憾，也会使村志存史功能弱化。而用社会调查形式，可在志书中保留较多极有价值的内容，成为记录知青“队内生活”的平台。《东吴志》第二十六章“社会调查”特设“插队落户知识青年情况调查”一节，以近 5 000 字的篇幅，“横排门类，纵述史实”，从四个方面（概况、队内生活、回城、其他）、18 个子目（其中有“知识青年口粮”“知识青年工分报酬”“知识青年住房”等内容，并配“东吴大队九批插队落户知识青年统计表”“1976 年东吴大队知识青年住房统计情况表”“插队落户年限统计表”等）详细叙述。调查全面记载了知青参加劳动获得工分和年终分配、住房、回城等内容，特别整理收录了年终分配水平较高的“吴家塘生产队插队落户知识青年若干年份经济状况表”（4 名女知青 1968—1972 年 5 年中的劳动等级、各年工分收入、副业收入、总支出、净收入等）、分配水平中等的“褚家塘生产队插队落户知识青年若干年份经济状况表”（2 名男知青 1968—1972 年 5 年中的劳动等级、各年工分收入、总支出、净收入等）。表中两个生产队的知青收入，女知青明显高于男知青，原因是她们除了工分收入外，还在工余从事钩针编结（方言称“做花”）的副业，收入要占总收入的 30%～40%，而男知青不会“做花”。“1974 年度褚家塘插队知识青年年终分配情况”表中（共 2 男 4 女，此年分红的工分单价是 0. 128 元），1 名男知青透支 56. 36 元，原因是他已在公社农机厂工作，其工资收入不计入，故生产队里的劳动工分不到另一个男知青的 1/5，这其实不是真正的透支（表后注有“说明”）。“社会调查”重视特色资料、微观资料，注重记载调查资料和口述资料，注重使用原始资料，重要资料来源都注明了出处，这也是提高志书记述深度和提升村志学术品位的有效方法。

《东吴志》以志体为主，另用记、图、表、索引等体裁，多角度记载、反映知青在东吴大队的真实生活，保留大量可资研究的细节资料，具有重要的价值，可弥补其他村志从未记载之不足，为了解当时社会、了解插队知青多提供一份素材。如此详尽的记载，在全市乃至全国的村志中，《东吴志》可能是个例。

（四）资料来源

资料是编纂地方志的基础，广泛搜集资料则是编纂工作的关键。《东吴志》中这些内容需要大量的资料支撑，资料哪里来？

基本资料都来自区（县）、公社（镇）的馆藏档案。我收集到的原始资料中，既有文字档案、口碑资料、图照资料等，又有“莘庄公社第一批插队知青名册”“插队知青人数变动情况表”“插队知青花名册”“插队知青、老三届情况总分析表”“插队知青住房登记表”等，内容几乎穷尽了知青插队的各个阶段、各个环节。当然，各种资料中的内容需经核实方可采用。

此外还需采访，如每一个知青回城后的第一个工作单位，不是所有档案都记载的，需要逐一采访核实。有些已去世的知青，则需从其家庭或对其他知青的采访中了解情况。《东吴志》还收集到两份知青下乡插队落户“通知书”原件，其中1968年10月第一批插队知青被分配到东吴大队褚家塘生产队的一份更为珍贵，带有明显的时代特征，红纸黑字，上部印有一段“最高指示”，下部“注意事项”中有报到时间、报到地址等，它被安排在卷首彩照中。1974年的“通知书”上没有“最高指示”，作随文照插入。

四、引出的思考

国务院颁布的《地方志工作条例》是编纂志书需遵守的基本规定和通用法则，其中第六条是:“编纂地方志应当做到存真求实，确保质量，全面、客观地记述本行政区域自然、政治、经济、文化和社会的历史与现状。”村志编纂同样要贯彻“条例”精神。知青插队在村志中的定位不能过低，要从重大事件和重大专题角度收集资料、谋篇布局。要以志体为主，兼用记、图、表等体裁，多角度记载。要充分发挥小志特点，详县志所略，尽可能多地记载，旨在存真求实。更不能出现不记载知青插队内容的村志。

编修村志记录知青插队要系统、详细、客观，这是历史事件“求实”“存真”的过程。对需要什么资料、资料在哪里、用哪些体裁记载等，修志者要非常清楚。但村志现状是资料普遍不完整，有的连知青最基本的名单都缺失，更谈不上深入挖掘资料。其实，即使馆藏里没有这类档案，询问生产队（现在称村民小组）里的同龄人是可以问出来的，而实际上档案馆有大量的这类资料。另有责任编辑把关不严，致使文稿中一些非常明显的低级差错，都没有被发现并改正。

区县志中都有知青上山下乡内容，但因编纂宗旨、编纂手法不同，记述范围又大，且受篇幅所限，很多具体内容、历史细节不可能都记入。近年来，学术界逐渐注意到新编方志的重要价值，中国社会史学会会长常建华论述:

“站在微观史学的立场，一般而言，越是区域单位小的地方志，历史的整体性越强，可以认识更为底层的社会形态，史料价值较高。所以乡镇志以及村志值得重视。”① 就此而言，村志采用微观视角，在展现知青插队这一重大事件的共性的同时，更可揭示在各地的特殊性，还可提供区县志层面没有的资料，这也就是修好村志的意义所在，修好村志“知青插队”及各章节的意义所在。

参考文献

1.《上海市乡镇街道村志及专业志编纂规划（2017—2025）》，上海市地方志办公室官网。
2. 王瑞璞、孙启泰主编：《中华人民共和国国史通鉴》第三卷 1966—1976，当代中国出版社 1993 年 12 月版。
3. 中共中央办公厅编：《中国农村的社会主义高潮》，人民出版社 1956 年 1 月版。
4. 上海县县志编纂委员会编：《上海县志》，上海人民出版社 1993 年 7 月版。
5. 褚半农：《东吴志》，中西书局 2020 年 12 月版。
6. 叶辛：《论中国知青上山下乡运动的落幕》，《社会科学》2007 年第 7 期。
7. 金光耀：《从新编方志资料看知青上山下乡运动》，第五届地方文史高级研修班学术讲座，2021 年 11 月 27 日。

①《试论中国地方志的社会史资料价值》，常建华主编：《中国社会历史评论》（第 7 卷），2006 年 10 月版，转引自《上海地方志》2017 年第 2 期，第 9 页。

村志记载生产队的现状分析及思考

——以上海若干部村志为探讨中心

摘　要： 生产队是原人民公社下属生产大队的基本成员单位，是有建制的实体单位、自负盈亏的基本核算单位，是重大事件的发生地，也是更小的社会细胞。村志记载生产队各类内容是其职责，有其特殊意义，也是保存社会底层基础资料的最佳载体。但普遍情况是村志不记载或少记载生产队情况，如仅条目式介绍概况，重大事件失记，生产关系变化进程记载简略，数据均以大队（村）为统计单位等，致使生产队重要内容遗漏，主要经济数据缺失，不能反映村内主要事件和历史进程，也必然会导致村志史料价值降低，存史功能弱化。要以《上海市乡镇街道村志及专业志编纂规划（2017—2025）》精神指导村志编纂。村志要详区县志所略，为历史留下更多的农村社会最基层资料。

关键词： 村志编纂；生产队；重大事件；经济资料；城镇化进程

村志，通常是指行政村志，是地方志书的一个组成部分，而且是重要组成部分，也是客观记载一村之因革变故、物产数据、风土人情等的重要文本，具有区县志不可替代的文献价值。它的重要性在于详区县志所略，为地方志提供社会基层情况。地方志专家王晖先生在《乡镇村志编纂存在的问题与对策》[①] 一文中，列举了村志编纂存在的七个问题，都很重要且有现实指导意义。其实还有一个非常重要的问题尚未被提及，就是村志中不记载或只少量记载生产队内容。行政村是由原生产大队转制改名而来的，而生产大队是由若干个生产队组成的，从这个角度强调村志中的生产队记载，深感其必要性

① 王晖：《乡镇村志编纂存在的问题与对策》，《中国地方志》2018 年第 2 期。

和重要性。

本文随机选择的上海若干部村志，从出版时间看，既有上海市第一部村志《华一村志》①，也有刚出版的《新生村志》②，另有闵行区《陇西志》③、嘉定区《太平村志》④、青浦区《崧泽村志》⑤、浦东新区《界龙村志》⑥、奉贤区《杨王村志》⑦ 共 7 部。从地域上看，全上海东西南北、风格各异的村都有了。这些村志记载生产队的情况究竟怎样呢？本文特就记载现状作剖析和研究，以期引出思考。

一、村志记载生产队的现状梳理

生产队是生产大队的基本成员单位（1984 年生产大队转制为行政村后称村民小组），也是更小的社会细胞，村志记载生产队是其职责，也是保存社会底层基础资料的最佳载体。我认真研读过手头积累的、各地公开出版或内部印刷的二三十部村志，发现不记载或只少量记载生产队内容的并非个案，这既不符合地方志体例要求，又人为割裂、抛弃历史事实，致使大量基层档案资料闲置，无法使用，造成志书内容出现重大遗漏。

（一）从村志目录设置分析

立目是展示村志特色的重要手段，生产队能否在目录上占位置，可看出生产队内容在编纂者心目中的权重。以上各村志篇目设计都采用章节体，在第一级“章（篇）”目录中为生产队（村民组）立目的，仅有《陇西志》，志书第三章设了“生产队及自然村”。在第二级“节（章）”中立目的有 5 部村志，它们是：《华一村志》第二章“建制”设“生产队”一目，《陇西

① 上海市闵行区梅陇镇华一村村民委员会、上海市闵行区区志办公室编：《华一村志》，学林出版社 2003 年 12 月版。

② 上海市莘庄工业区管理委员会编著：《新生村志》，首都师范大学出版社 2021 年 12 月版。

③ 上海市闵行区梅陇镇陇西村民委员会编：《陇西志》，文汇出版社 2006 年 12 月版。

④ 上海市嘉定区江桥镇太平村党总支、太平村村民委员会编：《太平村志》，上海文化出版社 2009 年 11 月版。

⑤《崧泽村志》编辑委员会编：《崧泽村志》，文汇出版社 2013 年 4 月版。

⑥《界龙村志》编纂委员会编：《界龙村志》，上海辞书出版社 2013 年 12 月版。

⑦ 上海市奉贤区南桥镇《杨王村志》编纂委员会编：《杨王村志》，学林出版社 2016 年 11 月版。

志》第三章“生产队及自然村”第一节设“生产队自然村概况”，《太平村志》第一章“村名”第二节设“村民组简介”，《界龙村志》第一章“建置沿革”第三节设“村民小组”，《杨王村志》第二章“建置”第五节设“村民小组、村民联组”（《太平村志》《界龙村志》《杨王村志》以“村民小组”立目）。第三级目录中设置的仅《崧泽村志》，在第四篇“政治”第一章“机构沿革”下的第三节，才列有“村民小组（生产队）”一目。

（二）从地图配置分析

村志中的村域地图，本应反映村宅、道路、河道分布等内容，其中生产队（村民组）是村域地图必有的内容，实际情况因制图不规范而不尽如人意。《华一村志》卷首仅一幅边界、内容标示混乱的《华一村行政区域图》，《太平村志》《界龙村志》卷首的全村地图，一是都没有标示地图名，二是图幅太小，标注的村民小组名字号太小而无法看清，影响阅读效果和存史功能。《杨王村志》卷首地图有全村规划图，却无历史和现状地图，正文中有 28 个生产队示意图。《崧泽村志》卷首“崧泽村行政区域图”标示了 16 个村民组的分布位置。《陇西志》第三章“生产队及自然村”第一节“生产队自然村概况”中，每个生产队各有一幅 A4 整页纸的“生产队地形图”，图中内容比较完整，反映了当时的实际情况，有田块号、田块面积，标示了村宅、河流、公路、机耕路等，18 个生产队共有 17 幅（其中 14 队和 18 队合一幅地图）（第 68 页），但遗憾的是卷首没有全村地图。

（三）从文本记载分析

1. 记载生产队队长姓名

每部村志都十分重视记载生产队队长姓名，没有出现遗漏，只是详略各异。这些村志中，有的设干部“名录”，如《华一村志》列有 1955 年高级农业生产合作社时的 7 个生产队队长姓名、华一大队时 11 个生产队队长姓名（第 29—31 页），《界龙村志》设 1956—2010 年“历任生产队长、村民小组长名录”，列出 13 个生产队队长、村民小组长姓名（第 127 页）。《杨王村志》设表列出 1959—2009 年“历任生产队长（村民小组长）名录”（第 80 页）。有的设“生产队长任职表”，如《陇西志》1956—2004 年，记载了 18

个生产队98名队长姓名（第149页）。有的连生产队副队长也列入名录，如《太平村志》，在第五章第三节下的“村民小组（生产队管理委员会）”中设8张表，依次列出8个村民组1959—2008年历任生产队正副队长、村民组长姓名（第89—93页）。另外也有注明每名生产队队长任职时间的，如《陇西志》《太平村志》2部。

2. 条目式介绍生产队概况

这些村志对生产队都作条目式简要介绍，字数在160到600之间，总的情况是因字数太少，只能简介。记述内容一般都从生产队出现，到村志下限时各生产队某一年的户数、人口数、劳力数、土地数等，有的记载了生产队隶属关系变动，如《杨王村志》《界龙村志》等。《太平村志》在第一章第二节“村民组简介”中，共介绍了8个村民组，还记述了各队内主要姓氏人数，但记述时没有分清生产队和村民小组。仅《陇西志》在志书第一级、第二级目录中就为生产队（村民组）立目，每个生产队都用1页或1.5页的篇幅，介绍每个生产队概况，从出现到撤销过程，以及主要队情，包括经济数据。接着，每个生产队各列2张表格，一是“生产队收入分配情况表”，二是“生产队经济作物产量情况表”（均选择1965、1970、1975、1980、1985、1990、1995、2000年），配以生产队地形图，保证各生产队的资料相对完整。

3. 没有记载主要经济情况

经济是生产队存在、发展的支柱和命脉。生产队经济情况，主要涉及三项内容，一是各个生产队农作物种植面积及产量，二是农副业生产收支（1970年代以后，有的生产队开办企业后，还会出现工业收支），三是年终分配，此为生产队每年最重要的经济活动，包括全年总收入、总支出、净收入，年度分配方案，每个劳动工分的单价，以及各家庭以工分为依据的年终分配金额等。除《陇西志》外，上述这些村志各篇章的记述以及各项数据统计，因全是以生产大队（行政村）为单位的，生产队最主要的这三项内容基本阙如。再如年终分配，每年都是生产队以劳动工分为计算单位并实施分配的，这些村志却以全村的劳动日为计算单位，既不符合历史事实，也因丢弃生产队大量原始数据而反映不出历史事实。

另一项内容是，1990年代城镇化进程中大量撤销生产队建制时，涉及生产队土地被征用后的大笔补偿金收入、集体资产处置方案以及撤队分配，都是以生产队为单位开展的重大经济活动，与每个家庭紧紧相连，与每个劳动力密切相关，因而特别重要，但都记载简单，缺项较多。

4. 生产关系变化进程记载简略

农村的发展变迁历程，主要是生产关系变革带来的巨大影响、变动和转型，这对研究农村各个时期、不同特色的历史轨迹非常重要。因此，不能不记述从土地改革运动开始，到1978年改革开放在农村拉开大幕，跨度长达28年的因生产关系变革带来的农业经营体制变化。这对每一个生产队、每一个农民的影响非同小可。而变化发生的主体，除土改、互助组、初级社是在自然村开展外，1956年建立高级社、1958年建立人民公社，到1980年代家庭联产承包责任制等，全部是以生产队为单位实施的，1990年代的农村城镇化则彻底结束了农耕社会性质的生产关系。这些资料的丰富、重要和鲜活，是不能忽略的。但仅以土改一事为例，上述村志中的记载都极为简略而内容极多遗漏，如《杨王村志》正文中没有一字涉及，只在“大事记”中出现2条，仅42字（连标点，下同），占村志总字数100万的0.004%，而《华一村志》只用了12字，在村志字数中占0.005%，这是记载土改最漫不经心的两部村志，这类村志不可能有自然村完整的土改资料。对其他生产关系产生重大变化的，如农业合作化运动、人民公社化运动等记载，这些村志同样简单。问题是很多村志还不记载重大事件，笔者对此作过专题剖析（参见《重大事件在村志中的记载现状及理论思考——基于上海五区10部村志的考察》，载2019年第3期《上海地方志》）。唯《陇西志》详细记载1951年土改后各个自然村、各户的人口、家庭成分、土地情况，并用一章的篇幅记载农业生产体制在各个生产队的演变实录，留下珍贵的历史资料。

二、村志记载生产队之必要性

村志的价值由记载内容所体现，在于有没有提供区县志未备或略写的大量社会最基层资料，其中最重要的就是涉及生产队的内容，这些资料如因村志的记载得以呈现并保存，也可看作是解剖这个最小社会细胞的观察报告和调查特记，具有无可替代的文献价值，它的意义和价值也会随着时间的推移逐渐凸现。

（一）生产队是有建制的实体单位

高级农业生产合作社成立后出现的生产队，既是社会实体，更是建制单位。1950 年代初期土地改革结束后（本文以上海和苏南农村开展时间为例），农村逐步走上集体化道路，先是 1953 年由单干户组成互助组，一年后办起了初级农业生产合作社（简称“初级社”）。1956 年，初级社合并成立高级农业生产合作社（简称“高级社”）。初级社只是一个自然村中的少数农户参加，而高级社则由几个初级社联合起来组成，绝大多数农户都入社了，也由此出现了生产队。《高级农业生产合作社示范章程》是关于农业集体生产组织的法律，其中第 31 条明确“生产队是农业生产合作社的劳动组织的基本单位”①。

1958 年人民公社化初期生产队曾称“生产小队”，1961 年 3 月中共中央决定将“生产小队”正式定名为“生产队”，同月颁布的《农村人民公社工作条例（草案）》（即“农业六十条”。下同）第五章第 26—35 条确定生产队是经营农业生产的基本单位，是农村人民公社三级所有经济的基础②。自此，生产队的法律地位得到确认，生产队名称固定了下来，并长期未有变动。生产队也是一个经济实体。每个队都有几十户（或更多户）家庭，数百人口。每个队都有几百亩土地，每年根据国家下拨计划，种植各种作物，出售粮食、棉花、油菜、瓜类等农产品，并向国家缴纳农业税。组织架构上，每个生产队有队委会领导班子，设队长一人、副队长若干人，还有会计、出纳、记工员等，每个生产队都有一枚红彤彤的公章。所有村民（1984 年前称“社员”）及家庭成员在生产队里过着集体所有制的生活。

（二）生产队是基本核算单位

1958 年建立人民公社后，在所有制和基本核算单位问题上，中央政策一直强调“三级所有、队为基础”。这里的“三级”指的是人民公社、生产大队和生产队（初期曾实行过公社、大队两级核算）。作为“基础”的“队”即“生产队”这一基本核算单位。1962 年 9 月 27 日，中共八届十中全会通

① 《高级农业生产合作社示范章程》，中共中央文献研究室编：《建国以来重要文献选编》第八册，中央文献出版社 2011 年 6 月版，第 355 页。

② 《农村人民公社工作条例（草案）》，樊天顺、李永丰、祁建民主编：《中华人民共和国国史通鉴》第二卷 1956—1966，当代中国出版社 1993 年 12 月版，第 435—441 页。

过的《农村人民公社工作条例（修正草案）》，将原“六十条”中生产队的内容由10条增加到19条，其中第20条明确规定：“生产队是人民公社中的基本核算单位。他实行独立核算，自负盈亏，直接组织生产，组织收益分配。”① 生产队是经营农（副牧渔）业生产的基本单位，是农村人民公社三级经济的基础。这条规定长期坚持，就是生产队改称村民小组后也没有变。

作为一级所有制，生产队实行自主经营、独立核算、自负盈亏。社员在生产队里日出而作、日落而息，过的是集耕集种、队给队足的生活。社员们每年的收入水平高不高，完全取决于生产队，完全是靠生产队全体社员自己劳动所得。生产队发展好，集体收入高，年终分红也好，社员生活水平也高，否则相反。

（三）生产队是重大事件的发生地

1950年代起，中国农村发生的一系列政治、经济重大事件，都是在自然村或生产队发生、开展的，分界线是1956年建立高级社。之前的土地改革运动是在自然村进行的，之后的各种重大事件全部是在生产队内开展的，如1960年代中期开展过两次同名的“社会主义教育运动”（后分别称“小四清”“大四清”），是强化阶级斗争、声势仅次于“文革”的特大事件，数百万干部组成工作队，被派到每个生产大队的工作队员，少则十几人，多则几十人。运动内容，从开始的“清账目、清仓库、清财务和清工分”，转为“清政治、清经济、清组织和清思想”，在土改第一次评定家庭阶级成分后，又第二次评定了农村家庭的阶级成分，这都是在每个生产队一一落实到家庭、落实到个人的。各村志却又普遍忽视，在大事记中仅用十几或几十个字记述发生了此事，完全没有具体内容，而《崧泽村志》《新生村志》只记载了一次，内容还十分简略。

1980年代落实联产承包责任制，要把原来集耕集种的土地分到各家各户。分田标准、作物种植、交售任务，以及缴纳税费等，这一切都是由各生产队根据各家庭人员数、劳力数自己制定的，生产队之间的情况也完全不相

---

①《农村人民公社工作条例（修正草案）》，樊天顺、李永丰、祁建民主编：《中华人民共和国国史通鉴》第二卷1956—1966，当代中国出版社1993年12月版，第496页。

同。生产队在城镇化进程中因建制撤销而消失，标志着农耕社会结束，由这件重大事件产生的反映时代特征的经济、民生、人文第一手原生态史料，自然都存在于原生产队里。

三、引发的思考

要以《上海市乡镇街道村志及专业志编纂规划（2017—2025）》精神指导村志编纂，从目录篇章编排时就要考虑到生产队，将记载好生产队重大事件和经济内容作为村志指导思想，做到“三要”，处理好“三个关系”。文本记述该总就总，该分就分，既要有一村总的概括叙述，又要有落实到各个生产队和每家每户的细节资料。

（一）要记述完整，横不缺要项，纵不断主线；重点突出，记载好重大事件

中华人民共和国成立后在农村开展的第一件头等大事就是土地改革，必须理清土改指示精神，理清时间脉络，理清运动内容，特别是要关注土地改革开展时间、政府指示、划分成分、没收（征收）分配土地、颁发土地证等内容，其核心内容：一是第一次划分、评定各家庭阶级成分，为日后长期开展的阶级斗争提供了依据和可能。二是没收（征收）地主、富农等的土地并分配给无地或少地的农户。三是颁发土地证。村志要有土改后各户人口、土地、房产情况的分户资料和划分的家庭阶级成分等，可以生产队为单位，列表落实到队内每个自然村的每个家庭。

1960 年代中期开展了两次同名的“社会主义教育运动”，是“文革”前的特别重大事件，尤其是第二次各生产队评定的家庭阶级成分，后来都予以平反。从 1950 年代土改中出现地主、富农等家庭成分，到“大四清”中第二次划分，再到“文革”结束后的 1979 年取消家庭成分，并平反冤假错案，这项政策前后实施、影响整个社会和家庭长达三十八九年。这种当年头等大事必是村志记载的重点内容，不可漠视、忽略。一部缺少记载重大事件的村志注定是残缺的、没有深度的，因为它忽视了村志存史的基本要素以及志书精髓所在。

（二）要反映事物发生、发展、演变过程，详区县志所略，保存极为丰富的经济资料

经济是命脉，各种数字反映的是生产队实力，必须尽可能地逐年详细记载，内容分三大块：总收入、总支出和净收入。总收入项下，要分列其中的农业收入、畜牧业收入和副业收入等；总支出中也要分列农业支出、畜牧业支出、副业支出等和所缴纳国家的税金。总收入、总支出相减，就是净收入。总收入中可增设“农业占比（%）”栏，如农业收入占比高，表明生产队多种经营状况不佳，这可从中了解生产队的发展过程。

年终分配是生产队每年最重要的经济活动，最终直接反映各个生产队的贫富程度。因涉及每家每户、每个劳动力的收益情况，必须逐年分项记录，内容包括当年参加分配的户数、人数、劳力，分配总金额、总工分数、工分单价，最后是人均、户均、劳均分配金额。其中工分单价最重要，村民至今谈到当年年终分配时，其他数据可能记不住，但都能记住各自生产队的“工分单价”。村志除有以大队为单位的统计外，更要有生产队逐年的资料。这是一个几十年的历史过程，通过这些具体的数字，利用生产队资料的例证，保存具体而微的史实，抢救许多鲜活的历史记忆，把真实的历史变迁给后人留下来，以提高志书的资料性、著述性、资治性，颇具文献价值。

（三）要做到系统、详细、客观地记录发展历程，体现地方特色和时代特征，记载好城镇化进程轨迹

1990年代起，城郊农村在城镇化进程中，大量生产队撤销建制（即生产队终结，农耕社会结束），就会涉及政府的政策法规、批准文件、征用土地及土地补偿费、处置生产队集体资产和撤队分配等重大事项，都要有完整记载。这种反映地域特色和时代特征的内容，不仅都要记载在村志大事记中，在篇目中还可升格，列为第一级目录，为记载特色内容留下充分的空间。

（四）处理好“三个关系”

1. 处理好生产队和自然村的关系

每个行政村包含有若干个自然村，自然村不等于生产队，生产队也不等于自然村。有的自然村很大，可能被划分为几个生产队，有的自然村很小，

是由几个自然村组成一个生产队，也有一个自然村就是一个生产队的。这都同自然村范围大小，家庭、人口、土地多少有关，有的还同自然村之间的间隔距离有关。上海农村村名中的塘、湾、荡、圈等字，反映的是地名文化，每个自然村名和生产队名都要记录在村志中。

2. 处理好生产队与村民小组的关系

1983 年 10 月 12 日，中共中央、国务院发出《关于实行政社分开建立乡政府的通知》①，撤销原来的人民公社体制，建立乡（镇）政府作为基层政权，同时建立村民委员会作为群众性自治组织，由此生产队改称村民小组。但从四至范围、生产管理，到自负盈亏、分配权限等，村民小组与生产队没有两样。村民小组代行农村集体经济组织（即原生产队）职能活动时，具有农村集体经济组织法人资格。生产队建立在前，村民小组建立（改称）在后，二者之间是前后承继关系。而名称的不同，是社会实体历史变化的一种反映。

3. 处理好与村（大队）办企业的关系

在生产大队、行政村的建制中，生产队和村（大队）办企业，二者是平列、同级的下属单位。大队办企业一般起步于 1970 年代，而后发展壮大，成了村里的经济支柱。而生产队早在 1956 年就有了，至少早了十几年！生产队出产的粮食、棉花、油菜、蔬菜等作物，不仅完成了国家下拨的缴售任务，销售收入还养活了全体家庭人员，包括以前的大队干部、现在的村干部和村办企业职工。村志记叙不能重企业而轻生产队。

四、余言

以上内容，资料哪里来？当时每年都有各种文件和报表，一般都以生产大队为单位填报上交，其中一定会涉及生产队基本资料、经济活动等方方面面。年底年头，又要为年终分红另制各种表格，报公社一级审批。事后，这些表格都保存在区、县档案馆的永久类档案中。因此，由于生产队档案资料不足而造成无法记载或记载简单的原因是不存在的。只是档案内容较多，抄

① 郑新立主编：《中华人民共和国国史通鉴》第四卷 1976—1995，当代中国出版社 1993 年 12 月版，第 14、1332 页。

录时需很多人员和很多时间。当然还需要实地调查和口述资料。总之，要为我们这个快速变化的时代，为我们这个完全崭新的社会，记录和留下生产队那些非常重要、具体的史料，旨在“修志问道，以启未来”。

参考文献

1.《上海市乡镇街道村志及专业志编纂规划（2017—2025）》，上海市地方志办公室官网。
2.《中华人民共和国土地改革法》，中共中央文献研究室编：《建国以来重要文献选编》第一册，中央文献出版社 1992 年 5 月版。
3.《关于划分农村阶级成分的决定》，周鸿主编：《中华人民共和国国史通鉴》第一卷 1949—1956，当代中国出版社 1993 年 12 月版。
4.《高级农业生产合作社示范章程》，中共中央文献研究室编：《建国以来重要文献选编》第八册，中央文献出版社 2011 年 6 月版。
5.《农村人民公社工作条例（草案）》，樊天顺、李永丰、祁建民主编：《中华人民共和国国史通鉴》第二卷 1956—1966，当代中国出版社 1993 年 12 月版。
6.《农村人民公社工作条例（修正草案）》，樊天顺、李永丰、祁建民主编：《中华人民共和国国史通鉴》第二卷 1956—1966，当代中国出版社 1993 年 12 月版。
7.《中共中央关于目前农村工作中若干问题的决定（草案）》，樊天顺、李永丰、祁建民主编：《中华人民共和国国史通鉴》第二卷 1956—1966，当代中国出版社 1993 年 12 月版。
8.《中共中央关于农村社会主义教育运动中一些具体政策的规定（草案）》（1963 年 9 月），樊天顺、李永丰、祁建民主编：《中华人民共和国国史通鉴》第二卷 1956—1966，当代中国出版社 1993 年 12 月版。
9.《农村社会主义教育运动中目前提出的一些问题》，樊天顺、李永丰、祁建民主编：《中华人民共和国国史通鉴》第二卷 1956—1966，当代中国出版社 1993 年 12 月版。

（本文为上海市地方志办公室、复旦大学主办的“2022 年地方志理论研讨会”入选论文，首发于 2023 年第 3 期《上海地方志》）

城镇化背景下村志编修的实践和研究

——以上海闵行区《东吴志》编纂为例

摘　要： 上海郊区全面城镇化进程中大量村落终结，上百年甚至更长时间里形成的城郊型农村社会结构、农家生活形态消失，几十年里逐步建立的农村集体经济体制、集体生产方式也不复存在，农耕社会结束。面对农村社会形态发生如此重大变化，地方志工作者的责任是要及早为已消失和将要消失的自然村、行政村编修村志。村志编修，贵在资料，各类资料应收尽收，要突出重点，减少缺漏。全方位记载一个村（地区）的历史和现状，需要完整、可信的资料支撑。连贯、翔实的资料彰显文献价值，可为现代城郊型农业经济留存丰富的文献资料，为记录现代城郊型农村生产关系变革提供文献资料，为现代城郊城镇化过程保存完整文献记录，同时也为研究大城市近郊经济状态和社会变迁，提供富有价值的实例。

关键词： 城镇化；村志编修；贵在资料；重在存史

1990年代起，上海郊区城镇化进程全面展开，村落终结、行政村撤销成为一个时代的特征。由上海市统计局发布的重要数据可知，2020—2022年连续三年上海的城镇化率都是89.3%。这表明，上海近郊、远郊的土地已被大量征用，建设成工业区、开发区、商务区、住宅区。这些地区的村庄就此被批量拆迁而消失，上百年甚至更长时间里形成的城郊型农村社会结构、农家生活形态消失，几十年里逐步建立的农村集体经济体制、集体生产方式也不复存在，农耕社会结束。面对农村社会形态发生如此重大变化，地方志工作者的责任是要及早为已消失和将要消失的自然村、行政村编修村志，并展开研究，这不仅是必需的，还带有紧迫性。

东吴村（地区）位于上海市西南近郊，历史上曾隶属于华亭县、娄县、松江县、龙华区、西郊区、上海县，现隶属闵行区。城镇化中种植业、养殖业全退出，村企业全停办，土地全征用，村宅全拆迁，户籍“农转非”①。1994 年起，在陆续撤销了全部生产队建制后，又于 2012 年撤销了村委会建制，“东吴”消失，现在的管理机构是莘吴实业有限公司。《东吴志》就是在这种背景下编修的，意欲利用志书载体，解剖一个社会细胞，完整记录前所未有的变化，保存这个地区的政治、经济、文化、家庭、风俗等方面资料，为消失的村（地区）记录乡愁，留存历史，留下文化记忆，同时也为研究大城市近郊经济状态和社会变迁，提供富有价值的实例。《东吴志》编修工作于 2015 年 6 月开始，至 2020 年 5 月完成，在经过评议、审定后由中西书局出版。

一、志书体例及内容

《地方志书质量规定》第八条要求志书编纂做到“体例科学、规范、严谨，适合内容记述的要求”。《东吴志》篇目设计取决于这个村（地区）的实际，不求面面俱到，但要重点突出，注重体现村情特色。志书以信史为念，选择符合地情的体例、体裁，将一个村（地区）的史料全面系统地记录、保存下来。《东吴志》框架分章、节、目三级，统属关系得当，以条目为载体的安排，有利横排纵写。并通过个别篇目的升格体现村情特色和突出重要性，如“农村生产关系农业经营体制”以及“撤队撤村改制”，都被单列一章。志书体例的运用全面而多样，有序、图、凡例、目录、正文、修志衔名、索引、后记、跋，采用述、记、志、传、图、表、录等体裁。根据地情特点设置的篇目引起了专家的注意，复旦大学巴兆祥教授认为：“从篇目看，该志设置的位置示意图、自留地、宅基地、生产队土地、征用土地、行政村高级社、农村生产关系、撤队撤村改制、方言、特记等章节篇目，极为罕见。”②

《东吴志》凡 27 章，共 113 节 259 目，篇目为：序、凡例、概述、大事记，以下分别是示意图，建制沿革，地理环境，物产，土地，人口，行政、经济组织，基层党组织、群团、其他组织，兵役、民兵，自然村、生产队，

① 是指将失地农民的农业户口，转为非农业户口，又称“农转居”（“居”指城镇居民户口）。

② 巴兆祥：序，褚半农：《东吴志》，中西书局 2020 年 12 月版，第 2 页。

政治运动，农村生产关系 农业经营体制，大队（村）级经济，农业，副业，工业，撤队、撤村、改制，教育，医疗卫生，村民生活，风俗，方言，艺文，人物，特记，社会调查，文献选辑。后有村事、表格、地图图照、方言词语4种索引，以及后记、跋。配置地图（含示意图）19幅（卷首4幅、随文15幅），照片372幅（卷首194幅、随文178幅），表格194张。计87.7万字，是部中等体量的村志。

东吴村（地区）历史悠久，清乾隆年间编修的《娄县志》已记载到2个自然村名。为全面收集资料，编修者抄录政府档案，采集口碑传说，征集音像实物，博览报刊书籍，排查各个历史时期的代表和典型，撰述中坚持志体，横排门类，据事直书，使所记述的土地改革、农业合作化、知青插队落户、经济发展、物价变动、本地物产、住宅建筑、村民收支、习俗方言等，从其起始、转折、变化到结果都得以完整反映。志书特别重视经济和重大事件章节的安排、撰写，除了基本要素，必要的记述、数字外，其余都是上位志书中没有的内容，却是村志必须记载的，做到详县志所略。章下另有无题小序，对各章内容予以提示性说明，起到导读作用。

1956年高级农业生产合作社成立后出现的生产队，人民公社时成为下属生产大队的基本成员单位，是有建制的实体单位和自负盈亏的基本核算单位，又是重大事件的发生地，也是更小的社会细胞。《东吴志》将记载好生产队重大事件和经济、民生内容作为指导思想，在篇章编排时，就为每个生产队留下了充分的记叙空间，涉及的表格也以生产队为统计单位（原始档案上很多表格本来就是以生产队为统计单位）。这些记录原汁原味、细微准确，是认识和了解“东吴”最基层社会的原生态资料，研究价值颇高。

村志是记村事的志，写村民的书，户户入志、人人入志理所当然。志书“农村生产关系 农业经营体制”章有1951年全部家庭及人口资料，“人口”章有2012年全部家庭人口表，“兵役、民兵”章有“应征入伍、退伍、转业军人一览表”，“教育”章有“大学专科及以上毕业生名录”，“人物”章既有“人物简介”，还有市（区）人大代表、区政协委员和市劳动模范、市“三八红旗手”名单，另有“能工巧匠名录”，“人口”章还有9批插队落户知识青年、2批支疆支边的当地青年、85岁及以上长寿老人等。为所有家庭和个人留下记录，体现修志宗旨，拓宽了村志记述范围，加强了志书与村民的联系，更得到修志单位的重视和支持。包括村宅在内的地名是人类活动的产物，祖先留下的文字标记，昭示祖辈生存环境，现在也是非物质文化遗产的一部分。《东吴志》将城镇化进程中彻底消失的自然村名、初级社名、高级社名、生产队名，以及河流名等都留存了下来，记录的是村庄聚落的历史与现状、变化及进程，保存的是一个村（地区）社会形态的真实微观资料。

二、村志编修贵在资料

《上海市乡镇街道村志及专业志编纂规划（2017—2025）》中的编修要求第四条规定："入志资料应丰富、真实、准确、典型，能够反映事物发生、发展、演变过程，补区县志所不足。注重选用特色资料、微观资料，注重收录调查资料和口述资料。注重使用原始资料，重要资料来源注明出处，有歧义但不可或缺的资料，要一并收录。"① "三个注重"得来的翔实资料，既是志书的坚实基础，也是志书的价值所在。《东吴志》对各项资料应收尽收，减少缺漏。全方位记载一个村（地区）的历史和现状，让历史再现，需要完整、可信的资料支撑。

《东吴志》所引用资料的来源，一是闵行区档案馆、莘庄镇政府、东吴村（莘吴公司）档案室已公开档案和派出所户籍资料等，二是采访所得，三是其他有关印刷品资料，四是编修者历年积累的实物资料和书面资料，五是由村内外热心人士提供的资料，归纳起来就是档案史料、口述史料、实物史料和撰述史料 4 类。档案史料为资料主体，分布于区、镇、村三级档案馆（室）以及派出所档案室，以区、镇档案馆（室）所藏档案为主，这二级档案馆（室）所抄录的查阅档案目录总数达 1 320 卷（条）之多，另有村档 150 多卷（条）。这些文档多为永久卷和长期卷，具有真实性、可信性、规范性和完整性，是基层社会丰富的生产史、生活史的原始记录载体。

东吴村（地区）史料内容涉及政治、经济、社会、文化等门类，有 1950 年代起发生的重大事件的完整文档，如土地改革资料、农村生产关系变革中农业合作化（互助组、初级社、高级社）资料、人民公社资料。各类经济资

① 上海市地方志办公室编：《上海市地方志工作资料汇编》，2018 年 5 月，第 131 页。

料尤为齐全，包括水稻等各种农作物历年种植、收成资料，全村农副业生产总收入、总支出、净收入，以及逐年年终分配资料，村办企业各类资料，城镇化中撤销生产队、撤销行政村的请示、批复，以及集体资产处置方案等，全都是第一手原始文档资料。口述资料则有1949年前两次瘟疫资料、1958年人民公社成立后翌年建食堂“吃饭不要钱”供膳实施情况等。

收集的实物资料有1950年代土地改革中两种性质不同的土地证、1960年代劳动手册（工分簿）、1968年第一批插队落户知识青年通知书、1980年代联产承包合同书、村民委员会换届选举选民证，以及各生产队公章。当年使用过的各种购物票证就有上海农村使用的食油票、食糖票、食盐票、火柴票、豆制品购买券、猪肉购买券、卷烟购买券等20多种。另有农具中的铁锆、锄头，耕牛用轭头、脱粒用稻床、磨粉用磨子、经布用经车、家庭接生用高脚桶，量具中的斛子、升罗、木杆大秤，厨房用具中的猫叹气（有盖陶钵）、蛋架等，以及拍成的实物照片（笔者收藏的实物后来分别捐赠给了闵行区博物馆和闵行区档案馆）。撰述史料主要是与东吴村（地区）历史有关系的文本资料，其中有笔者用钢板铁笔刻字油印并保存的1970年代生产大队全部土地田块及面积的地图册、东吴大队通讯组1971—1976年编印的近300份《东吴通讯》等。以上物品与村民的生产、生活密不可分，是这个村（地区）从政治生活到经济活动、从自然条件到人文环境等各方面真实生活留下的凭证，又因现已大都消失而显得特别珍贵。

编纂者还注意收集本地区“第一”的资料，如第一个共产党员、第一个初级农业生产合作社、第一次征用生产队土地、第一个独生子女、第一个百岁老人等，还别出心裁收集“最后一次”的资料，如1956年农业合作化中“最后的单干户”、1963年“最后一名”家庭接生的婴儿、1964年“最后一名”结婚乘坐轿子的新娘、1977年“最后一批”插队落户知识青年等。“第一”和“最后”都可反映历史进程中的某些时间节点和社会细节，二者同样重要，而“最后”往往会因考虑不到而被修志者忽视。

三、翔实资料彰显文献价值

中国农村从1950年代初的土地私有，到组织起来走集耕集种的合作化道路，进而实现公社化。1980 年代后，农村从经济结构、生产结构，到农民的生活方式、农村人口、居住环境，更是发生翻天覆地性的变化。“这种变动，单靠县志、镇志来记录，虽然会有宏观上的概括，但一到具体的变化究竟表现在哪些方面，可能并不丰富和足够，还需要有具体的更为下沉式的记录。”① 如果不通过具体内容的记载，后人是很难理解这种变化历史的。作为一部城镇化背景下编纂的村志，《东吴志》系统、整体的翔实资料，具有丰富的文献价值，是认识和了解最基层社会的基本资料，也是村志重在存史的基本保证，还可为城镇化进程中编修村志实践和研究提供有学术价值的个案。

（一）为现代城郊型农业经济留存丰富的文献资料

东吴地区各家庭历来以务农为主要生产、生活手段。人民公社化后，包括东吴在内的莘庄地区被划为粮棉种植区，以种植粮食、棉花、油料作物为主，各生产队经济收入和社员年终分配，完全依仗于每年的稻谷、麦子、油菜籽和棉花等的销售收入。1960 年代前期因经济单一，农业收入在总收入中占比多年超过 90%。多种经营发展后，终使非农业收入在总收入中占比逐步提升。1970 年代起，大队（村）办企业从无到有，逐年壮大，经济得到发展。志书在“大队（村）级经济”章中设有经济总量情况表，反映东吴村（地区）整体情况，还在“自然村生产队”章中特别记载各生产队经济情况。利用档案设计制作的 4 张表格，分别是人口情况表、作物情况表、收支情况表和年终分配情况表，内容涵盖生产队全部基本要素，时间跨度自 1960 年代初至 1984 年实施联产承包责任制，长达 20 多年。这些表格提供了 2 600 多条信息，包括各实体单位的土地、家庭人口、劳动力等基本数据，各种作物种植面积、亩产量和总值，涉及的农作物有小麦、大麦、元麦、早稻、后季稻、单季稻、棉花、油菜等，各生产队的总收入（包括农业收入与占比，畜牧业收入与占比）、总支出及净收入和缴纳农业税等。通过这些细微、具体而又连续的记载，详赡展现出最为基层的生产组织的经济状况，反映出东吴村（地区）各时段内的历史变化，利用这些基础数据又可对农业、副业生产的投入、产出、经济效益进行量化分析。

---

① 张剑光：跋，褚半农：《东吴志》，中西书局 2020 年 12 月版，第 800 页。

年终分配为每年最重要的经济活动，对社员（村民）以劳动工分为计算单位并实施现金分配，涉及各生产队每年收支情况、年度分配方案、分配金额、总工分数、工分单价、各家庭分配金额，以及分配中的人均、劳（动力）均、户均数比较等。资料中提供的全部生产队20多年连续、完整的数据，是各个生产队收入水平、农户收入水平、农户收入差距进行量化分析的基础史料，从而确知农户收入的构成与变化、农户之间收入差距的大小与变化，还原当时农民生活水平总体状况。

（二）为记录现代城郊型农村生产关系变革提供文献资料

1949年后中国农村的变化，说到底是生产关系的变革，共同经历了土地改革、农业合作化、人民公社化和联产承包责任制等历史阶段，每一阶段中发生的重大历史事件，都对村庄发展、农村经营体制产生巨大影响。编纂村志从本质上说，就是记载好农村生产关系变革历程，记录好重大事件，将几十年中生产关系的变革连续记录下来，就是一个地区、一个村的农村社会发展史。土地改革是1949年后最早出现的重大事件，其政治意义、经济意义非同寻常。《东吴志》中设有“土地改革运动”“评定家庭阶级成分”“没收和分配土地”“颁发土地证”等“节”目，土改后各自然村“家庭、人口、房屋、土地情况表”共达28页，这些表格提供了800多条信息，重要的还有14个自然村（1956年后成为9个生产队）每户家庭人口数，拥有的国有或私有土地的坐落、数量和房产情况，以及划分家庭阶级成分后，东吴地区第一次出现了地主、富农、中农、贫农、雇农等10种阶级成分的家庭分析，另有1964年“大四清”中第二次划分后，家庭阶级成分的变化数据。完整的文字记载和翔实的数据信息，重现的是当年的基本社会形态，保存的是地方史料原来之面目，颇具研究价值。

农业合作化运动从互助组起步，进而初级社（部分农户参加）、高级社（全体农户参加），从而确定中国农村走社会主义道路。《东吴志》提供的资料丰富而全面，依次有28个互助组情况表、6个初级社情况表、2个高级社情况表，包括合作社名、成立时间、正副社主任姓名，入社农户数、劳动力数，集体经营土地数。高级社的最大变化，是1956年全国人大一届三次会议通过的《高级农业生产合作社示范章程》第13条规定：“入社的农民必须把私有的土地和耕畜、大型农具等主要生产资料转为合作社集体所有。”经营管理中取消了初级社按土地、劳动力比例进行年终分配制度，出现了评工记分、年终按劳取酬新制度。还记录有未参加农业社的8户单干户情况。对人民公社的记述重现变化进程，从1958年9月成立人民公社初期的“一大二公”，到确定“三级所有，队为基础”，以生产队为基本核算单位的三级所有制，以及经营管理中的“大寨式评工记分”等。生产关系变革资料收集翔实，记载脉络清晰，过程完整，因果彰明，从一个村（地区）的这些变化可以推而知道全镇、全县的变化。

（三）为现代城郊城镇化过程留下完整文献记录

上海从宋代建上海镇、元代设上海县，再到1843年上海开埠，又到1927年成立上海特别市，一直发展到今天的国际大都市，从本质上讲是从农村发展起来的，就是乡村逐步城市化的过程。而翻检地方旧志，就会发现缺少这个变化过程的有关记录。今天又面临当年同样的情况，且这种变化比历史上任何一个时期都更加深刻，它的变化不是局部的、渐进的，而是整体的、快速的。对修志工作者来说，本轮志书断限内新出现的这些内容应详写，这也是一次历史机遇，要担起历史责任，主动、完整记录好这个历史巨变。

城镇化进程中，随着大量生产队和行政村撤销建制，即人民公社时期建立的公社、生产大队、生产队“三级所有”中的第一级，已在1984年完成撤社建乡，生产大队和生产队两级建制于此时终结，农耕社会正式结束。村民日常生活必需的粮食、食油、蔬菜、副食品等，也由此需全部从市场购买获得。依照市、区政府出台的政策法规、批准文件，进程中涉及劳动力安排，长者养老，土地征用补偿，处置生产队集体资产，撤队、撤村分配以及房屋拆迁中的房屋置换，改制成立股份合作社等重大事项。处置集体资产，执行的是市政府有关文件精神，模式统一而各村内容有别。这种反映时代特征和地域特色的农村生产关系变化内容，不仅要记载在村志大事记中，在篇目中还可升格，列为第一级目录，为记载特色内容留下充分的空间。因资料收集完整，《东吴志》特设“撤队、撤村、改制”一章，用10个“节”目记录了东吴村（地区）从土地私人所有，到社（村）集体所有，再到被国家征用，批准撤销生产队，撤销行政村的整个过程。志书中“撤销生产队建制及撤队分配情况表”和“东吴村撤村农龄核算及莘吴社区股份合作社入股情况表”，就提供了210多条有关信息。农村城镇化是个历史进程，不仅与每个村、每个队（村民小组）紧紧相连，更与每个家庭、每个劳动力、每个成员密切相关，因而特别重要。《东吴志》把具体的历史变迁内容给后人留了下来，即通过档案记录了下来，也转为由志书记录而保存了珍贵资料。

四、余言

城镇化背景下的村庄终结，表明一个个村（地区）彻底结束日出而作、日落而息，集耕集种、队给队足的生产、生活状态。当前如不及时编修村志，这些地区就再也没有编纂（或续修）村志的机会了。而《东吴志》收集资料的渠道、方法，以及对资料的整理、考证、鉴别、利用的思考和研究，都是从村志编纂实践中来，并为编纂工作服务的。让历史文献价值贯穿全志，这便是修志存史的意义。

增设“社会调查”。专题有“插队落户知识青年情况调查”“赤脚医生参加劳动和年终分配情况调查”“褚家塘社会概况调查”“褚家塘自留地调查”4种，内容实在、系统、完整，写清了各专题的来龙去脉、发展过程和结果，恢复了历史细节，可为了解、认识社会多提供一份素材，最大限度地保留历史资料。专题调查可提高有关内容的记述深度，增加学术含量和提升志书学术品位。传统特色建筑绞圈房子调查也因方志书写进入历史记录，1964年“四清”运动总结、1969年全市最早建立合作医疗制度总结等，都是一个历史时期最重要、最真切的材料，都是发生在上海县、闵行区的典型事件，必须应记尽记。

增加图表数量。插图从年代最远的上海古冈身和东吴地区位置示意图，到最近的东吴地区在莘庄镇位置示意图（2014年），另有自然村分布图（1977年）、村域河流分布图（1977年）等。卷首照片分类编排，串文照片随章安排，重现了各个时期历史事实，收到图文并茂的效果。表格要素齐全，使用范围广泛，除经济内容以表格反映数据外，沿革、人口、名录等有些内容也用表格，补充文字记述的不足，起到阅读醒目、丰富资料内涵的作用。

规范贯穿全过程。每份资料从收集起就全部标上出处，详细标明卷号、页码。撰稿、改稿中一旦发现差错，就可立即查询到原件，便于核对。而依照学术规范，志书记述的重大事项、重要数字等，《东吴志》都用小六号宋体字标明了资料出处。

参考文献

1.《上海市乡镇街道村志及专业志编纂规划（2017—2025）》，上海市地方志办公室官网。

2.《高级农业生产合作社示范章程》，中共中央文献研究室编：《建国以来重要文献选编》第八册，中央文献出版社2011年6月版。

3.《农村人民公社工作条例（草案）》，樊天顺、李永丰、祁建民主编：《中华人民共和国国史通鉴》第二卷1956—1966，当代中国出版社1993年12月版。

4.《农村人民公社工作条例（修正草案）》，樊天顺、李永丰、祁建民主编：《中华人民共和国国史通鉴》第二卷1956—1966，当代中国出版社1993年12月版。

（本文为上海市地方志办公室、复旦大学主办的“2023年地方志理论研讨会”入选论文）

从随写俗体字谈村镇志书写规范

——以闵行区两部村镇志为例

摘　要： 民间有大量自造的俗写“简化字”（本文称其为“俗写字”），如把村宅地名中的“家”“塘”，随手写成“介”“圹”，于是“王家塘”变成“王介圹”等。由于各种原因，新编修的村镇志书中也出现了这种书写错误，这既不符合历史记载要求，也不符合汉语用字规范。一部完整、规范的地方志书，除了观点准确、内容真实等外，文字书写规范是最基本的要求。

关键词： 上海村镇志；俗写字；书写规范；基本要求；当代

电脑尚未出现时，文稿都是手持毛笔或其他硬笔书写的。因为各种原因，如嫌麻烦、图快捷，或受书写者文化程度影响等，时常会使用俗写字，即自己创造的“简写字”，来代替原来规范、正确的字。这类俗写字主要在1950年代出现，以后大量流行，并进入各种文书档案中，有的还被用进地方志书中。尽管俗写字现象历代都有，古代的俗写字有的在1950年代还被吸收，国家作为正式通行的简体字颁布，但当代的俗写字情况有所不同，也更为复杂（本文不讨论二者关系或利弊）。本文试对当代上海地方志书中的俗写字加以阐述，并议及志书的书写规范问题。

一、问题的提出

2010年出版的《七宝镇志》，装帧非常漂亮，指导者、编写者都是本地人，可里面的村宅名就有用这种俗写字的，数量还比较多，主要集中在一个字上，即将地名中的“家”字俗写成“介”。志书中有3张1949年前的表格，下面第一张表中的地名还是清光绪时的，触目皆是这个俗写字①：

清光绪年间七宝地区华中乡三十五保三区自然村分布情况表

图别	圩名	自然村	面积
五图		小栎林庙（小涞庵）、陈介荡、赵家巷、杨夏浜、吴介塘、褚介塘、沈介塘、曹家巷、王家塘、王介厍、侯家塘、卢介塘	二十二顷七十二亩六分七厘八毫
二十六、二十七图	南厍、东李、南李、西李、北李、北厍 ，	赵介桥、陆家桥、横塘口、柘墩泾、李介宅、俞介桥、池河圈、周介巷、行家港（行泾）、孟家宅、高家宅基、俞家宅、顾家宅、王三衙、东横塘、刷布场、冯家浜、中沟、孙介宅、闸口、东新河、唐介厍、钱介宅、陶家宅、茹介角、长浜	五十三顷四十七亩零三厘九毫
二十八、二十九图	潜、东海、称、芥、北海、西重、北重、察	朱方桥、高家桥（方介宅）、马介桥、沧泾、直道浜、小石桥、转梗桥、袭家塘、戴家厍、池河圈、里长浜、绍浜	二十六顷九亩一分七厘五毫
三十一图	娄、河	朱方桥、八字桥、怀家岱（茹介桥）、陈介塘、卢介巷、张介巷（塘）、李介塘、茹介湾、竹桥头、长枪岸、马介塘、周介塘、小石桥	二十九顷六十七亩四分三厘八毫
三十二图	巨、阙、南珠、北珠、西海、称、芥、东海、北海	陈介楼、张同浜、西巷、范介塘、朱介石桥、高盒泾、卢家荡、朱介木桥、李介湾、张家油车、池河圈、陆介角、九曲、李介油车、十亩浜、新喜宅	三十二顷三十六亩六分一厘九毫
三十四图	东园、号、西园	贺泥浜、徐家巷、张介港、杨介角、范巷、蒋介巷、袁介木桥、小渡船、俞介塘、管家坟、李介巷、西范塘、戴家塘、十亩浜、顾家塘、王娘子桥、坟图头	二十三顷四十七亩八分二厘三毫

为便于阅读和了解，先把3张表格里的内容整理如下：

表1　清光绪年间七宝地区华中乡三十五保三区自然村分布情况表

图　别	自　然　村　名	自然村数	使用俗写字的村名	村数	占比（%）
五图	小栎林庙（小涞庵）、陈介荡、赵家巷、杨夏浜、吴介塘、褚介塘、沈介塘、曹家巷、王家塘、王介库、侯家塘、卢介塘	12	陈介荡、吴介塘、褚介塘、沈介塘、王介库、卢介塘	6	50.00
二十六、二十七图	赵介桥、陆家桥、横塘口、柘墩泾、李介宅、俞介桥、池河圈、周介巷、行家港（行泾）、孟家宅、高家宅、俞家宅、顾家宅、王三衙、东横塘、刷布场、冯家浜、中沟、孙介宅、闸口、东新河、唐介库、钱介宅、陶家宅、茹介角、长浜	26	赵介桥、李介宅、俞介桥、周介巷、孙介宅、唐介库、钱介宅、茹介角	8	30.77

① 上海市闵行区七宝镇人民政府编：《七宝镇志》，上海人民出版社2010年2月版，第7页。

续　表

图　别	自　然　村　名	自然村数	使用俗写字的村名	村数	占比（%）
二十八、二十九图	朱方桥、高家桥（方介宅）、马介桥、沧泾、直道浜、小石桥、转梗桥、袭家塘、戴家库、池河圈、里长浜、绍浜	12	方介宅、马介桥	2	16.67
三十 一图	朱方桥、八字桥、怀素堂（茹介桥）、陈介塘、卢介巷、张介巷（塘）、李介塘、茹介湾、竹桥头、长枪岸、马介塘、周介塘、小石桥	13	茹介桥、陈介塘、卢介巷、张介巷（塘）、李介塘、茹介湾、马介塘、周介塘	8	61.54
三十二图	陈介楼、张同浜、西巷、范介塘、朱介石桥、高盒泾、卢家荡、朱介木桥、李介湾、张家油车、池河圈、陆介角、九曲、李介油车、十亩浜、新营宅	16	陈介楼、范介塘、朱介石桥、朱介木桥、李介湾、陆介角、李介油车	7	43.75
三十四	黄泥浜、徐家巷、张介港、杨介角、范巷、蒋介巷、袁介木桥、小渡船、俞介塘、管家坟、李介巷、西范塘、戴家塘、十亩浜、顾家塘、王娘子桥、坟图头	17	张介港、杨介角、蒋介巷、袁介木桥、俞介塘、李介巷	6	35.29
	合　　计	96		37	35.54

表 2　清光绪年间七宝地区华中乡三十五保四区自然村分布情况表

图　别	自　　然　　村	自然村数	使用俗写字的村名	村数	占比（%）
一图	杨家巷、杨树桥、顾家巷、薄介巷、沈巷、南巷、寅春庙、池圈、池圈里、倪家巷、范巷	11	薄介巷	1	9.09
二图	汪家巷、柴段湾（又名汪家巷、柴家湾）、周家巷、高介巷、唐介浜桥、陈介巷、方介塘、九曲	8	高介巷、唐介浜桥、陈介巷、方介塘	4	50.00

续　表

图　别	自　然　村	自然村数	使用俗写字的村名	村数	占比(%)
三、四图	沈巷、陆介埝、林介桥、西王介巷、唐介浜桥、北车、南车、潘家塘、许介塘、陆家浜、王家巷、施家车、小浜浪、高家巷、南杨、北杨、戴家巷、泥墙圈、王娘子桥、黄家角、卢家塘、池河圈、唐家浜、顾家库	24	陆介埝、林介桥、西王介巷、唐介浜桥、许介塘	5	20.83
六、七图	马家池、徐家库、小陈介村、吴介园、沈介桥、冯家角、范家塘、史介塘、树圈里、张介塘、墅浪	11	小陈介村、吴介园、沈介桥、史介塘、张介塘	5	45.45
三十图	卫介角、潘家巷、寅春庙、小涞桥、蔡介塘、俞介巷、北小涞、俞介塘、小赵巷、大赵巷、谢介巷、季介巷、龚家巷、卫介塘、杨介角、丁家角	16	卫介角、蔡介塘、俞介巷、俞介塘、谢介巷、季介巷、卫介塘、杨介角	8	50.00
	合　计	70		23	32.86

表 3　1948 年七宝地区自然村（街巷）分布情况表

保　别	自然村（街巷）	自然村(街巷)数	使用俗写字的村名	数量	占比(%)
十七保	南张、吉家巷、东吴、褚家塘、金介圈、张介浪、南马、北钱、顾司徒庙、冬青园头、北王家巷、姚家塘	12	金介圈、张介浪	2	16.67
十八保	吴家湾、秧田里、小王家塘、顾家巷、楼下村、范巷、小池河圈、小吉家巷、俞家巷、大浜头、骆家巷、小张家巷、陆家角、盛家库、沈家塘、竹桥头、毛家库、杨家坟、沈家弄、姚家车、毛家塘、阿姨桥、喻家塘、库家滩（田巷）、小骆家巷、张家塘、彭家塘、西沈家塘、西姚家滩、王家巷、程家巷、潘家桥、东姚家滩、王家塘、宋家塘	35	0	0	0

续 表

保　别	自然村（街巷）	自然村（街巷）数	使用俗写字的村名	数量	占比（%）
十九保	王家场、老宅角、教化浜、南大街、南东街、南西街、南东塘滩、南西塘滩、典当街、浴堂街、南街、南横沥	12	0	0	0
二十二保	北黄、南阮家厍、中阮家厍、北阮家厍、吴介塘、田家巷、潘角、施家湾、吴家塘、南黄、韩家塘、沈家塘、夏家旗杆、李家木桥、范家塘、刘家浪、大赵家巷、小赵家巷、沈长浜、程家塘、胡家塘、葫芦湾、塘湾、木行顾、郁家浪、顾家塘、朱家浪、王家厍、沈家湾、吴家巷、西陆家巷、蒋家堰、黄花桥	33	吴介塘	1	3.03
二十一保	吴介巷、寅春庙、邱家弄、杨家泾、东郑介角、西郑介角、小涞桥、陆宅堰、王介巷、池河圈、东沈巷、七姑沈巷	12	吴介巷、东郑介角、西郑介角、王介巷	4	33.33
二十四保	北大街、北东街、北西街、北东塘滩、北西塘滩、北横沥、白场浪、徐家厍、香花桥、马家池、陈家塘、汤家桥	12	0	0	0
二十五保	唐家浜桥、柴家湾、高家浪、周家浪、戴家浪、施介油车、南杨、张家宅、沈家巷、汪家浪、南车、北车、泥墙圈、沈家桥、吴家园、范家塘、施家塘、小人家村、金家圈、冯家角、小浜浪、施家车、油箍弄、潘家塘、戴家塘、顾家厍、观音堂、黄泥浜、浜头、王家厍、卢家塘、王扬子桥、周家塘、褚家塘、杨夏浜、沈家塘、侯家塘、陆家浪、黄家角、王家塘、小涞角、吴介塘、小桥李、横泾桥、王家巷、□浪、张家塘、魏家塘、许家村、潘家桥	50	施介油车、吴介塘	2	4.00
	合　　计	166		9	5.42

上述3张表格共设18列，除了表3中有3个保未出现差错外，其余自然村（街巷）名书写都有错，占比为83.33%，给人的感觉是文字书写随心所欲。各列差错占比，其中最高的为61.54%（表1中的“三十一图”列），以下依次排列为：50%（3个）、45.45%、43.75%、35.29%、33.33%、30.77%、20.83%、16.67%、9.09%、4.00%、3.03%。全志所列1949年前自然村分布情况的3张表中，共列自然村名332个，有69个自然村的村名因用俗写字而致错，约占20.78%，比例超过五分之一。如表1三十一图中共有13个自然村，其中8个村名中的“家”被写成“介”，它们是茹介桥、陈介塘、卢介巷、张介巷（塘）、李介塘、茹介湾、马介塘、周介塘，差错率高达61.54%。再如五图12个自然村中，有6个自然村中的“家”被写成“介”，分别是陈介荡、吴介塘、褚介塘、沈介塘、王介库、卢介塘，差错率高达50%。表2三十图中16个村庄差错率也是50%。同一个地名“唐家浜桥”在表格中出现5次（还有2次出现在1984年、2006年的村庄地名表格中，本文未收入），3次书写正确，但在表2中2次写成“唐介浜桥”。

《七宝镇志》是把村宅名中的“家”俗写成“介”，而《安乐村史记叙》（即《安乐村志》）则是把村宅名“×家塘”中的“塘”俗写成了“圹”①。全志在第一章“自然地理”、第二章“建置沿革”、第四章“土地”、第十六章“人物”和第十七章“轶事”5章中共出现31个“圹”字，如董家圹、罗家圹（第6页），杨家圹、夏家圹、张家圹（第7页）等。在“村宅特色”一节中，罗家塘村名在一个自然段出现3次，2次是“罗家塘”，有1次却俗写成“罗家圹”（第25页）。在“安乐大队六十年代初各自然村位置图”中，列出所有25个自然村村名，带“家塘”二字的村宅有11个，其中俗写成“家圹”的有9个，占81%。现把这11个自然村村名依村志排列次序照录如下：董家塘、罗家圹、罗家圹、杨家圹、夏家圹、杨家圹、张家塘、李家圹、康家圹、王家圹、潘家圹（第29页）。

由两部村镇志中将自造、俗写的“介”和“圹”字用在村宅名称、河流名称上成了错别字的事例，可见这种现象由来已久，且根深蒂固，成了镇村志编修书写中的一个难点了。

---

① 罗欣旗：《安乐村史记叙》，2012年12月内部印刷本。

二、俗写字现象

只要是文书档案，必定要涉及文字书写，所不同的是，过去用手写，现在用电脑“写”。书写方式不同，但对文字的规范要求是一样的。过去手写时，时常会使用俗写字，这种俗写字的来源有两个特点：一是将一个字的某个部件拆下来，来代替这个字，如把“医院”写成“匚院”，“预防”写成“予防”等；二是用笔画少的同音字、近音字，代替原来笔画多的字，如“解决”写成“介决”等。而且有的自造俗写字，功能强大，就是这个“介”字，由于它在上海方言中与“家”“解”同音，于是，它既被组成“介放”等词语出现在文中，又可作“家”字用，《七宝镇志》中众多村庄名“家湾”“家塘”中的“家”被写成“介”就是这样来的。

这类俗写字数量很多，范围很广，随处可见，且历史“悠久”，我们可从1950年代及以后的档案中找到大量例证。这类俗写字一般不会以讹传讹，因为使用者一看到“匚院”“予防”“介决”等，马上就会知道这是“医院”“预防”和“解决”，而且现在电脑也打不出这样的“词语”。这种写法的字，随着1990年代办公用具电脑化后，应该说是寿终正寝，以后不会再出现了。

按理说，现在都使用电脑，不存在因多写几笔而感到“麻烦”的事，其他俗写字也不应该出现了。但事实不容乐观，俗写字不但有，甚至还时时出现在正式文档中，还堂而皇之进入到地方志书中，上述把“家”字俗写成“介”字、“塘”字俗写成“圹”就是这类俗写字比较典型的代表，“生命力”顽强，至今“生生不绝”。它出现在自然村名、河流名中后，不了解实情的人，常常以假为真，被蒙混过去。因为在上海郊区以及苏南地区，大量的村名中都带有“家”“塘”等字，如“李家塘”“张家宅”“彭家湾”等。如果说，“匚院”“予防”“介决”这类“词语”，因使用电脑后无法当作词语用键盘“打”出来，而再也不可能出现了，但“王介圹”“李介桥”这些词或词组又不一样，本身电脑字库里不可能有，必须一个字一个字地打出来，电脑又识别不了它们错在哪里，因此俗写的“介”“圹”等字，由于码字者本身的原因，还有机会被“打”到各类文件中，甚至出现在志书中。

由于过去大家都这么书写，这么使用，时间一长，习惯成了自然，也无人顶真，最终习非为是，问题出现了。极端的例子是，2005 年换发第二代身份证时，闵行区莘庄镇东吴村褚家塘人的身份证上，“褚家塘”3 字，在使用电脑的条件下全部被错成“褚介圹”。其他带“塘”字的东吴地名，也被错写成“圹”。估计也不是这一个村出现这种错误。这简直是文字使用史上的一朵奇葩，为此，我在修纂《褚家塘志》时，特把此事写进了志书事录（即大事记）中。

所以说将“介”和“圹”用在村宅名称上是错别字，一是不符合历史事实，如《七宝镇志》中的表 1 和表 2，记的是光绪年间地名，那时根本不可能出现这种书写错误的，这只要对照上海地方旧志上的记载就可知道。二是因为“介”不是“家”的规范字，“圹”字本身就有，读音却不是“塘”，而是 kuàng。这个字的字义中有一个很不吉利，指“墓穴”。书写的人不知道该字义，也不可能考虑得那么多，他只是从笔画少、书写方便的角度出发，褚家塘二代身份证上的错误写法只是沿用过去的习惯写法而已。

应该说，换发第二代身份证时，电脑打字成常态了，而且村镇干部、工作人员的文化程度普遍比过去提高了许多，那为什么还会出现这种现象呢？我曾问过一位 80 后村干部，还是本地人，她说不知道这样写是不对的。就是说，她连自己出生、居住的村庄名写法都不知道了，把错误的俗写字认作规范字，这真应了“真作假时假亦真”这句话。我给她讲了为什么不能这样写的道理，而当她听了我的说明、知道原委后，以后写出来的各种文书，都已改正，用规范字了。

这些年中，我因编修地方志阅看过大量档案，发现最新成档的农村产权制度改革档案中，又出现了这种俗写字，即把自然村中的“家”写成“介”，把“塘”写成“圹”，也不止一处、不止一村的档案，不知还能不能改正过来？作为永久性质的这批档案，难道就以这样的面貌，留给我们的后人？现在还有人知道这样书写是错误的，而再过五十年一百年后，这些名称的村庄早就拆光了，了解情况的人走光了，当后人看了同一页上的不同写法，尤其是面对权威性十足的地方志时，怎么去辨析真伪呢？还真以为过去是有个“×介浜桥”或者“×介圹”的呢。而以后第三轮、第四轮修志时，如采用这些档案资料时，会不会重新出现本文分析的老问题呢？

三、书写规范是基本要求

现在的地名、村宅名，很多在旧地方志中都有记载，如莘庄镇明星村的丁家桥、池河圈，东吴村的吉家巷和七宝镇的秧田村等，清顺治十三年（1656 年）从华亭县划入娄县三十五保后，这些村名就记载在清松江府编修的《娄县志》中，请看清乾隆四十九年（1784 年）《娄县志》记载的三十五保所有 53 个村庄名：

> 三十五保鎮曰七寶鎮。村曰陸家角，王家宅，駱家巷，沙家带，潘家村，魯家巷，顧家巷，張家巷，沈家巷，田家巷，馬家巷，黄家巷，姚家巷，夏家宅，盛家宅，凌家巷，沈家灣，倪家灣，王家灣，湯家巷，高家巷，馬家巷，衛家巷，廟角裏，王家巷，錢家巷，馮家宅，盛家巷，阮家舍，韓家宅，李家巷，黄家巷，吴家巷，彭家墳，劉家宅，徐家舍，盛家舍，南孫家巷，北孫家巷，丁家橋村，屈家巷，陸家宅，瞿家村，趙家巷，周家巷，池河圈，褚家巷，吉家巷，秧田村，彭家角，姚家厍，馬家漕，喬家宅。①

那时我们的先人是用毛笔书写的，比现在用硬笔书写更加不方便，但全书硬是没有出现今天的乱写现象。在我阅读过的其他旧地方志中，也从未看到先人将“家”写成“介”、将“塘”字写成“圹”这类情况。上述村庄地名共有 50 个带有“家”字的，《娄县志》中还有其他带“家”“塘”的自然村名，也无一字是写作“介”或“圹”的。从这些历史文献中，我常常可体会到先人对文字有一种敬畏态度。1949 年后，三十五保行政区划有变动，这些村庄一分为三，分属松江区九亭镇和闵行区七宝镇、莘庄镇。而属于七宝镇的那些村庄，当地名出现在《七宝镇志》中时，其中的“家”却变成了“介”字。

---

①（清）乾隆《娄县志》卷三“疆域志 · 村镇”，《上海府县旧志丛书 · 松江县卷》上，上海古籍出版社 2011 年 10 月版，第 272 页。

一般来说，村宅都是某一姓氏家族的集聚地，村宅名是祖先留下的文字标记，昭示祖辈生存环境，是人类活动的产物。准确书写村宅名，也体现我们对祖先的敬重，而俗写字，等于是将村宅名异化并丢弃了。不规范的书写，尤其地名、人名等的不规范书写，还会给工作、生活带来麻烦，如银行的存单、邮局的汇款单，当发现与身份证上不相符时，对方会拒付，给事主带来烦恼和不便。当然人的习性千差万别，我们不能禁止他们随意书写俗写字，因此乱写现象还会继续存在。但一旦进入到档案文书中，尤其在编入地方志书时，编修人员对使用的档案（包括口碑资料等），有责任检查，如发现差错，必须纠正。从地方志编修基本要求讲，不管是最基层的村志，还是上位的乡镇志书，除了观点准确、内容真实、印刷精良等要素外，贯彻国家文字政策、规范文字书写是最基本的要求。相比区县志，有的村镇志编修人员接受的基础训练和文字功底可能要差一点，做到书写准确会是一个难点和问题。当前又进入编修村镇志的热潮，在这种情况下看似很小的这件事，却值得每一个修志工作者的关注和重视，不能再这样胡乱书写地名了。

（原载 2021 年第 4 期《上海地方志》）

参考文献

1.《上海市乡镇街道村志及专业志编纂规划（2017—2025）》，上海市地方志办公室官网。

家庭档案助力村志编纂

——以上海闵行区《褚家塘志》和《东吴志》为例

摘　要： 志书编纂同档案有密切关系。为自然村、行政村修志，也需要大量资料支撑。自然村志《褚家塘志》和行政村志《东吴志》的资料来源，以闵行区档案馆、莘庄镇政府、莘吴公司（东吴村）档案室已公开档案为主。笔者长期积累的文字记录和实物资料形成的家庭档案，在村志编纂中发挥了补缺的助力作用。家庭档案是家乡几十年中的生产、生活记录，是彼时真实、准确的原始资料，有的因成独家而弥足珍贵，不仅解决了村志编纂时常见的资料缺乏等问题，弥补了区、镇档案馆（室）藏档案的不足，还给撰稿带来了意想不到的方便，又为提高志书存史价值起到独特作用。

关键词： 家庭档案；文字记录；照片实物；存史价值

1983 年 2 月底，我从学校被抽调出来，有幸参加了上海第一轮地方志编修工作，先后参与了《上海县教育志》（后任主编）和《上海县志》的撰稿工作。而后又参加第二轮修志工作，负责《上海市闵行区志 1992—2011》中几个章节的撰稿。我还以一己之力，为家乡完成了两部村志的撰稿和出版：一是 2010 年 12 月出版的《褚家塘志》，2012 年获上海市第三届地方志优秀成果（志书类）三等奖。上海市地方志编纂委员会编修的《上海市志・档案方志分志・方志卷》称："2010 年 12 月，《褚家塘志》由上海人民出版社出版，为全国第一部自然村村志。"① 2019 年 5 月又出版了《褚家塘志》第二版（中西书局）。二是 2015 年起受原东吴村之邀，独立编纂的行政村志《东

① 上海市地方志编纂委员会编：《上海市志・档案方志分志・方志卷》，上海古籍出版社 2021 年 12 月版，第 209 页。

吴志》，2020 年 12 月由中西书局出版。

一

志书编纂同档案有密切关系。哪怕是为一个生产队（自然村）、一个行政村修志，那也得遵守编修地方志书的基本要求，也需要大量资料支撑。《褚家塘志》和《东吴志》所用资料来源，自然是以闵行区档案馆、莘庄镇政府、莘吴公司（东吴村）档案室已公开的档案为主。除此之外，笔者长期积累的文字记录和实物资料形成的家庭档案，在村志编纂中发挥了补缺的助力作用。比起官档，我的家庭档案虽不起眼，却是家乡几十年中生产、生活的记录，有的内容非常重要却不见于其他资料。家庭档案是彼时真实、准确的原始资料，这不仅解决了村志编纂时常见的资料缺乏等问题，弥补了区、镇档案馆（室）藏档案的不足，还给撰稿带来了意想不到的方便。

我因父亲中年病故，家境困难而于 1958 年初二暑假时辍学。又因喜欢写作，从第二年起自发练笔，天天记录所见所闻。我也认定这是与田里干农活同样重要的事，不仅要做，还要做好它。我把每天看到的、听到的、想到的和自己做的，就着绞圈房子里昏黄的油灯（电灯还要过 4 年才有），一一记录下来。没有人指导、没有人督促却常记不辍，24 开的练习册上每天至少记满一页，三年多后因入伍离开老宅，整整记录了 29 本。初心是努力练笔，像哥哥那样，以后发表自己的文学作品，此外还有个“远大”理想，将来当个作家。退役回来后的很长一段时间里，我又被“借”在生产大队（即以后的“村”）里工作，由此继续记录“大事小情”，内容同样五花八门。这些记录里有人物、有事件、有时间、有地点、有事由、有结果，都是当时当地的实录。这些文字既反映了我的心路历程，又记录了日常真实的生产、生活场景，也都是官书档案所没有的内容。这些家庭档案既是我日后文学创作以及方言研究的素材，也在编修村志时发挥了作用。长年累月的坚持，还培养了我性格中的韧劲，碰到困难时能克服、能坚持。

这些家庭档案可分为文字记录、实物收藏及照片两类。

二

《褚家塘志》《东吴志》通过家庭档案中尽可能多的翔实资料，将一个生产队（自然村）和一个行政村的前世今生、历史细节再现到了人们的眼前。现以两件大事为例，一是1958年人民公社成立后办农民食堂，二是自留地的变化。

1958年9月21日上海第一个人民公社——七一人民公社成立，我的家乡属第二大队。同年10月开办农民食堂，11月20日起实行免费供膳制度，号召“放开肚皮吃饱饭，鼓足干劲搞生产”。不久，粮食供应紧张，食堂缺粮严重，免费供膳难以为继。褚家塘从开办食堂到结束“放开肚皮吃饱饭”，前后共实施了101天。第二年5月4日起，食堂开始按定量供应，即按各家每日自报的午饭数量（以提交的饭票为准）打饭。各家人口不同，口粮标准不同，每顿报给食堂的数量也不同，应该分给的米饭数量自然也就不同，于是马上出现一个新词：出饭率。这是指农民食堂里一斤米能烧出多少斤饭，并按出饭率给各家分饭。为了能让大家吃得饱一些，食堂千方百计提高出饭率，措施就是大量添加卷心菜、胡萝卜等烧成咸酸饭（菜饭）。出饭率提高的程度视添加物多少而定，添加物多，出饭率高；反之便低。在那三年中我记过7次出饭率。如“今天的中饭一斤米烧了三斤饭”（1960年1月19日），“中午食堂里烧的是胡萝卜菜饭，出饭率是一斤米出四斤六两饭”（1961年1月17日）。还有更高的出饭率：“本来食堂里一斤米烧二斤七两饭，现在陈进余试验成功一斤米烧五斤饭！比过去整整多了一倍。社员个个笑逐颜开。”（1960年1月12日）这种饭口味很淡，又因饭粒太松像米花而不耐饥，没有推广价值，食堂也只试验了一次。烧粥也有出粥率，我记到的出粥率是1∶8斤（1961年2月5日）。这些记录客观、真实地反映了三年困难年月里村民们艰难的生活状况。

自留地是我国农业合作化和人民公社时，由农业经济组织按国家政策规定和家庭人口数，分配给各家自由种植、长期使用的小块土地。法律意义上的自留地，是在1956年高级农业生产合作社时出现并向农户分配的。但它从出现不久，就遭遇曲折和反复，几十年中不停地分了收、收了分，“文革”中还在自留地上大割“资本主义尾巴”。而每次的反复，都同当时的政治气候、经济形势有关。从1956年出现自留地，到1979年当地最后一次调整自留地，至1990年代城镇化进程中，土地全部被征用而自留地彻底消失，先后共有5次取消和重新划分。如1958年人民公社办起食堂后，同时取消所有家庭副业，一切归公，自留地也随之全部取消。可翌年却第二次向社员分配了自留地。其实，这种突然变化来自高层决定。1959 年 5 月 7 日，中共中央连着发出两个重要文件：一是《中共中央关于农业的五条紧急指示》①，第 4 条中特别强调“恢复社员的自留地”；二是《中共中央关于分配私人自留地以利发展猪鸡鹅鸭问题的指示》②。6 月 11 日，又下发了《中共中央关于社员私养家禽、家畜和自留地等四个问题的指示》③。两个月内，中共中央连发的三个文件中都有恢复自留地的内容，七一人民公社雷厉风行贯彻，马上恢复了自留地。当年的情况是，1959 年 5—6 月，公社“补足社员自留地，按耕地面积的 7%，共补划自留田 7000 亩”④。

我在 1960 年代起就参加了生产队的几次自留地分配，任务是用算盘当场计算分给各家的面积（彼时尚无计算器）。对当年数次召开社员大会，贯彻文件精神开展讨论，以及有关分配时间、分配标准等，我都留下了足够多的记录。

三

长期以来，我还有一个习惯，即看过、用过的东西不随意丢弃，而是放在一边保存下来，谈不上收藏，只是习惯而已，后来才逐步有意识收集同志书编纂有关的实物。几十年中，从因自家易地建楼造屋，到城镇化中整个老宅拆迁，家里不少旧物都处理掉了，但仍有很多东西我坚决不扔。留存的众多实物中，有 1950 年代土地改革中性质完全不同的两种土地证、1960 年代和 1982 年社员劳动手册（工分簿）、1968 年 10 月第一批下乡插队落户知识青年通知书、1980 年代初分田到户时的“联产承包合同书”、2009 年村民委员会换届选举选民证、家庭与生产队的“社员经济往来手册”（每年一本），以及各生产队公章等。另有使用范围不同的各种购物票证 20 多种，如可在上

①② 中共中央文献研究室编：《建国以来重要文献选编》第十二册，中央文献出版社 2011 年 6 月版，第 252—253 页。

③ 樊天顺、李永丰、祁建民主编：《中华人民共和国国史通鉴》第二卷 1956—1966，当代中国出版社 1993 年 12 月版，第 267—268 页。

④《七一公社志》编写组编：《七一公社志》，农村读物出版社 1988 年 9 月版，第 157 页。

海使用的票证中，有全市通用的粮票、布票、民用线券、农民留油票等，有可在郊县使用的火柴票、肥皂票，也有只能在本县或本公社内使用的票证，如食糖票、食盐票、豆制品购买券、猪肉购买券、卷烟购买券等。实物有耕牛用轭头、家庭接生用高脚桶、嫁妆用老布等。有相机后，便将不便收藏之物拍成照片留存，计有农具中坌地用铁锴、锄地用锄头，积肥用搪扒，脱粒用稻床、磨粉用磨子、经布用经车，厨房用具中的猫叹气（带盖绿陶钵）、蛋架等，都是家庭档案的一部分。文档史料是另一种实物资料，主要是与东吴地区生产、社会有关的资料文本，如有 1972—1977 年每年“三夏”“三抢”“三秋”大忙季节，由大队党支部、革委会主办、大队通讯组主编的 8 开《东吴通讯》（称“战报”，由笔者编写、刻字、油印）近 300 份。“战报”除记录各年农忙情况、作物产量、好人好事等外，还有东吴大队开展“一打三反”运动等的详细资料。1970 年代农业学大寨运动中，郊区农村响应号召，掀起平整土地、田块格子化热潮。大队支部书记在事后让我带了 2 名社员，将全大队所有田块丈量了一遍，逐一计算面积，并同比例缩小，将田块填入市测绘院下发的地形图上。最终的成果是，我为每个生产队绘制了记有各田块的土地分布地图和面积总表，并用钢板铁笔刻字、油印，装订成东吴大队地图册，发给每位大队干部和生产队干部使用。当年上海郊区每个生产大队都按要求做过此事，但资料保存下来的，可能只有我这一本了。这本保存至今的地图册，为《褚家塘志》和《东吴志》的编写提供了极为珍贵的资料。

清代方志学家章学诚说：“修志有二便，地近则易核，时近则迹真。”①这些家庭档案来自民间，来自生活，是这个村（地区）从政治生活到经济活动、从自然条件到人文环境等各方面留下的真实凭证，又因现已大都消失而显得特别珍贵。在完成志书编纂后，笔者已将历年收藏的文档、实物分别捐赠给了闵行区博物馆和闵行区档案馆。

四

第一轮修志结束至第二轮修志开始，之间有很长时间的空档期，我埋

---

①《章学诚遗书》“修志十议”，文物出版社 1985 年 8 月版，第 140 页。

头文学创作取得成果，还出版了2部散文集，加入了上海市作家协会。一个偶然的机会，我又闯进《金瓶梅》领域关注方言，便转为研究明清吴语和上海方言，写作发表学术论文，参加学术研讨会。对各类地方志书，尤其是村志，我一直关注着，并决定为我的老宅褚家塘修志。当《明清文学中的吴语词研究》一书完稿出版，我立即开始收集整理资料，准备撰写《褚家塘志》。

那些家庭档案原是为文学创作准备的，在撰写《褚家塘志》时最先派上了用场。我在序言中这样写："我之所以敢写一个自然村的《褚家塘志》，还有一个原因是我手头有足够多的资料。""有30多年前我亲手绘制、刻印的包括褚家塘在内的东吴大队地图册，有多年缴售农产品、出售生猪的原始发票，土地承包责任书，以及自家拍摄的录像带、老照片等，这些现在变得唯一而珍贵了。"① 修志实践让我懂得，编修村志也必须以信史为念，要详县志所略，这是村志性质决定的，也就是宜细不宜粗，要从宏大处着眼，细微处着手。在资料的选择和挖掘时，除了组成基本框架的共性资料外，重点是要体现"本村"的特色，要多记载无法进入县志的个性资料、微观资料，我的家庭档案能为达到这一目标助一臂之力。拜家庭档案积累所赐，那些几乎要被人忽略掉的村庄小历史，就是这样通过尽可能多的翔实资料，将东吴地区几十年的历史形象地再现到了人们的眼前。

由于原始文字记录上的时间、事件及背景、地点等要素完整，好多内容都可以记入村志。如撰写《褚家塘自留地调查》时，我充分利用家庭档案，写清了事情的来龙去脉、发展过程和结果，内容实在，系统完整，资料难能可贵，且是其他同类志书没有的史料，具有较高的存史价值。两部村志的"土地"章节，完整记载了各生产队的田块分布和土地面积，资料就是来源于当年农田格子化后我制作并保存至今的地图册。1990年代以后，随着建设的需要，东吴村各生产队的土地全被征用。整个土地从私人所有到集体所有再到被国家征用，直至农耕社会消失，这是一个几十年的历史进程，《褚家塘志》《东吴志》充分利用馆藏档案和家庭档案，把具体的历史变迁给后人留了下来，依靠史料写志也转变为以写志来保存史料。

---

① 褚半农：《褚家塘志》"后记"，上海人民出版社2010年12月版，第249页。

1970年代中期，上海郊区农村掀起了拆老房、建新楼的热潮，东吴大队还响应公社号召建造农民新村，让社员集中居住。1977年3月20日，沈家塘新村第一幢九路头二层连体式楼房最先开工建造，并举行了仪式；紧接着褚家塘也开建，并最终建成莘庄公社唯一的农民新村。对大队和家庭来说，这在当年都是件大事，我参加了全过程并留下了记录，后来还拍摄了新村照片。1984年开展实施家庭联产承包责任制（俗称分田到户），东吴大队和每家都签订过“联产承包合同书”，全大队共几百份，现在也只有我保存下来的一份了。这些文字记录和照片，都选用到了两部村志中，为记录好东吴故事增加了很多鲜活而具体的内容。

村志中还大量记载了社员（村民）日常生活情况，这些内容在馆藏档案中是没有的。我的家庭档案资料可以发挥作用了，经过筛选、核实，我把重要内容写进志书有关章节中，让笔触深入到社会最底层。这些记录除了有阶级斗争、“大批判”这类当年的头等大事外，还记有村民“与天斗”“与地斗”的具体事例，如“大跃进”中的深翻土地、推行种植“三熟制”，每年高温战“三抢”等，评工记分如小包工、大寨式等，甚至有1959年提倡生育时的“光荣妈妈”，1963年12月最后一名家庭接生诞生的婴儿、1964年2月最后一名结婚坐花轿的新娘，以及何时通电灯、何时通自来水等都有记载，从中看到了那个时代的许多历史细节。这些不同时期的许多细节，不仅承载着乡愁记忆，也是历史印迹，是社会发展各阶段的佐证。《东吴志》文稿完成后要配照片，由于公司（村）里不能提供，我决定以民俗内容为主配置照片，把我历年拍摄的有自主知识产权的老照片无私贡献出了330多幅，约占全志照片总数的90%，为增强志书可读性和丰富志书的视觉效果起到了添彩作用。

为这两部村志，我无偿献出了收藏几十年、有文献价值的家庭档案中的众多资料，有的已成独家资料而弥足珍贵，为提高志书存史价值起了独特作用。村志让现实进入历史，也更真实、更有意义。

《褚家塘志》 封面

《东吴志》 扉页

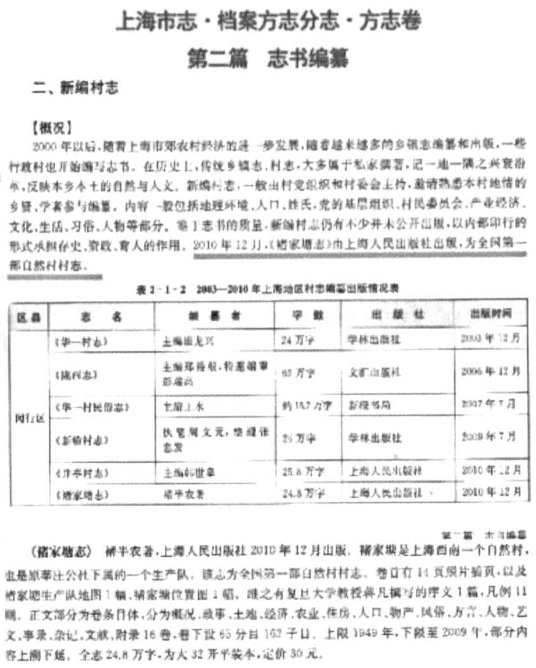

上海市志·档案方志分志·方志卷

第二篇　志书编纂

二、新编村志

【概况】

2000年以后，随着上海市郊农村经济的进一步发展，随着越来越多的乡镇志编纂和出版，一些行政村也开始编写志书。在历史上，传统乡镇志、村志，大多属于私家撰著，记一地一隅之兴衰治乱，反映本乡本土的自然与人文。新编村志，一般由村党组织和村委会主持，邀请熟悉本村地情的乡贤、学者参与编纂。内容一般包括地理环境、人口、姓氏、党的基层组织、村民委员会、产业经济、文化、生活、习俗、人物等部分。鉴于志书的质量，新编村志仍有不少并未公开出版，以内部印行的形式承担存史、资政、育人的作用。2010年12月，《褚家塘志》由上海人民出版社出版，为全国第一部自然村村志。

表2-1-2　2003—2010年上海地区村志编纂出版情况表

区县	志名	编纂者	字数	出版社	出版时间
闵行区	《华一村志》	主编崔龙兴	24万字	学林出版社	2003年12月
	《陇西志》	主编郑锦根，特邀编审彭瑞尚	62万字	文汇出版社	2006年12月
	《华一村民俗志》	主编王水	约15.7万字	新疆书局	2007年7月
	《新梅村志》	执笔周文元，整理徐志发	26万字	学林出版社	2009年7月
	《井亭村志》	主编杨世泉	25.8万字	上海人民出版社	2010年12月
	《褚家塘志》	褚半农著	24.8万字	上海人民出版社	2010年12月

第二篇　志书编纂

《褚家塘志》　褚半农著，上海人民出版社2010年12月出版。褚家塘是上海西南一个自然村，也是原莘庄公社下属的一个生产队。该志为全国第一部自然村村志。卷首有14页照片插页，以及褚家塘生产队地图1幅、褚家塘位置图1幅。继之有复旦大学教授葛兆光撰写的序文1篇，凡例11则。正文部分为卷条目体，分为概况、政事、土地、经济、农业、住房、人口、物产、风俗、方言、人物、艺文、事录、杂记、文献、附录16卷，卷下设65分目162子目。上限1949年，下限至2009年，部分内容上溯下延。全志24.8万字，为大32开平装本，定价30元。

（本文由《中国地方志》“地方志研究”公众号于2023年12月4日推送）

从方志、档案记载看承载历史沧桑的自留地

——以上海闵行区褚家塘生产队为例

摘　要： 自留地是中国农业合作化和人民公社化时期的产物，自1956年出现至今，自留地政策仍在施行。但它出现不久就遭遇曲折和反复，几十年中“三分三收”，每次反复，都同当时的政策导向、政治气候、经济形势有关。

关键词： 自留地；三次分配；三次收归；志书记载

自留地是中国农业合作化和人民公社化时期的产物，是农业集体经济组织按政策规定分配给成员长期使用的小块土地。社员经营自留地本是一项家庭副业，可以充分利用剩余劳动力和劳动时间，生产各种农副产品，满足家庭生活和市场需要，增加收入，活跃农村经济；自留地生产也是集体经济的必要补充。但从它出现不久，就遭遇曲折和反复，几十年中不停地分了收、收了分。每次反复，都同当时的政策导向、政治气候、经济形势有关，而县志和乡镇村志中记载的自留地内容很不完整。

一、首次出现自留地

1950年代中期，农村互助组联合起来兴办初级农业生产合作社，各地逐渐出现农业合作化热潮。农民入社后，要将原有的家庭私有土地全部交给合作社统一经营和使用，这时就因需要而自发出现了自留地。1954年11月，褚家塘、吴家塘两个自然村中的25户农民成立了华民初级农业生产合作社，时有自留地约6亩，仅占初级社土地总面积236.797亩的2.53%，平均每户2分4厘（即0.24亩）①。

① 闵行区档案馆藏：80-2-41，第35页。

更多的农户单干，自耕自种，不需要自留地。

1955 年起又掀起兴办高级农业生产合作社的高潮，涉及所有农户，高级社将农民私有土地全部无代价收归集体所有。此年 11 月 9 日全国人大常委会第 24 次会议通过《农业生产合作社示范章程草案》，其中第 17 条规定，允许农业社社员拥有小块自留地，并且规定每人自留地最多不得超过当地人均耕地的 5%。①

这就是说，中国农村将要全面出现确立法律地位的真正意义上的自留地。1956 年 6 月 30 日一届全国人大三次会议通过《高级农业生产合作社示范章程》（简称“高级社章程”），其中第 16 条规定，农业生产合作社应该抽出一定数量的土地分配给社员种植蔬菜。分配给每户社员的这种土地的数量，按照每户社员人口的多少决定，每人使用的这种土地，一般地不能超过当地每人平均土地数的 5%。1957 年 6 月 25 日全国人大常委会第 76 次会议还对“高级社章程”第 16 条作了增加自留地的补充规定②。

1956 年 1 月，华民初级社和另一初级社合并成立了东吴高级农业生产合作社，并将没有参加过初级社的农民也全部吸收进来。参加高级社后，各家土地全部归集体所有，统一使用。自留地由各队按规定标准分给各家经营，东吴高级社时有自留地面积 76 亩，占耕地总面积的 5%左右，平均每户 3 分 7 厘（即 0.37 亩），每人 8 厘 5（即 0.085 亩）③，完全是按照“高级社章程”规定办的。

二、三次收归又三次恢复分配

自留地出现不久，就遭遇曲折和反复，先后有三次分配、三次收归。“文革”期间，甚至强调自留地上充满着社会主义和资本主义两条道路的斗争而严加限制，再起风波。

---

① 周鸿主编：《中华人民共和国国史通鉴》第一卷 1949—1956，当代中国出版社 1993 年 12 月版，第 1064 页。

② 中共中央文献研究室编：《建国以来重要文献选编》第八册，中央文献出版社 2011 年 6 月版，第 366 页。

③ 闵行区档案馆藏：3-2-1217，第 26—27 页。

（一）第一次收归及恢复分配

1950年代中期后，“大跃进”运动由酝酿阶段进入全面开展阶段。由于经济建设指标越抬越高，浮夸风也严重地刮了起来。农业上的浮夸风助长了生产关系上急于过渡思想的发展。1958年3月中央成都会议后，农村广泛开展了小社并成大社的工作，7月中旬，有的地方形成了并大社的高潮，各地开始大办人民公社，即不在一个乡的几十个高级社合并成庞大的人民公社。8月，中共中央政治局在北戴河举行扩大会议，并作出《关于在农村建立人民公社问题的决议》①，各地出现了大办人民公社的热潮。9月21日，上海正式成立第一个政社合一的人民公社——七一人民公社，包括褚家塘在内的东吴地区均属于七一人民公社。

人民公社成立后一个月，褚家塘同各地一样，马上办起农民食堂。11月20日起实行“吃饭不要钱”的供膳制度，当年的口号是“放开肚皮吃饱饭，鼓足干劲搞生产”。同时取消所有家庭副业，自留地也用不着了。北戴河会议决议中的“自留地可能在并社中变为集体经营”，就是指由人民公社集体经营。因此人民公社成立不久，自留地第一次收归集体，这距1956年第一次分配自留地仅两年时间。

不久出现“一平二调”（即在公社范围内实行贫富拉平，平均分配，对生产队的某些财产无偿上调）的“共产风”，而且很快粮食供应紧张，农民食堂严重缺粮。1959年1月，褚家塘食堂停止“吃饭不要钱”的供膳制度，也不再集中在一起吃饭，各家将食堂烧好的饭、粥带回家用餐。从开办食堂到结束“放开肚皮吃饱饭”，褚家塘食堂前后共实施了101天。食堂开始按定量供应，即按各家每日自报的数量（以饭票为准）分开打饭分粥，社员都说不够吃。

这种粮食供应紧张、农村缺粮的现象是全国性的，而且农副产品生产和市场供应也出现大问题，最终惊动中央。于是在1959年5月7日这一天，即距北戴河会议决议八个多月，距第一次收归自留地约半年时，中共中央连发两个文件，而且都和自留地有关。第一个文件是《中共中央关于农业的五条

① 樊天顺、李永丰、祁建民主编：《中华人民共和国国史通鉴》第二卷1956—1966，当代中国出版社1996年12月版，第365页。

紧急指示》，决定恢复社员自留地，面积按高级社时的规定执行。第二个文件是《中共中央关于分配私人自留地以利发展猪鸡鹅鸭问题的指示》，其中提出“就要给社员一定数量的自留地”①。两个文件一个是“紧急指示”，另一个特别强调“此事要快，请你们早作决定，下达执行”。到6月11日，又下发了《中共中央关于社员私养家禽、家畜和自留地等四个问题的指示》②，对自留地政策做了更加详细的规定。34天里，中共中央连发三个文件，都有恢复自留地的内容，可以想见当年经济形势已经非常困难。实际情况是全国进入“三年困难时期”。各地雷厉风行贯彻三个文件精神，并马上重新分配了自留地，这也是第一次恢复自留地。七一人民公社也立即按高级社时的分配标准恢复自留地。据《七一公社志》记载，1959年5—6月，“本社补足社员自留田，按耕地面积的7%，共补划自留田7 000亩”③。三十多年后重新编纂的《七宝镇志》同样记载了《七一公社志》中重分自留地的内容④。褚家塘时属七一人民公社，当年也重新划分了自留地。

自留地刚收归不久，就又分配给各家，社员的直接感觉是，好让各家种植作物，补充口粮不足，多少可解决点缺粮问题。根据三个文件精神，当年不仅恢复了社员耕种自留地制度，还允许社员开展家庭养殖业，即可以喂养生猪及家禽等，只是普通百姓当时可能还不知道这种突然变化其实来自高层决定。

（二）再次收归再次分配

过了不到一年时间，1960年2月26日、3月6日中共中央两次批转了贵州省委《关于目前农村公共食堂情况的报告》。“报告”称，因有了公共食堂，“社员个人种菜已无多大必要，所以有的已把自己的一部分自留地转交给食堂”⑤。中

① 中共中央文献研究室编：《建国以来重要文献选编》第十二册，中央文献出版社2011年6月版，第252—253页。

② 樊天顺、李永丰、祁建民主编：《中华人民共和国国史通鉴》第二卷1956—1966，当代中国出版社1993年12月版，第267—268页。

③《七一公社志》编写组编：《七一公社志》，农村读物出版社1988年9月版，第157页。

④ 上海市闵行区七宝镇人民政府编：《七宝镇志》，上海人民出版社2010年2月版，第802页。

⑤ 中共中央文献研究室编：《建国以来重要文献选编》第十三册，中央文献出版社2011年6月版，第40页。

央批语要求:“应当在全国仿行,不要例外。”① 批语中的“全国仿行,不要例外”是毛泽东亲自添加的。这样,在全国范围内第二次收归自留地,也不会有“例外”。这次收归自留地还有个背景是,各地农村除了已出现的“一平二调”外,还出现了“五风”(共产风、浮夸风、命令风、干部特殊风和对生产瞎指挥风)。

离对贵州省委报告批语仅八个月,1960 年 11 月 3 日,中共中央又一次发出“紧急指示”,文件全称《关于农村人民公社当前政策问题的紧急指示信》(简称“十二条”),意欲纠正“一平二调”和“五风”,其中第 5 条标题是“允许社员经营少量的自留地和小规模的家庭副业”,再次强调“应该允许社员经营少量的自留地。凡是已经把自留地全部收回的,应该拨出适当的土地分给社员,做为自留地。今后不得将社员的自留地收归公有,也不得任意调换社员的自留地”。②“紧急指示”立即贯彻,各地农村忙着重新分配自留地。

对第二次恢复、重分自留地,《褚家塘志》有详细记载:

> 1961 年 3 月 10 日东吴中队召开社员大会,传达中共八届九中全会和上海县委三级干部会议精神等,其中有自留田恢复高级农业生产合作社时标准等内容。3 月 14 日又召开社员大会,继续 10 日会议,内容有按 1958 年人口数重分自留田,每人 8 厘(即 0.08 亩),但每户最多不能超过 5 分(即 0.5 亩)等。3 月 22 日、23 日两天,生产队即按新要求、新标准分好自留田。4 月 22 日,又将宅前屋后、河滩旁边等的零星空地(俗称十边田)分给社员,每个劳力可分 15 步左右。7 月 31 日生产队召开社员大会,传达七一公社会议精神,其中有增加自留田面积、按耕田总面积 7%作为自留田等内容。3 队(褚家塘、吴家塘)划分自留田的标准是每人 1 分 1 厘(即 0.11 亩,习惯亩,市亩为 0.09 亩),以户口为准,每户另有 5 厘(即 0.05 亩)作底;除现役军官、大学生外,在校中小学生、社办厂工人和现役士兵都可分得。8 月 3 日开始重分自留田,8 日分

① 中共中央文献研究室编:《建国以来重要文献选编》第十三册,中央文献出版社 2011 年 6 月版,第 37 页。

② 樊天顺、李永丰、祁建民主编:《中华人民共和国国史通鉴》第二卷 1956—1966,当代中国出版社 1993 年 12 月版,第 430 页。

好。1961年，社员自留田18亩，占耕地面积的10%左右。①

"十二条"对于扭转当时农村的形势起了积极作用。接着，1961年3月《农村人民公社工作条例（草案）》（即"农业六十条"）公布，其中第37条规定公社社员可以"耕种由人民公社分配的自留地。自留地一般占当地耕地面积的百分之五，长期归社员家庭使用"②。1962年9月27日，中共八届十中全会通过《关于进一步巩固人民公社集体经济、发展农业生产的决定》，其中第7条的内容是："社员应该有适当的自留地，同时，在有需要、有条件的地方，生产队可以按照本队的情况，经过社员讨论，得到公社批准，拨给社员适当数量的饲料地，以利于社员养猪，从而为集体经济提供肥料。"③ 同日通过的《农村人民公社工作条例（修正草案）》，其中第40条规定人民公社社员可以"耕种由集体分配的自留地。自留地一般占生产队耕地面积的百分之五到七，归社员家庭使用，长期不变"④。

这一系列的文件、条例，都有涉及自留地的内容，也都强调自留地"长期归社员家庭使用""归社员家庭使用，长期不变"，对分配给农民的自留地面积也有规定：即占本队土地总面积的5%~7%。自留地制度由此相对稳定了一个较长的阶段。

（三）第三收归后恢复分配

中央文件、有关条例一次次强调和证明了自留地的合法地位和积极作用，从理论上讲，不会再出现反复了。事实却是，不仅出现，而且出现前所未有的大问题。

1966年"文革"开始，不断地批判资本主义。已开展多年的农业学大寨运动又强调学大寨人、走大寨路，要求像大寨大队那样彻底割除资本主义尾

---

① 褚半农：《褚家塘志》，上海人民出版社2010年12月版，第26页。

② 樊天顺、李永丰、祁建民主编：《中华人民共和国国史通鉴》第二卷1956—1966，当代中国出版社1993年12月版，第439页。

③ 樊天顺、李永丰、祁建民主编：《中华人民共和国国史通鉴》第二卷1956—1966，当代中国出版社1993年12月版，第492页。

④ 樊天顺、李永丰、祁建民主编：《中华人民共和国国史通鉴》第二卷1956—1966，当代中国出版社1993年12月版，第499页。

巴，当年的口号是“堵不住资本主义的路，迈不开社会主义的步”。所谓的“资本主义尾巴”之一，就是各户还在自由种植的自留地。因此对自留地，要像大寨人那样坚决割掉，即全部取消。后因“割尾巴”一事遭到很多干部、社员强烈反对，东吴大队遂将取消自留地改为减少自留地，尔后重分了自留地，标准比原来减少了55%。对“文革”中自留地上出现的这次风波，《褚家塘志》正文和大事记有详尽的记载：

> “文革”中的1968年上半年，自公社到大队开展的农业学大寨运动中，大批资本主义，认定自留田是资本主义的尾巴，要像大寨人那样坚决割掉，即全部取消自留田。后因“割尾巴”一事遭很多干部、社员强烈反对，东吴大队遂将取消自留田改为减少自留田，10月重分，每人4厘（即0.04亩）。因取消、减少自留田属违反农村人民公社“六十条”精神，驻上海县工宣队、军宣队，县革会于翌年3月召开全县广播大会，其中内容有，已收上来的自留田要统统退还给社员，今后凡涉及“六十条”的问题都要请示中央等。褚家塘于1969年6月再次重分自留田，按1961年人口数，每人9厘（即0.09亩），每户另加5厘（即0.05亩）作底。①
>
> （1968年）10月19日，重分自留田，每人4厘（即0.04亩）。②
>
> （1969年）6月23日，按1961年人口数重分自留田。标准是每人9厘（即0.09亩），每户再加5厘（即0.05亩）。③

1979年9月，东吴大队按照上级要求，最后一次调整自留地，按当年人口数，以每人7厘9（即0.079亩）标准分田，褚家塘共有自留地21.39亩，占土地总面积253.33亩的6.98%。④ 1984年4月起，褚家塘实行联产承包责任制，按劳动力和农业人口的不同标准，将责任田、口粮田分配到户，自留地没有取消。1992年6月，褚家塘的土地第一次被批准征用29亩，自

---

① 褚半农：《褚家塘志》，上海人民出版社2010年12月版，第26页。
② 褚半农：《褚家塘志》，上海人民出版社2010年12月版，第183页。
③ 褚半农：《褚家塘志》，上海人民出版社2010年12月版，第185页。
④ 闵行区档案馆藏：80－1－151、80－2－489。

留地仍未被取消。自留地一直维持到1995年12月31日，在城镇化进程中，经过数次征地，褚家塘最后24亩土地于此日被批准征用，自留地便不复存在。

在全国范围内，一直到1981年3月，中共中央、国务院还指出有条件的地方可以适当扩大自留地，最高限额可达耕地面积的15%等。后来，自留地在宪法、土地管理法等法律中得以规定，自留地受到法律保护，真正起到社会主义集体经济的有益补充作用。

三、县志和乡镇村志中的记载

归纳起来，农村自留地制度有以下几个明显特点：

（一）自留地政策是最重要的农村政策之一

1955年11月9日至1962年9月27日，中共中央、全国人大常委会、国务院，下发有关自留地或与自留地有关的文件、条例，本文涉及其中最重要的10个，实际数量远远不止。如1956年9月12日，中共中央、国务院还有《关于加强农业生产合作社的生产领导和组织建设的指示》，针对有些地方自留地留得太少或者不留的情况，明确规定"应按社章规定允许社员留够"。1949年后的农村，没有哪一项工作中央会下发这么多文件的。需要特别指出的是，有些文件是经过毛泽东亲笔起草，或予以修改、或加了批语、或拟了标题的，都是为了强调重要性或紧急性。

（二）自留地政策执行时间最久

1949年后各项农村政策，执行时间比较长的，只有1961年公布的《农村人民公社工作条例（草案）》，1962年9月27日中共八届十中全会通过时名为《农村人民公社工作条例（修正草案）》，到1980年代建立乡政府，人民公社解体，执行时间不过二十多年。而自留地的政策，以原褚家塘生产队为例，从1956年正式出现，到1995年因全部土地被征用而彻底消失，共存在了39年。其他尚未城镇化地区，即农民土地尚未被征用或未全部被征用的地方，至今还有自留地，自留地政策的执行时间还要长。

（三）自留地承载了历史沧桑

自留地不过占总土地面积的5%～7%，数量虽小，但围绕自留地发生的曲折、风波极具中国特色，而且还有“三分三收”的经历。且每一次的“收归”，都会引起全国经济形势的波动和市场供应的困难。“文革”期间甚至还有上升到充满着两条道路斗争的说法，并加以限制、全部取消的极左做法。

如此重要又如此折腾的自留地，在地方志记载中又是怎样的呢？本文以上海首轮10部县志和笔者手头持有的上海20部乡镇村志（浦东新区1部、松江区4部、闵行区3部、奉贤区3部、宝山区2部、嘉定区2部、金山区5部，其中9部镇志、11部村志）为例，作些分析和探讨。①

10部县志中，正文有记载的仅《上海县志》，占10%。大事记有记载的有6部（《上海县志》《松江县志》《宝山县志》《青浦县志》《嘉定县志》《金山县志》），占60%。20部乡镇村志正文有记载的8部（《张泽志》《鲁汇镇志》《七宝镇志》《高桥村志》《光明村志》《太平村志》《红阳村志》

---

① 20部乡镇村志目录：

《界龙村志》编纂委员会编：《界龙村志》，上海辞书出版社2013年12月版。

泗泾镇志编纂委员会编：《泗泾镇志》，上海辞书出版社2012年3月版。

九亭镇志编纂委员会编：《九亭镇志》，上海辞书出版社2012年3月版。

《张泽志》编纂委员会编：《张泽志》，学林出版社1999年9月版。

上海市松江区叶榭志编纂委员会编：《叶榭志》，上海辞书出版社2003年5月版。

上海市闵行区浦江镇人民政府编：《鲁汇镇志》，上海人民出版社2014年6月版。

上海市闵行区七宝镇人民政府编：《七宝镇志》，上海人民出版社2010年2月版。

闵行区区志办公室、《纪王镇志》编纂委员会编：《纪王镇志》，学林出版社2007年9月版。

上海市奉贤区奉城镇高桥村村志编纂委员会编：《高桥村志》，2008年6月内部印刷本。

上海市奉贤区柘林镇新塘村村志编纂委员会编：《新塘村志》，2011年12月内部印刷本。

上海市奉贤区南桥镇《光明村志》编纂委员会编：《光明村志》，学林出版社2014年2月版。

中共上海市宝山区杨行镇委员会、上海市宝山区杨行镇人民政府编：《杨行镇志·（1949—1985）杨行卷》，上海人民出版社2010年12月版。

中共上海市宝山区杨行镇委员会、上海市宝山区杨行镇人民政府编：《杨行镇志·（1949—1985）吴淞卷》，上海人民出版社2010年12月版。

上海市嘉定区江桥镇太平村党总支、太平村村民委员会编：《太平村志》，上海文化出版社2009年11月版。

上海市嘉定区徐行镇钱桥村民委员会编：《钱桥村志》，2003年12月内部印刷本。

红阳村村志编纂委员会编：《红阳村志》，2016年5月内部印刷本。

欢兴村村志编纂委员会编：《欢兴村志》，2016年5月内部印刷本。

民主村村志编纂委员会编：《民主村志》，2016年5月内部印刷本。

南星村村志编纂委员会编：《南星村志》，2016年5月内部印刷本。

八一村村志编纂委员会编：《八一村志》，2016年5月内部印刷本。

《南星村志》），占 40%。大事记有记载的 8 部（《泗泾镇志》《鲁汇镇志》《七宝镇志》《红阳村志》《张泽志》《纪王镇志》《欢兴村志》《民主村志》），也占 40%。

正文、大事记中均无记载的县志有 4 部（《川沙县志》《南汇县志》《奉贤县志》《崇明县志》），占 40%。乡镇村志有 7 部（《九亭志》《叶榭志》《杨行镇志·（1949—1985）（杨行卷）》《杨行镇志·（1949—1985）（吴淞卷）》《新塘村志》《钱桥村志》和《八一村志》），占 35%。

正文中的所谓记载，也仅是点到而已，如《上海县志》第十四篇列表中有 1956 等 10 个年份的耕地面积，其中有 8 个年份的自留地面积（第 487 页）。乡镇村志中记载的也只是自留地数量，如《张泽志》仅记载到 1966 年自留地数量为“2 172. 19 亩”（第 238 页），《七宝镇志》共记载了从 1981 年起 15 个年份的自留地，面积在 1 245~1 248 亩之间（第 802 页）。

大事记中的记载可分记载 2 条和 1 条两种情况。记载 2 条的县志共 3 部，如《嘉定县志》记的是 1959 年第一次恢复自留地，《青浦县志》和《金山县志》记的是 1961 年第二次恢复自留地。乡镇村志记载 2 条的有 4 部（《泗泾镇志》《鲁汇镇志》《七宝镇志》《红阳村志》）。凡是记载 1 条的，基本是 1961 年的第二次恢复自留地，如《金山县志》《张泽志》等。

可以肯定，县志和乡镇村志中无自留地内容的农村历史是不完整的。对照自留地政策和实施情况，上引县志和乡镇村志有记载的内容也都不完整。这些记载有几个明显特点：

一是因为都没有记 1955 年第一次确定了自留地的法律地位，即首次分配自留地，后面记载 1958 年第一次收归自留地就缺了依据，没有分配哪来收归？二是第二次收归和第二次分配自留地，时间节点上有参差，第二次收归是 1960 年 2 月、3 月中央批转贵州省委报告后的事，第二次恢复在 1960 年 11 月中共中央发出“紧急指示信”十二条后。三是都没有记载“文革”中发生的第三次收归、分配自留地和对种植的作物“割尾巴”，前后共有两次，时间在 1968 年和 1972 年。前面是收归（减少）、重分自留地，后面是对自留地上种植的经济作物严格限制数量，超过规定的，属于“资本主义的苗”，要坚决、全部拔掉，即把“资本主义尾巴”割掉。后一次是一阵非常强烈的台风，刮到全县所有生产队，区别仅在于有的队“割”得非常狠、有的队

"割"得少许狠而已。上海县(后称闵行区)《纪王镇志》记载这次"割资本主义尾巴",内容也较完整,可惜时间记错,向后延迟了整整3年,原文是:

> (1975年)3月,纪王公社党委作出规定,"限制社员自留地种植品种,除栽种少量吃菜,其余必须改种粮食作物"。3月12日,各大队党支部带领民兵,手执锄头,逐块检查社员自留地。对22户不遵守规定的社员采取"革命行动",强制锄去未成熟的雪菜、土豆、莴苣等蔬菜,并将社员"十边"、宅基空地上的绿化树木、向日葵、丝瓜、扁豆苗等全部砍光,"割资本主义尾巴"引起群众不满。后被市县领导制止,公社党委作检讨。①

如何判定记载的时间节点有错呢?当年的"割资本主义尾巴"不只是发生在纪王公社,也发生在上海县全县(甚至全市农村),包括我所在的公社、大队,所不同的是,我们拔掉的是正在开花的黄金瓜秧苗。我不仅目睹从头至尾的"革命行动",当年还有记录,还保存一份1972年5月27日刻印的记录东吴大队拔除"资本主义苗"的油印小报,时间、地点、事由、人物等要素一应俱全,当30多年后记载到志书中时,是不可能出现差错的。《褚家塘志》的记载是:

> (1972年)5月21日,生产队部分社员自留田上种植的黄金瓜秧,因数量"过多",生产大队党支部和驻大队小分队认定为属"出现在自留田里的资本主义倾向"和"资本主义尾巴",超过规定"标准"的瓜秧在限期内要一律拔除。因不愿主动"割尾巴"而继续存留在自留田的"过多"秧苗,在公社统一号召和布置下,大队、小分队组织生产队干部、民兵排长逐家踏田检查,超过者全部强行拔除。(大队、小分队的"规定"是:家庭人口1~4人为"小户"和5人以上为"大户",种植"标准"分别为30潭和50潭)(第188页)②

---

① 闵行区区志办公室、《纪王镇志》编纂委员会编:《纪王镇志》,学林出版社2007年9月版,第7页。
② 褚半农:《褚家塘志》,上海人民出版社2010年12月版,第188页。

而1975年，全国形势已转入全民评《水浒》、农业学大寨等方面来，而不是“割资本主义尾巴”了。

四、结语

地方志要记载自留地制度，而且要完整记载，有的撰写者可能不以为然，认为自留地的事都是“小事”。其实不然，看似“小事”却有过一次次惊天动地的“大”影响，并且最后都有中央文件出台，甚至是紧急出台来解决的。自留地这一历史概念，带着鲜明的中国特色。其历经几十年，反映的是中国社会主义建设发展道路上的探索、曲折和失误。小小的一块自留地，承载了太多的沉重和无奈，还有历史教训。记载自留地制度和自留地曲折，从地方志三大功能来说，太有必要，也太重要了。志书没有记载或没有完整记载，也不排除同撰写者不了解自留地情况有关。

自留地的内容，不管是记载在正文，还是大事记中，叙述时要理清自留地制度出现及实施过程，即来龙去脉。如仅在大事记中记述，至少它的起源应是最先要记载的。“文革”中发生的“割资本主义尾巴”必须入志，特定时期发生了两次风波，且时间跨度长。至于自留地的数量，只要记载几次就可以了，因为量的变化不是很大。像《七宝镇志》详列15年自留地面积未尝不可，但更重要的是要记起源、曲折，现在大事记中仅记载1959年、1961年两次重新分配而不及其余，明显不完整。

我独立撰稿的记述范围为自然村（生产队）的《褚家塘志》，被列入闵行区非物质文化遗产丛书，2012年由上海人民出版社出版（在上海市第三届地方志优秀成果评选中获〔志书类〕三等奖）。志书中自留地内容非常完整，既有成立高级农业生产合作社后第一次分配，也记叙了第一次收归。以后的第二次收归和第二次分配等，内容更详尽，不仅有具体时间，还有分配的具体标准。所以能如此详细，是因为我不仅长期种植自留地，还参加过自留地的几次分配，任务是用算盘计算面积，而且至今还保存着当年记录，这为修志提供了意想不到的方便。1972年的“割资本主义尾巴”风波，我们大队发生的场景同《纪王镇志》的记载一模一样。当年记录这场风波的油印小报《东吴通讯》，我也保存着，同样为修志提供了方便，这倒是当年收藏时未曾预料的结果。

（本文为上海市地方志办公室主办、上海师范大学承办的“2016年地方志理论研讨会”入选论文，首发于2017年第1期《上海地方志》）

参考文献

1. 中共中央文献研究室编：《建国以来重要文献选编》第八册，中央文献出版社2011年6月版。
2. 国家农业委员会办公厅编：《农业集体化重要文件汇编》，中共中央党校出版社1981年10月版。
3. 有林、郑新立、王瑞璞主编：《中华人民共和国国史通鉴》全四册，当代中国出版社1993年12月版。
4. 张乐天：《告别理想——人民公社制度研究》，上海人民出版社2005年12月版。

以信史为念、详县志所略，为消失的自然村修志留史

——以上海闵行《褚家塘志》为例

摘　要： 在城市化进程中，城市近郊、远郊的土地被大量征用、村庄被大量拆迁，代之以工业区、开发区、住宅区等。一种存在了几百年甚至更长时间的社会结构、生活形态消失，几十年前建立的经济体制、生产方式不复存在。这种全局性、大范围、特大范围的变动，在极大地改变社会形态和格局的同时，对农村家庭结构、村民生活、户际关系，以及民风民俗等已经发生影响，也正对中国现状产生着影响，并将对中国今后的发展产生影响。面对当前村庄大量消失、社会形态发生重大变化等情况，史志工作者要为消失和将要消失的村庄，尤其是自然村编修村志，记录乡愁，留存历史。

关键词： 城市化；村庄消失；自然村志；留存历史

褚家塘是上海西南一个自然村，也是原上海县莘庄人民公社下属一个生产队，在城市化进程中于1993年起开始动迁，至2009年结束，并最终全部拆除老宅，村民分批搬迁至各个新村小区。几乎在村庄最终消失的同时，我完成了《褚家塘志》① 的撰稿。志书被列为闵行区非物质文化遗产丛书，于2010年12月由上海人民出版社出版发行，这也是当时上海，乃至全国唯一一部以自然村（生产队）为记述范围的志书。复旦大学蒋凡教授赐序说："我曾工作需要，翻阅数百种各省通志、府志、县志、山志之类，但遗憾的是，很少见到一部真正的自然村志。而褚半农先生《褚家塘志》之著，正好填补这一学术空白，嘉惠学林，开拓之功不可没。" 在2012年上海市第三届地方志优秀成果评选中，《褚家塘志》获得（志书类）三等奖。《中国地方

---

① 褚半农：《褚家塘志》，上海人民出版社2010年12月版。

志》2017 年第 11 期和 2019 年第 2 期上张军、黄建安两位专家的论文中也都提到《褚家塘志》，归为“学者型村民”修志①。《褚家塘志》后被列为莘庄镇“莘文化”丛书，于 2019 年 4 月出版增补较多内容的第二版②。

我感谢各位的关心和抬爱。在这之前，我一直在思考一个问题，即面对当前各地出现的村庄大量消失、社会形态发生重大变化等新情况，以记载历史为重任的史志工作者可做些什么？落实到我身上一是要不要修部《褚家塘志》？二是怎样撰写自然村志？三是出版增订版的意义何在？或者归结到一点，就是为什么要编修村志和如何编修好村志？这也涉及村志编修理论和实践等诸多问题。

一、村庄自身的史料价值和研究价值决定要撰写《褚家塘志》

《褚家塘志》（以下简称《褚志》）是褚家塘自然村的村志，也是褚家塘生产队的队志。它记录的是一个自然村（生产队）的情况，保存的却是一个历史时期中国江南农村的生产、生活画面，从中可以看到一个时代的许多历史细节。

每个村庄都是农村社会的一个缩影，有各自的历史和特点，要了解农村，了解中国社会，就不能不关注一个个具体的村庄。尤其是一个个自然村，它们也是一个个社会细胞，众多的细胞组成了农村的天地、社会的形态。这三四十年来，城市化进入了人们的生活，由此，很多地方的生产队撤销了，老宅基拆迁了，土地征用了，村民变成市民了，村委会变成居委会了。原来种植水稻、棉花、油菜、蔬菜等作物，农民赖以生存并年年可为城镇居民提供生活必需品的农田，成片成片地退出了种植领域，代之以工业区、开发区、商务区、住宅区。一种存在了几百年甚至更长时间的社会结构、生活形态消失了，几十年前建立的经济体制、生产方式也不复存在，依附其上的生活方式、民风民俗、传统方言等也都不同程度地在消失。不仅是城市近郊的村庄

① 张军：《康熙〈杏花村志〉对名村志编纂的借鉴》，《中国地方志》2017 年第 11 期，第 16 页。黄建安：《论“村落终结”时代的村志编纂》，《中国地方志》2019 年第 2 期，第 13 页。

② 褚半农：《褚家塘志》（第二版），中西书局 2019 年 4 月版。

大量消失，远离城市的村庄也大量消失了。这种带有全局性、大范围、特大范围的变动，在中国历史上从未出现过，它在极大改变社会形态和格局的同时，对家庭结构、村民生活、户际关系、民风民俗乃至心理认同等已开始产生影响。这种改变也正在对中国的现状产生着一系列影响，并将对中国今后的发展产生影响，有些影响可能是令人无法预料的。变化前后的村庄历史还将成为社会学家、历史学家长期研究的课题，他们需要实际事例和具体材料。尽早、尽快地为消失或将要消失的村庄留存历史，记录下的不仅是某个村庄聚落的历史与现状的反映、变化的进程，更可为人们了解社会、认识社会多提供一份素材，还可为将来的历史学家、社会学家等保存今天看来十分常见，将来可能罕见或空缺的基层社会日常生活的资料，它的意义和价值会随着时间的推移逐渐凸现。

我之所以撰写《褚志》，因为褚家塘是历史上褚姓人自行聚居、自然形成的一个自然村，村名在清乾隆年间编修的《娄县志》中已有记载，还因为她是生我、养我的家乡，除了当兵六年外，我一辈子没有离开过，现在还和褚家塘人一起，住在上海西南乡下一个动迁小区里。我熟悉褚家塘每一间房子、每一户人家。这里有我的亲人，也有本家、族人和朋友，我叫得出每个人的名字，也知道他们的性格脾气，熟悉每个人在不同情况下会讲些什么话，会用什么语气说话。我曾和他们在一起做生活，寻工分，汗水流到过褚家塘每一塘田里。生产队虽小，但它有其特定的基因，就像老古闲话讲的，麻雀虽小，五脏俱全。社会上的阴晴冷暖，在褚家塘也都会有反映。这块小小的土地上曾经有过狠抓到底的阶级斗争，有过彩旗飘扬的大干苦干，有过喜上眉梢的粮食丰收，有过牵动人心的喜怒哀乐。几十年中这里发生的一切，我参与、我知道、我熟悉。我有责任和义务把自家宅基的历史整理、撰写出来，以保存一个自然村真实的社会形态资料和研究价值颇高的微观史资料。在城市化进程中，这样的自然村、老宅基会越来越少。远处的不说，我所在的莘庄镇原来共有 87 个生产队 155 个自然村，这些存有丰富历史、建筑、风俗等信息的老宅基在最近二三十年的时间里先后被全部拆除而消失了。我们的后代、后代的后代，再也不会有自己的祖地、祖居而成无源之水、无本之木，这更显得记录、留存相关文字的迫切和重要了。

现在出版并标以《××村志》的志书，从其记述范围看，其实都是行政村志，里面包括有若干个自然村，其前身亦即原人民公社下属的一个生产大队，下面分有若干个生产队。有的确是一个自然村，但由于村子过大，组织起来后会划分成若干个生产队。这样的村志，说到底还是属于行政村志。以一个自然村、一个生产队为记述范围的志书，就我的阅读范围和网上搜索看，尚未见到。为一个自然村（生产队）修志，难度很大，最主要难在资料缺乏。因为大量的馆藏档案资料，基本上都是以人民公社为单位的，生产大队（行政村）的内容已比较少了，生产队内容在馆藏档案中更是相当有限。如仅靠采访资料和口碑资料，是无法支撑一部志书的。我所以敢撰写《褚志》，就是因为我手头有足够多的书面资料。几十年中我有几十万字的原始记录，还注重收集、保存了不少，我从1959年起就有生产队大事小情的详细记录，如“三年自然灾害”缺粮情况、社员评工记分制度演变、“文革”中“割资本主义尾巴”等内容，都是难得的可用资料。我手头还有40多年前亲手绘制、刻印的包括褚家塘在内的全大队地图册，有多年缴售农产品、出售生猪的原始发票，土地承包责任书，生产大队编印的几百份“战报”，以及自家拍摄的录像带、老照片等，现在都变得唯一而珍贵了。这些资料原都是我为文学创作积累的原始素材，都是村（队）事的真实记录，是无意中留下的，但因记述时客观、真实、具体，编修《褚志》时派上了用场，对撰稿带来很多意想不到的方便。几十年前的事情别人可能说不清楚，可志书都会有明确记载。

1983年2月，我从学校被抽调出来，有幸参加了上海第一轮编修地方志工作，在编修《上海县教育志》（后任主编）的同时，还担任《上海县志》几个章节的撰稿，持续有八年多时间。应该说，对编修地方志，我多少有些实践体会。后来，虽然转为文学创作、研究上海方言和明清吴语，但对各类地方志书，尤其是村镇志，仍一直关注着，还忙里偷工夫，收集和阅读过几十部本市及外地的村镇志。另外，生产队的资料虽然缺乏，我仍到处寻找和采访，正式的收集工作前后达三年之久。《褚志》就是在这种背景下撰写出来的，意图只有一个，利用这个载体，保存一个自然村的政治、经济、文化、家庭、风俗等方面资料，为这个生我养我的小村庄留下自己的历史，为这个最小的“社会细胞”留下真实历史。在城市化进程中，褚家塘消失了，她的历史留在《褚志》中。

二、以信史为念、详县志所略撰写好《褚家塘志》

如果从省志、市志、区县志，到乡镇志，再到行政村志排列起来，那么自然村志在最下面，是第六个层面的地方志书，虽是名副其实的小志，却历来是志书家族中不可缺少的重要成员。同上位的各级“大志”相比，两者自然有相同之处，但更多的是同中有异，有大异。因此，从一开始谋划时，我就没有向大志“看齐”，而从有利于记录、补充上位志书无法详细、具体记载的农村经济、社会情况出发，根据小志特点和自然村实际情况立卷设节。那么，《褚志》中要记载哪些内容呢，或者说，志书为褚家塘留下了哪些历史呢？全书共十六卷，卷下设节，卷目为概况、政事、土地、经济、农业、住房、人口、物产、风俗、方言、人物、艺文、事录、杂记、文献、附录并附索引，字数近25万字。与上位志书重要的不同之处在各卷内容的选择、记载。除了志书的基本要素，如经济、社会等必要的记述、数字外，其余都是上位志书中没有的内容，却是自然村志必须记载的内容，真正做到详县志所略，详其他上位志所略。我还对自己有个要求，即在撰稿中作些努力，吸取诸志优点，避免资料的堆砌、罗列，并想在深度、广度上有所突破。

重大历史事件的记载不能有遗漏。重大历史事件是改变农村历史走向、决定农村历史命运的大事，都对每一个自然村（生产队）以及各个家庭产生过重大影响。将几十年中的重大历史事件连续记录下来，就是一部活生生的农村社会发展史。这些事件既有农村生产关系变革的土地改革运动、农业合作化运动、人民公社化运动等整体性大事，也有“大跃进”运动、农业学大寨运动等特定阶段中衍生出的大事。这些重大事件都同国家的政治、经济形势紧密相关，且是在统一号召下各地的“规定动作”，因而具有普遍性，这是共性。但每个村庄、每一个生产队，都会有不同的内容，这就是个性，是“这一个”。自然村（生产队）志重点就要处理好共性和“这一个”的关系，记载好“这一个”内容。《褚志》卷三“土地”中记有土地改革后，土地性质有变化：“共有土地面积427.953亩（其中国有142.151亩，私有285.802亩），宅基地面积15.744亩”等，并按户列表展示当时各家庭占有土地与房屋情况。志书对土地改革中两种不同性质土地的记载是：“政府将没收、征收的地主土地分配给无地或少地的农户，对这部分土地发给《国有土地使用证》；对仍保留产权的农民和其他阶层（不含地主）的私有土地、房产发给《土地房产所有证》。留给地主居住的房屋及基地，地权归国有，发给土地使用证，在使用证上注明房屋归其所有。”对颁发土地证的记载是：“农户分别领到了上海市政府颁发的《上海市国有土地使用证》和《上海市土地房产所有证》。”（第19—21页），并在表格中全部列出土改后各家拥有的国有或私有土地、房屋情况等，全村45户中，有5户领到《国有土地使用证》，15户领到《土地房产所有证》，25户既领到《国有土地使用证》也领到《土地房产所有证》（第19—21页）。

阶级斗争是当年长期坚持的头等大事，其中划分家庭成分是1949年中华人民共和国成立后最先施行的重大政事之一，也是此后开展阶级斗争的依据和前提，在一个自然村里又是怎样的呢？1950年代初期的土地改革和1960年代中期的“大四清”中，全国农村曾两次划分阶级成分。而家庭成分对每个人员又极为重要，尤其是地主、富农，乃至上中农等的高成分将直接影响、限制、拦阻其家庭成员的入学、参军、工作、婚姻、入团、入党、提干等。这项政策对整个社会、每个家庭、每个家庭成员都产生过重大影响，并连续实施了30多年。除少数志书对第一次划分轻描淡写地用一两句话带过外，对“大四清”中的第二次划分，为数众多的志书都不记载，特别是乡镇志、行政村志也都不记载，连“大事记”中也不提一句，好像从未发生过一样，客观上造成历史割断，导致大事失记。《褚志》卷二中用“运动”“成分”两节完整记录土改评定各家阶级成分后，到“大四清”时重新划定家庭成分及接着出现的新情况，如“五类分子”子女增加等：“共有地主2户，富农5户；地主分子2人，富农分子2人，坏分子1人，右派分子1人。另有富农成分、不戴富农分子帽子者3人。”以及“‘五类分子’子女31人（其中男18人，女13人，含第三代8人）”。① 卷十三“事录”中另有生产队历年多次批判“四类分子”，还发动群众批判其他人等记录，当年处于阶级斗争形势下的农村基层情况和农民生存状态一目了然。志书将两次划分阶级成分等重大历史

① 农村中一般只有“地富反坏”“四类分子”，褚家塘在1960年代初期一名“右派分子”返乡，“大四清”中身份暴露后被监督劳动，这才有了“地富反坏右”“五类分子”，故志书中有时称“四类分子”、有时称“五类分子”。

事件作了客观记载，记于志，存于史，反映一方地情，留下人们可供研究、评论的资料。卷十五“文献”，则保存了1966年“褚家塘生产队四清运动总结”、1975年“农业学大寨 普及大寨县”几十条标语口号等内容。对于“文革”前夕的农村“四清”运动以阶级斗争为纲的实质，以及“文革”中农业学大寨的精神面貌，都有具体的反映，都是宝贵的第一手原生态史料，可资作史者参考借鉴。

志书卷十三不取“大事记”而取“事录”之名，是我思考再三后的定位。这样立目，记录的内容可更贴近村民生活，记载也可更详尽。从1942年至2009年，志书共收记录497条，除了有阶级斗争、“大批判”这类当年的头等大事外，还记有村民战天斗地、粮食丰收等的具体事项和喜怒哀乐，既记事、记物，又记人，可读性强，大多是档案资料中不可能找到的资料，却是一个村庄历史中的重要内容，均来自我当年的原始记录。如1958年“大跃进”时深翻土地、密植种秧，评工记分时小包工、大寨式，人民公社办食堂的出饭率，连农业合作化后第一次使用拖拉机耕地，第一次使用电动脱粒机，购买第一台手扶拖拉机，第一批退休的农民，最后一位乘坐花轿的新娘，以及何时始用电灯、始通自来水，等等，因有原始记录而在志书中记载明确。“事录”材料扎实，内容鲜活，记录连续，桩桩件件，皆褚家塘独有，连起来就是这个村几十年的历史，从中却可看到一个时代的许多历史细节。这种记载，不仅仅是一个村庄聚落历史与现状的综合反映，而且更具有超出其本身价值之外的一般性意义，为人们了解社会多提供一分素材，也可为上位志书补充详细、具体、鲜活的农村经济、社会资料，还可为将来的历史学家保存一个特定时期的最基层社会日常生产、生活资料。

卷十四“杂记”有日本侵略军罪行，反动标语事件、老宅出土银元事件、小包工、大寨式评工记分、黄金瓜种植法、制作法（五则）等9节，内容各自独立而五花八门，作为资料却弥足珍贵。写作上则采用记事本末体，客观纪实，穷其因果，明其始末。如“出饭率”有明显的时代特征，这是1958年人民公社建立食堂后出现的新词，指一斤米能烧出多少斤饭。食堂初办时，吃饭不要钱，让大家放开肚皮吃饭，不需要出饭率。很快粮食紧张，每人重定口粮标准，101天后即按出饭率给各家分饭。食堂为解决缺粮问题、让大家能吃饱，千方百计提高出饭率，就往米中大量掺入卷心菜、胡萝卜等，志书有当年的11条出饭率记录。如1960年1月12日“事录”记载是：“本来食堂一斤米烧二斤七两饭，现在陈进余试验成功一斤米烧五斤饭！比过去整整多了一倍。社员个个笑逐颜开。”此节又补充记录“一斤米烧出五斤饭，是先将米放在蒸笼里蒸一下，淘洗后放在碗里，再放进蒸笼里蒸熟”，其实这种饭松如米花而不耐饥。另记到因粮食不够吃，家庭做饭则掺入精饲料，甚至杂草等，都是当年的真实情况。《褚志》“杂记”的各条记载材料具体、过程明晰，还同有关章节前后照应，内容互补，既能为研究者提供有价值的资料，也避免了村志记述千篇一律、雷同化的通病。

三、城市化中自然村的消失过程需完整记录

《褚志》被列为闵行区非物质文化遗产丛书，由上海人民出版社出版发行，两年后在上海市第三届地方志优秀成果评选中获（志书类）三等奖。既是如此，那为什么还要出版第二版呢？

1995年，因集体土地被全部征用，区政府已批准撤销褚家塘生产队建制，接着开始核定村民农龄和生产队集体资产，于1999年完成撤队分配，《褚志》第一版下限便定在1999年。2009年又批准东吴村撤销行政村建制，启动撤村工作，至2012年改制成立股份合作社，动迁后的失地村民入股成股民，并同步完成了村级集体资产量化及撤村分配。2009年褚家塘老宅也因动迁而被全部拆除。撤销生产队和撤销行政村意味着当地作为农耕社会的历史彻底结束，从志书编纂角度而言，又是个天然断限，这段历史必须记入《褚志》，一个自然村的历史才完整。因此，第二版的下限定为2014年，增补、出版顺理成章，这也是撰写的出发点和原动力。我以保存完整原生态信史为念，再次收集、调查生产队有关情况和城镇化进程中消失的全过程资料。这也符合我对编修《褚志》的追求：用心解剖，精心打磨，要让志书成为资料翔实、史实准确、体例完备、特色鲜明、图文并茂、文风端正的上海市乃至全国最好的自然村志。

《褚志》的增补是为完善志书体例和提供更多的记载内容，使志书结构更完整，内容更丰富，是为志书本体服务的，体现作者的一种追求。如增写的概述和无题小序，可起略窥全貌并起导读作用。自然村（生产队）里的事情

无不与家庭有关，写好家庭内容就是要解剖好这个细胞，挖掘和记录更多可以存史的底层资料。为此“人口”卷目调整为“家庭”，还添加了户别、谱系、辈分和死亡等节、目。又因内容众多而分作两卷，容量增加了一倍，记述自然会更完整，留存的资料也更丰富，还可查阅到各家的资料。由于老宅历史上无族谱等原因，各家三代以上的祖先现已无法追溯。而如果不趁志书增修的机会，把当今的情况记载下来，那么，我们的后代，后代的后代，对自家祖先情况的不了解还将继续，或将永远“糊涂”下去。对于我，则是愧对列祖列宗和父老乡亲，为此特地增写“谱系”一节，必须尽力做好这件事，理清了各家的脉络，实际上也为褚家塘后人提供了新家谱。

资料性是志书的本质属性，志之重要在于资料。这类有价值而完整的典型资料还有如绞圈房子，它本来是当地、是上海，乃至苏南地区长期存在过，且比石库门建造年代更早、更有农耕特色的一种古建筑，也是应该列入非物质文化遗产名录，可以进入上海建筑史、中国建筑史的住宅建筑。但它至今不仅未被人们重视，而且由于种种原因，在这三四十年中几乎全被拆光了。各种县志、村镇志虽有记载，但因记述者对其缺乏感性认识，熟悉程度不高，故影响到记载都过于简单，连名称写法也因记音而不正确。1980 年代时，我第一个将“绞圈房子”写入《上海县志》中①，但限于体例，记载不能详尽。前几年我因研究上海方言在查阅明清资料时，发现了清光绪九年（1883 年）上海出版物上的明确记载材料，而且名称写法、所指内容同我写在县志中的完全一样。这样，卷六“住房”就详细记载了消失不久的特色住宅，并绘制了五开间两进式绞圈房子平面图，另有建筑词语例释，配以若干幅局部照片。如此详尽、完整、具体的资料，在其他大小志书中从未有过，也不可能有的，既真实反映实际情况，恢复其应有的历史地位，也可为研究者提供确凿证据和方便。前几年上海掀起“绞圈房子热”，媒体对我采访、报道，报刊发表研究文章，作者都点明资料采自《褚家塘志》。

最重要的是增设一卷“调查”，有社会调查 6 篇。如按常规的篇章节目撰稿，好多内容会被简化、省略，而用社会调查形式，选择几个既能反映地情特征，又有时代特色的专题，予以详细地记述，既可保留更多有价值的内容，

① 上海市上海县县志编纂委员会编：《上海县志》，上海人民出版社 1993 年 7 月版，第 1119 页。

又能提高志书记述深度和学术品位，但前提是对这类专题要有敏感度，还要掌握比较多的资料，我具备这个条件，手头备有深入民间、亲自调查得来的各类详细素材。1980年代第一轮修志时，我撰写的《褚家塘社会概况调查》收入《上海县志》，此为全国地方志中唯一一篇社会调查，曾有多名专家在论文中提及，最近的如浙江杭州萧山区方志办的沈迪云、莫艳梅①。第二轮修志中应邀为《上海市闵行区志1992—2011》续写了《褚家塘社会概况调查》（1992—2011年），为此，我再次调查自然村情况，详细记录在城镇化进程中消失的全过程及出现的新情况。两篇社会调查使一个自然村（生产队）在县志、区志中有连续、完整的历史记录，这可能在全国也是唯一的。调查中自然村的微观资料、历史细节，都是社会形势在自然村内影响的具体反映。以婚姻、生育为例，出现了网络相亲而结婚以及婚前同居普遍等现象，还特地记录了第一代独生子女陆续进入婚嫁期后出现的“两面登”新形式，即婚后在男方家、女方家都设婚房，夫妇双方“两面登”（登，方言动词，多义，此处为住宿。即为男家和女家两边都可是家，不存在谁“出嫁”或谁“入赘”）。当地原只有娶妻、出嫁两种传统形式，女方嫁入男家后，娘家只是亲戚而已。如是男方赘入女家，其娘家也只是亲戚而已。这样，独生子女婚后总有一方要成无子女家庭。“两面登”后解决了问题。但也带来另一个问题，即婚后所生子女从谁姓？实际情况是协商解决，既有从父姓，也有从母姓的。生育最大的变化是孕妇剖宫产人数剧增。53名（其中独生子女51名）新生婴儿中，顺产15人，占28.3%；剖宫产38人，比例高达71.7%，而1992年前可忽略不计。

志书中的自留地调查，切入点极小，反映的倒是大问题。自留地本是我国农业合作化和人民公社化时，由农业经济组织按国家政策规定和家庭人口数，分配给各家自由种植、长期使用的小块土地。社员经营自留地原是一项家庭副业，可以充分利用剩余劳动力和劳动时间，生产各种农副产品，满足家庭生活和市场需要，增加收入，活跃农村经济；自留地生产也是集体经济的必要补充。但从它出现不久就遭遇曲折、反复和折腾，分了收，收了分，共有三次，“文革”中还割自留地上所谓的“资本主义尾巴”。自留地充满历

① 沈迪云、莫艳梅：《社会调查在二轮修志中的应用》，《中国地方志》2011年第1期，第21页。

史沧桑，而每次的反复，都同当时的政治气候、经济形势有关，同政策有关。我不仅曾两次参与分配自留地（用算盘计算面积），当年的政策规定、分配标准等还都有记录，并保存了下来。这些内容或是被修志者忽视，或是不了解、不掌握情况，因而在其他大小志书中也是看不到的，却是记录了当年农村真实的情况，具有重要而独特的存史价值，也可为当代提供资政辅治之参考，为后世留下堪存堪鉴之记述。

四、意外发现的问题绝不能在《褚家塘志》中出现

为提高《褚志》的质量，我多次认真研读了第一轮的不少县志，对村镇志则更加关注，大量阅读，目的是要吸取各家长处，将自己的自然村志撰写得更好。而当阅读中意外发现这些志书普遍存在影响存史功能的三大问题后，我就特别提醒自己，《褚志》中绝不允许再次出现这些问题。

发现的三大问题，一是分不清土地改革中土地和土地证有两种不同的性质。1950 年代土地改革是当年的头等大事，运动结束后，农村土地有了农户原有土地（即私有土地）和国有土地（即土改中分给农户的土地）两种，性质完全不同，而不同的名称在土地证上是通栏排列且标以大字的。根据不同的土地性质，各地政府发给农户的土地证也有两种，即《国有土地使用证》和《土地房产所有证》，这也是土地改革历史的载体和法定凭证。各地方志自然也都记载了土地改革，但我发现他们记载的内容都没有分清两种性质完全不同的土地和土地证，因而没能真实地记录、反映这场运动。那么多的县志都出现如此重大差错，真是出乎我的意料之外。《褚志》记载的土地改革内容完整，事实清楚，两种性质不同的土地和土地证区分准确、记载分明，还列有反映全村总情的表格。这样完整、准确记载的这段历史，恰恰在其他大小志书中从未有过。而大量的上位志书中还都居然出现了记载错误，甚至连土地证有两种的基本知识都分不清，也不记载或记载不全，《褚志》的记载还了历史本来面目。为此，我还撰写了《试析县志中土地证记载错误——以上海首轮 10 部县志为例》一文，发表于 2013 年第 11 期《中国地方志》，这倒是个意外成果和收获。

二是因“失忆”而漏记严重。1950 年代的土地改革中，还第一次划分了

农村家庭阶级成分，到1964年“大四清”时，又第二次重新划分家庭成分。这项对每个家庭、每个家庭成员都产生过重大影响、并连续实施了30多年的政策（1979年取消），尤其是第二次划分家庭阶级成分，除个别志书在大事记中没有实质性内容、用一两句话带过外，众多的县志中也都不记载，乡镇村志不记载的就更多了，好像这件重大事件在自己大队（即后来的村）里从来没有发生过一样，既不与当年党中央政策保持一致，又同实际情况相背离，致使志书再次出现重大失误。《褚志》记载就非常全面了，不仅记载事情的来龙去脉，还将历年开展的政治运动，尤其是土改和“大四清”中两次划分阶级成分及各家阶级成分改变情况等作了客观记载，记于志，存于史，让人们去研究、评论，期收志书存史、资治、教化等价值之效。根据这些情况，我后来又撰写了《试析家庭成分在地方志中的记载和缺失——以上海首轮10部县志和21部乡镇村志为例》，首发于2016年第1期《上海地方志》。

三是农村自留地记载，漏记更为严重。我阅读过的几十部县志、乡镇村志，没有一部志书记载是完整、准确的，有不少甚至不予记载。这可能同编修人员对此不了解有关，也可能认为记不记载是小事。其实不然。自留地上有大政治，反映大问题。首先，自留地政策是写入土地改革法的，除了集体土地全部被征用的地方现在没有自留地外，其他地方至今还在执行此项政策。其次，自留地曾经分了收回，收回了再分，反复有过三次，每次反复，都同政治、经济形势有关，都是按照当时的政策进行的。每个过程都有中央文件下达，有的是“紧急指示”，有的还是毛泽东亲笔起草，或予以修改、或加了批语、或拟了标题的，自留地政策的重要性可见一斑。再次，用当年的语言来说，自留地上充满着两条道路的斗争，“文革”中的1968年还上升到“割资本主义尾巴”高度欲强行取消。《褚志》正文和大事记中，对三次分、收自留地发生的时间、过程、数量等有完整记载。依照收集、掌握的大量原始资料，后来我先是撰写了褚家塘社会调查《承载历史沧桑的自留地》（发表于2014年第5期《上海土地》），后又撰写了《从方志、档案记载看承载历史沧桑的自留地——以上海闵行区褚家塘生产队为例》的论文，在上海市地方志学术研讨会宣读后，首发于2017年第1期《上海地方志》。

地方志是科学的资料性著述，资料性是地方志的本质属性，其基本要求是尊重历史事实，准确客观记载，特别重大的历史事件更不允许漏记，或出现重大记载错误。由于体裁、角度不同，好多有价值的底层资料进不了县志，或进入后也无法详细记载。村志因与县志在记述对象上有所不同，撰稿时可充分利用和发挥小志的特点，以细取胜，以深见长，不论是记事还是记物，都可具体、翔实，记县志之所无，详县志之所略。如果有较多的村庄能这样记载，留下客观、真实、具体的历史，就可补县志缺憾。

当前，村志从原来的自发编纂到现在的提上议事日程、列入工作计划，步入了快车道，出版数量也是成倍增加，这自然是好事。但在笔者阅读范围内，看到的失忆、出错情况好像没有多大改变，我甚至在最近出版的村志中，看到比上面更严重的情况，如上海某区的两部名村志（分别出版于2014年和2016年）不设章不立节，对土地改革居然一字不记，完全空缺！土地改革运动当年从上到下都是头等大事，而且对1949年以后中国社会产生的重大影响至少有两点，一是彻底改变了土地所有制性质和农村旧有的生产关系，二是划分的阶级成分为以后长期开展阶级斗争提供了依据和对象。我还第一次看到如此漠视共和国重大事件的志书，既是如此，地方志“存史、资治、教化”的三大功能从何谈起！从这些角度讲，明确村志的功能定位，提高村志的编纂水平，让村志真正成为保存政治、经济、文化、社会等村级资料的最佳载体，还有很多理论和实践问题需探讨，真正是任重而道远。

承蒙地方志专家、华东师范大学终身教授王家范关心、厚爱，他为《褚志》（第二版）赐跋。现引用一节：

> 最底层如“自然村”里最普通百姓的“社会史”，特别是他们的思想史、心态史，又何曾见得？凭借这些珍贵原始资料，当代中国农民的社会生活变迁以及社会心理实态，这样一个宏大而重要的社会史研究课题，至少能够以褚家塘“个案”的形式，完成得非常踏实可靠。读后，你一定会后悔以前为什么没有注意到这本拥有少见而独特的民间史料的褚氏“乡村史志”？为此，兹向当代史研究者隆重推荐。

历代修志，资料来源主要是靠采访。现代修志，则大量依靠档案，辅之以采访，及口碑资料。修志前辈、上海浦东陈行的秦锡田曾慨叹过：“修志之难，不在于纂辑，而在于采访。”① 我也采访过，自然也碰到过此类“修志之难”。而我修志，除充分利用档案外（尽管生产队资料并不多），还得益于平时大量的原始记录，也可以说是积累的私人档案吧，为此也减轻了“修志之难”的程度。那些都是生产队里的实时记录，有时间、有地点、有事实、有当事人，有的我还是参与者、记录者，感受的是真实生活，记录得来比采访得来的资料要可靠、准确得多，正如俗话所说的“好记性勿如懒笔头”，况且我还是“勤笔头”呢。基层社会的记录当是社会最真实、人类最重要的记录。这些档案中不可能有的资料，却是村志必需的基本资料。胡适先生曾说过，“真正的历史都是靠私人记载下来的”。② 从这个角度说，《褚家塘志》记录一个自然村、一个生产队几十年的经历，就这样被我用“私人记载”，以地方志的最佳形式保存了下来，是这个村庄一部真正的、真实的历史。

参考文献

1. 上海市地方志办公室、上海市地方史志学会著：《上海方志研究综论》，上海社会科学院出版社 2008 年 4 月版。
2. 《上海市乡镇街道村志及专业志编纂规划（2017—2025）》，上海市地方志办公室官网。
3. 胡俭、黄文雷：《关于如何做好乡镇街道村志编修的一些思考》，《上海地方志》2017 年第 2 期。
4. 张军：《康熙〈杏花村志〉对名村志编纂的借鉴》，《中国地方志》2017 年第 11 期。
5. 黄建安：《论“村落终结”时代的村志编纂》，《中国地方志》2019 年第 2 期。

（本文为 2019 年中国地方志指导小组办公室、中国地方志学会主办，长沙市地方志编纂室承办的“第二届方志文化国际学术研讨会暨第九届中国地方志学术年会”入选论文，首发于 2020 年第 2 期《安徽地方志》，收入本书时内容略有增补）

① 民国《南汇县续志》序二，《上海府县旧志丛书 · 南汇县卷》下，上海古籍出版社 2009 年 12 月版，第 1042 页。

② 胡颂平：《胡适之先生晚年谈话录》，新星出版社 2006 年 10 月版，第 166 页。

用档案为消失的村庄修村志

我的家乡褚家塘是原上海县莘庄人民公社下属一个生产队，也是一个在清乾隆年间编修的《娄县志》中就记有村名的老村庄。在城镇化进程中于1993年起开始动迁，至2009年动迁结束。几乎在村庄最终消失的同时，我利用闵行区、莘庄镇馆藏档案和自己收集的家庭档案，完成了《褚家塘志》的撰稿。志书被列为闵行区非物质文化遗产丛书之一，于2010年12月由上海人民出版社出版发行，这也是上海目前唯一一部以自然村（生产队）为记述范围的地方志书，2012年还获得了上海市第三届地方志优秀成果（志书类）三等奖。

褚家塘是生我、养我的故乡，除了当兵六年外，我一辈子没有离开过，现在还和褚家塘人一起，住在上海西南乡下一个动迁小区里。这里有我的亲人、族人和朋友，我叫得出每个人的名字，也知道他们的性格脾气，熟悉每个人在不同情况下会讲些什么话，会用什么语气说话。生产队虽小，但它是社会的一个细胞，社会上的阴晴冷暖，在褚家塘也都会有反映。这块小小的土地上曾经有过狠抓到底的阶级斗争，有过彩旗飘扬的大干苦干，有过喜上眉梢的粮食丰收，有过牵动人心的喜怒哀乐。1993年5月城镇化拉开大幕，褚家塘第一次被征用土地后，村民开始动迁。至2009年4月最后一批动迁，前后共用了16年。至此，褚家塘自然村从地球上彻底消失，世世代代居住在一个村庄上的褚家塘村民，分散到了各个新村小区。

在城镇化进程大潮中，周围的村庄也在被大批量拆迁，一种存在了几百年甚至更长时间的社会结构、生活形态开始消失，几十年前建立的经济体制、生产方式、生活方式也不存在了。这种带有全局性、大范围、特大范围的变动，在极大改变社会形态和格局的同时，对家庭结构、村民生活、户际关系、民风民俗乃至心理认同等已开始产生影响，也将会对中国今后的发展产生影响。我参加过1980年代上海第一轮地方志编纂工作，参与编修过《上海县志》，还是《上海县教育志》主编，我对编修地方志有实践经验。因此，当自己的村庄将要消失时，一直在想一个问题，我可以为它做些什么？又想到生产队虽小，但它是社会的一个细胞，有其特定的基因。几十年中这里发生的一切，我参与、我知道、我熟悉，我有责任和义务把自家村庄的历史整理、撰写出来。为此我决定修纂《褚家塘志》，用志书这个载体为一个消失的村庄留下历史。

志书编纂历来同档案有密切的关系。既然确定要修志，哪怕是为一个生产队修志，那也得遵守编修地方志书的基本要求，内容上要做到“横排门类，纵述始末”。这看似简单的 8 个字，是需要大量的资料支撑，才能“横”得到边、“纵”得到底的。我也知道为一个自然村（生产队）修志，最主要的困难就难在资料缺乏。因为大量的馆藏档案资料，基本上都是以人民公社为单位的，生产大队（行政村）的内容已比较少了，生产队的内容在馆藏档案中可能相当有限，但我还是将区档案馆作为收集资料的首选地方。从 2007 年 3 月 5 日起的一两个月时间里，我几乎每天都孵在馆里忙碌，查阅了全部开放档案目录，从中挑选有关的案卷。

因为地域划分多变，我们生产队的案卷目录涉及中华人民共和国成立初期的上海市龙华区、西郊区，再到上海县、闵行区的全档，而内容上又涉及户籍、种植、养殖、税收、分配等等。我也不知道所需内容到底在哪些案卷里，查阅时在目录上只要看到同莘庄（公社）、东吴（村）有关的，便统统抄录下来，多多益善。结果，光这个目录，我就整整抄录了 28 页报告纸，涉及约 500 本案卷。在以后的日子里，按照目录，每天从管理员手中接过一本本案卷，再从一页页发黄的纸张中找寻自己生产队的内容。档案馆的几位工作人员也不厌其烦，热情做好服务工作。

1949 年后的上海农村有几个非常重要的节点，如从单干户到互助组，从成立初级社、高级社，再到成立人民公社，一直到 1980 年代实行联产承包责任制等，这些内容也是一个生产队的发展历史，都是志书必须记载的内容，而且要求记得完整、准确，但需要的资料到底能在档案中查到多少？我心中不是非常有底，但我必须查阅，尽量不漏看一份有记载的案卷。如 1953 年，褚家塘办起了互助组，志书要记载它，就会涉及参加户数，劳动力数、土地面积等。在档案中我查到了当年的原始材料，得知全村办起了 5 个互助组，还有参加的户数、耕牛数等。再如 1954 年 11 月，我们村庄同另一个村庄联合成立了初级社，这是村民从单干户走向集体化的第一步，是非常重要的志书记载内容。在这之前，我已经采访过村上老农，他们记得共有 25 户参加，具体人家却记不全。我请当年的积极分子逐家回忆，一起排列名单。但毕竟事情已过去 50 多年，各人说法不尽相同，名单也总是排不准确。没想到，在区馆藏档案当年的一张表格上，不仅有这 25 户名单，还有各家的人口数，拥有的土地数、大牲畜情况等。看到这些原始、完整的资料，真让我有大喜过望的感觉。但这份档案也有个缺憾，它没有合作社成立的具体日期。如能把这个缺憾补上，这份资料不仅非常完整，而且十分完美。我没有放弃，将有的档案重新调出来阅看，终于在另一份当年的统计报表上找寻到了确切日期。因此，在志书中这些记载相当完整，这都得益于档案馆的馆藏档案。

生产队（自然村）志在地方志六个层次（省、市、区县、乡镇、行政村、自然村）中，属最底层的志书，是部“小志”，但修纂时同样需要遵循质量是志书的生命原则。而志书质量很大程度上取决于有无重要的、有价值的资料和记载的内容是否真实、准确。由于档案资料收集得充分、详细，撰稿时，我就能做到合理设置篇目结构，区分不同层次的入志资料，做到内容翔实完整、记述求真存实，以保存原生态的信史为念，这也是保证志书质量的重要前提。我还从馆藏档案中查到从 1961 年到联产承包时的生产队粮食、棉花的逐年产量，历年收支，年终分红情况等资料。虽然这些资料在档案中很分散，但还是让我一一搜集到了。这使《褚家塘志》所立的条目，都有足够的材料支撑，全用资料说话，也使整部志书内容厚重、扎实，保证了志书质量。这些有价值的底层资料一般进不了上位志书，或者进入后也无法详细记载。现在我把它记录进一个村庄的村志中，就弥补了这种缺憾，发挥了“小志”的独特作用。同时，我还意外发现其他上位志书中，因不了解两种土地性质以及两种土地证不同的颁发对象，使土地改革中颁发的“土地证”记载出现错误。《褚家塘志》则分清了哪些农民持有《国有土地使用证》，哪些农民获政府颁发的《土地房产所有证》，并用表格全部列出土改后各家拥有的土地及房屋情况等。这就还了历史本来面目，也纠正了其他上位志书中出现的记载错误。为此我另外撰写了《试析县志中土地证记载错误——以上海首轮 10 部县志为例》一文，并发表在 2013 年第 11 期的《中国地方志》上。

志书中还记载了村民的大量日常生活情况，这在馆藏档案中一般是没有资料的，我调用自己几十年中收集、保存的家庭档案资料，经过筛选、核实，把主要内容写进志书的“事录”（志书不用“大事记”名称）等章节中。“事录”共收记录497条，除了有阶级斗争、大批判这类当年的头等大事外，还记有村民战天斗地的具体事例，甚至有1959年提倡生育时的“光荣妈妈”，1960年代公社食堂严重缺粮、想方设法增加出饭率等事项和村民喜怒哀乐的记录，以及最后坐花轿的新娘子、第一个独生子女、何时通电灯、何时通自来水等都有记载，既记事、记物，又记人，这都是一个村庄历史中的重要内容，在其他志书上也从未有过这种详细、具体的记载。“事录”材料扎实，内容鲜活，记录连续，桩桩件件，皆褚家塘独有，连起来就是这个村几十年的历史。全志共十六卷加附录，约25万字，举凡一个生产队的土地河川、地理沿革、姓氏溯源、经济民生、衣食住行、风土人物、民俗习惯，以及大事记录，无不一一因记入其中而历历如在眼前，从中还可看到一个时代的许多历史细节，还原了一个生产队的历史面貌。

档案是直接形成的历史记录，也是再现历史真实面貌的原始文献。《褚家塘志》涉及丰富的内容、翔实的资料，突出的地方特点，其资料来源主要是档案资料。回过头想想，如果离开档案清晰、明确的原始记录，为消失的村庄留存历史将成一句空话。记录历史是为了传承文明。为消失或将要消失的村庄留存历史，记录下的不仅是某个村庄聚落的历史与现状的反映、变化的进程，也可为人们了解社会、认识社会多提供一份素材，更可为将来的历史学家、社会学家等保存今天看来十分常见，将来可能罕见或空缺的基层社会日常生活的资料，它的意义和价值会随着时间的推移逐渐凸现。《褚家塘志》就是在这种认识下撰写出来的，意图只有一个，利用馆藏档案、家庭档案，利用地方志书这个载体，修好生产队志，保存一个自然村的政治、经济、文化、社会等方面资料，为这个生我养我的小村庄留下自己的历史，为这个“社会细胞”留下自己的历史。褚家塘是消失了，她的历史保存在《褚家塘志》中。

（原载2015年第2期《中国档案》）

试析县志中土地证记载错误

——以上海首轮 10 部县志为例

摘　要： 1950 年代土地改革运动结束后，根据不同土地的性质，政府发给农户的土地证有《国有土地使用证》和《土地房产所有证》两种。1980 年代首轮所修县志没有区分两种不同性质的土地和土地证，对土地证种类和颁发对象的记载或缺失遗漏，或都有错误。本文仅以上海 10 部县志为例，论析错误情况及造成原因。

关键词： 土地改革；国有土地使用证；土地房产所有证；上海首轮县志

1950 年代初期进行的土地改革运动，是中国共产党领导的废除封建土地所有制的革命运动，是当年农村的头等大事。土改已过去了 60 多年，1980 年代首轮编修的地方志也都记载了这项运动。我在阅看各地若干部县志、乡镇志后，发现记载内容或缺失遗漏，或都有错误，没能真实地记录这场运动。本文仅以土地证在上海郊区首轮 10 部县志中的不同记载为例，作些分析和谈些看法。

首轮修志时，上海郊区有 10 个县，它们是上海县、松江县、嘉定县、宝山县、川沙县、奉贤县、青浦县、金山县、南汇县和崇明县。各县都在 1980 年代初期就启动首轮县志编纂工作，1987 年《奉贤县志》最先出版，至 1993 年 7 月其他县志全部出齐，共 10 部。土地证，是土地改革结束前由当地人民政府颁发的，是土地所有者或者土地使用者享有土地所有权或者使用权的法律依据。各地首轮县志在记述这场运动时，不可避免都要写到它。上海 10 部县志也都在大事记或正文中记载了政府颁发的土地证。但恕我直言，对土地证的种类和颁发对象，除《上海县志》正文记载较完整、较准确外（大事记记载也有误），其余记载都是不完整和欠准确的。

一、土地证的种类

1. 称“土地证”，如《松江县志》《奉贤县志》《崇明县志》

①（1951年）3月，全县土改结束，共有76 054个农业户领到土地证，其中地主1 111户……①

② 1951年7月止，依法确定68个乡的58 499户的土地所有权，颁发土地证69 513张……②

③ 6月，县成立发证、整籍工作委员会；各乡组织土地丈量小组，按户核发土地证，从法律上保证了农民从土地改革中获得的胜利果实。③（随文附《土地房产所有证》照片一幅）

2. 称“土地所有证”，如《嘉定县志》《奉贤县志》

①（1951年）4月　县人民政府颁发《土地所有证》。至6月底全县发证工作结束。④

②（1951年）4月15日　开始颁发“土地所有证”，至7月底完成，共发证58 499户。⑤

3. 称“土地房产所有证”，如《宝山县志》《青浦县志》

① 1951年起，县人民政府向全县农民颁发《土地房产所有证》。⑥

---

① 上海市松江县地方史志编纂委员会编著:《松江县志》“大事记”，上海人民出版社1991年8月版，第35页。

② 上海市奉贤县县志修编委员会编著:《奉贤县志》，上海人民出版社1987年9月版，第317页。

③ 上海市崇明县县志编纂委员会编:《崇明县志》，上海人民出版社1989年3月版，第311页。

④ 上海市嘉定县县志编纂委员会编:《嘉定县志》“大事记”，上海人民出版社1992年12月版，第28页。

⑤ 上海市奉贤县县志修编委员会编著:《奉贤县志》“大事记”，上海人民出版社1987年9月版，第40页。

⑥ 上海市宝山区地方志编纂委员会编:《宝山县志》，上海人民出版社1992年4月版，第153页。

（随文附《土地房产所有证》照片一幅）

②1951年5月15日，县人民政府首批向城厢区塘东乡农民颁发《土地房产所有证》（简称土地证）。①

4. 既称“土地房产所有证”，也称“国有土地使用证”，如《川沙县志》

土改时，川沙县农民分得的土地房屋，由政府颁发土地房产所有证。“三郊区”农民分得的土地，发给国有土地使用证。②

5. 不提土地证，如《南汇县志》《金山县志》

①（1950年）12月土改全面展开，至1951年3月结束……没收和征收富农土地29万余亩，分给无地和少地农民。③

②（1950年）10月，全面开展土地改革运动，到1951年春完成。全县共没收、征收土地28.2万余亩，分给无地少地农民。④

二、颁发的对象

1. 户、农业户，如《松江县志》《奉贤县志》《崇明县志》

①1951年7月止，依法确定68个乡的58 499户的土地所有权，颁发土地证69 513张……⑤

②（1951年）3月，全县土改结束，共有76 054个农业户领到土地证，其中地主1 111户，占农户数1.46%；富农1 666户，占农户数2.19%。⑥

---

① 上海市青浦县县志编纂委员会编:《青浦县志》，上海人民出版社1990年4月版，第200页。
② 上海市川沙县县志编修委员会编:《川沙县志》，上海人民出版社1990年11月版，第152页。
③ 上海市南汇县县志编纂委员会编:《南汇县志》“大事记”，上海人民出版社1992年3月版，第27—28页。
④ 上海市金山县县志编纂委员会编:《金山县志》“大事记”，上海人民出版社1990年10月版，第30页。
⑤ 上海市奉贤县县志修编委员会编著:《奉贤县志》，上海人民出版社1987年9月版，第317页。
⑥ 上海市松江县地方史志编纂委员会编著:《松江县志》“大事记”，上海人民出版社1991年8月版，第35页。

③ 6月，县成立发证、整籍工作委员会；各乡组织土地丈量小组，按户核发土地证，从法律上保证了农民从土地改革中获得的胜利果实。①（随文附《土地房产所有证》照片一幅）

2. 农民，如《宝山县志》《青浦县志》《川沙县志》等

① 1951年起，县人民政府向全县农民颁发《土地房产所有证》。②（随文附《土地房产所有证》照片一幅）

② 1951年5月15日，县人民政府首批向城厢区塘东乡农民颁发《土地房产所有证》（简称土地证）。③

③ 土改时，川沙县农民分得的土地房屋，由政府颁发土地房产所有证。“三郊区”农民分得的土地，发给国有土地使用证。④

④（1950年）10月，全面开展土地改革运动，到1951年春完成。全县共没收、征收土地28.2万余亩，分给无地少地农民。⑤

⑤（1950年）12月土改全面展开，至1951年3月结束。……没收地主和征收富农土地29万余亩，分给无地和少地农民。⑥

3. 不提颁发对象，如《嘉定县志》

①（1951年）4月　县人民政府颁发《土地所有证》。至6月底全县发证工作结束。⑦

---

① 上海市崇明县县志编纂委员会编:《崇明县志》，上海人民出版社1989年3月版，第311页。
② 上海市宝山区地方志编纂委员会编:《宝山县志》，上海人民出版社1992年4月版，第153页。
③ 上海市青浦县县志编纂委员会编:《青浦县志》，上海人民出版社1990年4月版，第200页。
④ 上海市川沙县县志编修委员会编:《川沙县志》，上海人民出版社1990年11月版，第152页。
⑤ 上海市金山县县志编纂委员会编:《金山县志》“大事记”，上海人民出版社1990年10月版，第30页。
⑥ 上海市南汇县县志编纂委员会编:《南汇县志》“大事记”，上海人民出版社1992年3月版，第27—28页。
⑦ 上海市嘉定县县志编纂委员会编:《嘉定县志》“大事记”，上海人民出版社1992年12月版，第28页。

上述9部县志中的种种记载，是准确，还是错误？或有的正确、有的错误？试作分析如下：

土地改革中没收、征收地主富农土地（没收、征收土地情况复杂，对象也不限于地主富农。为叙述方便，本文统一用“没收、征收地主富农土地”，也不作具体分析），然后将这些土地分配给无地或少地的农民。如何将没收、征收来的土地分给农民，各地情况又千差万别，具体做法也不尽相同，如原江苏省苏南区奉贤县（1958年划归上海市。下同）有大平均、小平均分配等，这也不在本文论述范围之中。我要说的是，当这些土地分配给无地或少地的农民（有一部分分给了地主富农家庭。以下同），即土改结束时，农户的土地出现三种情况：一是无地农户分到的土地（也包括被没收土地后地主、富农家庭分到的土地）；二是自有少量土地的农户，他们也分到的土地；三是有些家庭自有土地较多，土改中未分到土地，这部分农户的土地还是土改前原有的。三种情况的土地实为两种：分得的土地和自有的土地。从土地性质来看，这是两种性质完全不同的土地。

因此，当土改结束，各地人民政府颁发土地证时，根据土改政策和土地的两种不同性质，颁发了两种土地证，而且必须是两种。农户分得的土地，政府颁发的是《国有土地使用证》；农户原来自有的土地，政府颁发的是《土地房产所有证》。这时，与“农户的土地出现三种情况”相对应，农户的土地证也有三种情况：一是有的农户只有《国有土地使用证》，二是有的农户既有《国有土地使用证》又有《土地房产所有证》，三是有的农户只有《土地房产所有证》。

这样，在每一个具备颁发土地证资格的行政区域内（一般以县为单位），都会出现“农户的土地有三种情况”和“农户的土地证也有三种情况”的客观事实，不可能有例外。

两种土地证上的文字内容也是完全不一样的。在《国有土地使用证》上，除了写明分得土地的地籍、面积、座落（即坐落，原文如此）、种类等外，还明确这些土地“为×××全家（本人）耕种使用。任何人不得侵犯，但不得出租、典卖、转让或荒废。该项土地如不需用或国家有建设需要时，应即交还国家，此证亦随同缴销”。在《土地房产所有证》上，同样写明土地的地籍、面积、座落（即坐落，原文如此）、种类等，还明确这些土地“为×××全家（本人）所有。对耕种、居住、转让、赠与、出租等，完全自由，任何人不得侵犯”（两种文字内容均参见下图上海市等颁发的两种土地证）。

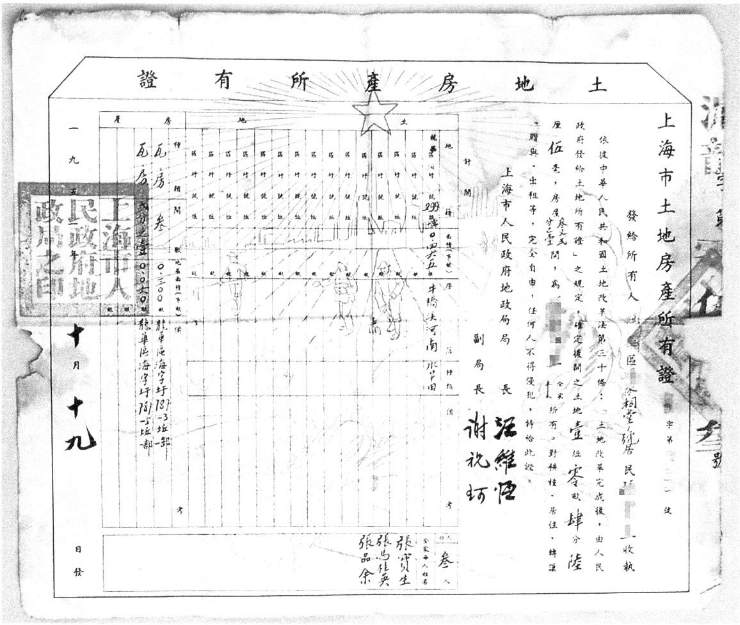

土地房產所有證

上海市土地房產所有證

[redacted]字第[redacted]號

發給所有人 [redacted]區[redacted]公祠堂號房民[redacted]收執

依據中華人民共和國土地改革法第三十條：「土地改革完成後，由人民政府發給土地所有證」之規定，確定後開之土地壹坵零畝肆分陸厘伍毫，房屋叁間，為[redacted]所有，對耕種、居住、轉讓、贈與、出租等，完全自由，任何人不得侵犯，特給此證。

上海市人民政府地政局 局長 汪維恒 副局長 谢祝坊

上海市人民政府地政局之印

一九五一年十月十九日發

土地房产所有证

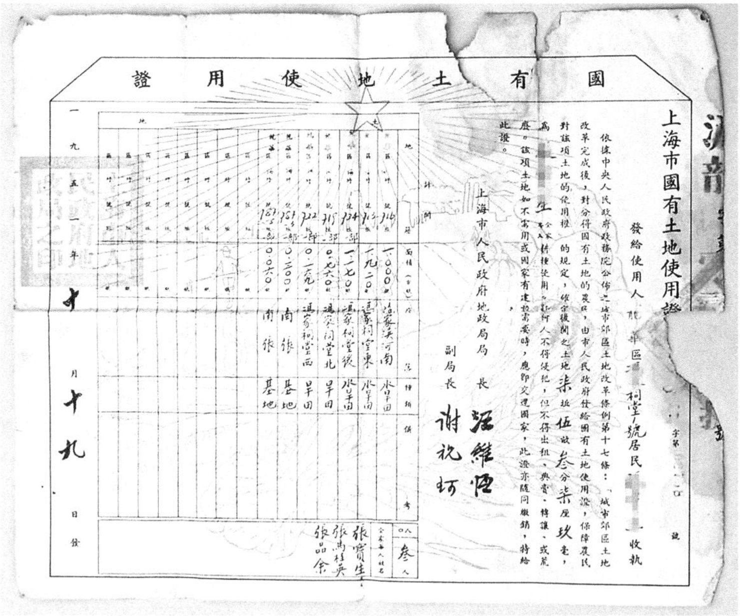

國有土地使用證

上海市國有土地使用證

[redacted]字第[redacted]號

發給使用人 龍華區[redacted]祠堂號居民[redacted]收執

依據中央人民政府政務院公佈之城市郊區土地改革條例第十七條：「城市郊區土地改革完成後，對分得國有土地的農民，由市人民政府發給國有土地使用證，保障農民對該項土地的使用權」的規定，確定後開之土地柒坵伍畝叁分柒厘玖毫，為[redacted]全家耕種使用，任何人不得侵犯，但不得出租、典當、轉讓、或荒廢。該項土地如不需用或國家有建設需要時，應即交還國家，此證亦隨同繳銷，特給此證。

上海市人民政府地政局 局長 汪維恒 副局長 谢祝坊

上海市人民政府地政局之印

一九五一年十月十九日發

国有土地使用证

从中可看出，这两种土地性质完全不同，简言之，一为国有土地，一为私有土地。与《国有土地使用证》不同的是，在《土地房产所有证》上，还详细记录了农户房产情况，包括种类、间数、占地面积等。

根据上面的分析，再来看9部县志的记述是否规范或准确就很清楚了。

1. 关于土地证的种类

①《松江县志》《崇明县志》中没有区分两种土地证，《奉贤县志》上写的“土地证”，从其下文看，指的是“土地所有证”，也没有区分两种性质的土地证。②《嘉定县志》《奉贤县志》中记载的“土地所有证”，其实还是上面的“土地证”，也没有区分两种性质不同的土地证。③《宝山县志》《青浦县志》记载为颁发《土地房产所有证》，这是其中一种，政府颁发的另一种《国有土地使用证》没有提及。④《川沙县志》中虽然记载了《土地房产所有证》和《国有土地使用证》，似乎两种土地证都全了，但由于颁发对象记载有错，反映出编修者对这两种土地证的性质没有搞清楚。⑤《金山县志》和《南汇县志》索性不提颁发土地证，记载不全，应属重大失误。

综上所述，9部县志记载的土地证种类都有错（含没有记载的2部）。准确、完整的内容应是：政府颁发的土地证有两种，一是《土地房产所有证》，二是《国有土地使用证》。

2. 关于土地证颁发对象

土地证颁发对象，即土地证持有者是谁?《松江县志》《奉贤县志》等县志中“户”“农业户”“农民”的提法欠准确，《嘉定县志》不提颁发对象也是欠准确的。《川沙县志》则记载为“川沙县农民”和“三郊区农民”，更是不准确的。《金山县志》和《南汇县志》中因一字不提颁发土地证，颁发对象自然也缺失了。《松江县志》中记载的“其中地主1 111户”也领到了“土地证”，这些土地证肯定是《国有土地使用证》而不是“土地房产使用证”。《南汇县志》也记载了土改中“分给地主土地8 517亩”，由于志书一字不提颁发土地证，这里的“8 517亩”是什么性质的土地，以及有没有给这些“地主”颁发过土地证和什么性质的土地证，后人看了志书也无法知道。

出现这种记载错误，主要是修志者不了解两种土地、两种土地证的性质，不了解不同颁发对象所致。对土地证和颁发对象，完整、准确的记载应该是：对分给农户的土地，政府颁发的是《国有土地使用证》；对农户原来自有的土地，政府颁发的是《土地房产所有证》。《川沙县志》中的记载，使当年的土改历史变成某一地区（“川沙县”）的农民，不管是分得土地的农民，还是原有土地的农民，政府向他们颁发的全部是《土地房产所有证》，而对另一地区（“三郊区”）的农民，也不管是分得土地的农民，还是原有土地的农民，政府却向他们颁发的全部是《国有土地使用证》，这是绝对不可能出现的事。这种记载明显混淆了两种不同性质的土地和两种不同的颁证对象，人为改变了历史事实。

除《川沙县志》外，其他县志都没有提到《国有土地使用证》，是不是这些县未颁发过此类土地证？这不可能，除非当年那里没有地主家庭，而在偌大一个县里没有地主家庭是不可能的事。凡有地主家庭，必然要没收其土地，分给无地或少地农民的，一分了地，必然要给分得土地的农户颁发《国有土地使用证》；对没收后再分给一份土地的地主家庭也是一样要颁发《国有土地使用证》的。我收藏有上海市的《国有土地使用证》《土地房产所有证》和原江苏省苏南区奉贤县《土地房产所有证》；我也从网上搜索到山东省益都县颁发的《国有土地使用证》。这些《国有土地使用证》可反证在上面9个县，当年肯定颁发过《国有土地使用证》。我想，这些县（区）档案馆里也一定有《国有土地使用证》存根，去查阅一下就可得知，也不至于县志记载中出现差错了。

上海最后出版的第10部县志《上海县志》中关于土地证的记载原文如下：

> ①（1951年）5月2日　上海县对土地改革分得土地、房屋的农民发给土地房产使用证，对拥有原有土地、房产的农民发给土地、房产所有证，至7月结束。①
>
> ② 土地改革中，没收、征收的土地分配给无地少地的农民，对这部分土地发给国有土地使用证；对仍保留产权的农民和其他阶层（不含地主）的私有土地、房产发给土地房产所有证。留给地主居住的房屋及基地，地权归国有，发给土地使用证，在使用证上注明房屋归其所有。②

---

① 上海市上海县县志编纂委员会编：《上海县志》“大事记”，上海人民出版社1993年7月版，第42页。

② 上海市上海县县志编纂委员会编：《上海县志》，上海人民出版社1993年7月版，第459页。

例①中，《上海县志》把发给分得土地房屋的农民的证称为“土地房产使用证”，其错在应是“国有土地使用证”而不是“土地房产使用证”。这里出的差错，也与后面的正文记载内容相悖。例②正文中，《上海县志》把两种不同的土地、两种不同的土地证写得清楚、准确，但还可表述得更精确，“地归国有，发给土地使用证”，应写明“发给国有土地使用证”，因为这是用大字印在土地证上端的实际名称、完整名称、规范名称。

对土地改革中两种不同性质土地和土地证的情况，也有志书是有明确记载的。上海市闵行区《陇西志》是部行政村志，它的记载原文是：

> 1951 年，土地改革完成后，农户的土地由两部分组成：一部分是农户在土地改革前原有的土地，称为私有土地；另一部分是土地改革时部分农户分得的土地，称为国有土地。①

这一节中设 16 张表格，其中 15 张表格是土改后 21 个自然村（后为 15 个生产队）各家拥有的国有或私有土地的情况记录（另 1 张是全村总表）。遗憾的是，《陇西志》对土地证的文字记载也仅是“国家发给土地证予以确认”，没有分清两种土地证。上海市闵行区莘庄镇的《褚家塘志》是一部记述范围为生产队的自然村志，书中对两种性质土地的记载是：“政府将没收、征收的地主土地分配给无地或少地的农户，对这部分土地发给国有土地使用证；对仍保留产权的农民和其他阶层（不含地主）的私有土地、房产发给土地房产所有证。留给地主居住的房屋及基地，地权归国有，发给土地使用证，在使用证上注明房屋归其所有。”对颁发土地证的记载是“农户都领到了上海市政府颁发的《上海市国有土地使用证》和《上海市土地房产所有证》”（第 19—21 页）②，并在表格中全部列出土改后各家拥有的国有或私有土地、房屋情况等，即：全村 45 户中有 5 户领到《国有土地使用证》，15 户领到《土地房产所有证》，25 户既领到《国有土地使用证》也领到《土地房产所有证》（第 19—21 页）。这就完整、准确地记载了当年这段历史。

---

① 上海市闵行区梅陇镇陇西村民委员会编：《陇西志》，文汇出版社 2006 年 12 月版，第 40 页。
② 褚半农：《褚家塘志》，上海人民出版社 2010 年 12 月版。

两种性质不同、颁发对象不同的土地证，也是土地改革历史的载体和见证。在具有“存史、资治、教化”功能的县志中记载出现如此重大差错，而且并不限于上述几部县志，这不能不让人感到匪夷所思而唏嘘不已，不知还能不能予以纠正，使之恢复历史原貌？

（原载2013年第11期《中国地方志》）

志书记载土地证出错及原因分析

——以《开弦弓村志》的硬伤为例

摘　要： 1950年代初期开展的土地改革运动，各地县志和乡镇村志都有详细记载，但对土改中政府向农户颁发的土地证记载每每出现差错，即分不清两种不同性质的土地、两种不同性质的土地证和颁发对象，这在1980年代第一轮编修的志书上很普遍。简单地说，因土地性质不同，颁发对象不同，当年政府向农户颁发的土地证有《国有土地使用证》和《土地房产所有证》两种。第一轮很多志书在土地证记载上出现差错，而第二轮修志中又继续出错，有的还是比较重要的志书，撰稿者仍然不知道或分不清两种不同性质的土地、两种不同性质的土地证和颁发对象，致使志书记载同历史事实不符。《开弦弓村志》对此记载也有一处硬伤。

关键词： 土地改革；土地证；记载错误；《开弦弓村志》

一

1950年代初的土地改革运动，是中华人民共和国成立后在农村开展的第一件头等大事，它是中国共产党领导的废除封建土地所有制的革命运动，由此，中国传统土地制度及其社会关系发生巨大变革。也因为有了这件大事，才有紧接后面的农业合作化运动和人民公社化运动，直至1980年代出现联产承包责任制等。土地改革进程包括发动群众、划分家庭阶级成分、没收（征收）和分配土地，最后环节是颁发土地证。由当地人民政府颁发的土地证，是土地所有者或者土地使用者享有土地所有权或者使用权的法律依据。地方志书要完整、准确地记叙土地改革运动这件大事，必须先要理清政府土改指示精神，理清时间脉络，理清运动内容，才能做到下笔时心中有数。对政府核发的土地证，则必须准确记载，这涉及土地的性质、土地证的名称、发放对象等。简单地说，因土地性质不同，颁发对象不同，当年政府向农户颁发的土地证有两种，一是《国有土地使用证》，二是《土地房产所有证》，在每个县的范围里绝不可能出现例外。

第一轮志书中，土地证名称出现的记载差错比较普遍，有的还是比较重要的志书，如“其中，上海市郊没收征收土地 184 165 亩，归国家所有，分给农民耕种的 146 475 亩，由政府发给土地使用证”①。实际上，政府对没收后再分给农民耕种的土地颁发的是印有通栏标题大字的《国有土地使用证》，根本不是性质不明且从未使用过的“土地使用证”。其他的土地呢？即没有被没收的农民原有的土地，政府发的什么证？志书一字不提。志书出现差错，致使记载既同历史事实不相符合，又同志书存史功能相悖，也同志书工作者应具备的素质和职责不符。我查阅过上海及全国几十部县志、乡镇志，发现都有程度不同的错误，情况比较严重的志书记载完全不顾历史事实，实在是匪夷所思。面对如此严重的失实情况，我除了在圈内喋喋不休宣传历史事实外，还特地撰写了论文《试析县志中土地证记载错误——以上海首轮 10 部县志为例》（发表于 2013 年第 11 期《中国地方志》），分析情况，指出错误，希望以后编纂出版的志书不要再出这种差错了。遗憾的是，第一轮志书出现的差错，在第二轮修志中又继续出现，现举几例，如（1951 年 4 月）奉贤县人民政府向农民颁发“土地房屋所有证”，② 再如“由县人民政府颁发土地、房屋所有权证，以法律形式予以保障”③。两例中都只提到“土地房屋所有（权）证”。这样记载，说到底，还是因为不知道或分不清两种不同性质的土地及两种不同性质的土地证所致。

2015 年 4 月出版的江苏省苏州市吴江区《开弦弓村志》，是根据费孝通先生生前“嘱托付之行动”而编纂并最新出版的重要志书，又是社会学专家主编的，得知出版后我第一时间从网上买回学习，但阅读之后发现对土地和

---

① 上海通志编纂委员会编：《上海通志》，上海人民出版社、上海社会科学院出版社 2005 年 4 月版，第 3101 页。

② 上海市奉贤区南桥镇《杨王村志》编纂委员会编：《杨王村志》，学林出版社 2016 年 11 月版，第 21 页。

③《界龙村志》编纂委员会编：《界龙村志》，上海辞书出版社 2013 年 12 月版，第 162 页。

土地证的记载仍存在同类差错。《开弦弓村志》第八卷第二节“土地改革”，详细记载了1950年代初期该村开展的土地改革，其中写到“地主土地被没收……广大无地和少地的贫雇农分进土地”。土地改革结束后，“吴江县人民政府按户颁发《土地房产所有证》”①，并附有一农户当年的《土地房产所有证》照片。《开弦弓村志》的记载告诉我们，吴江县人民政府在土地改革结束后，向各农户颁发的是《土地房产所有证》。同上面所举例子一样，这是错误的记载。其错在当年颁发的土地证除了有《土地房产所有证》外，还有《国有土地使用证》，一共有两种，而且必须是两种。

农村土地经过土地改革后出现了两种不同的性质：从地主等处没收的土地，属于国有土地；农户原持有的土地，属于私有土地。落实到各农户，他们持有土地情况有这样几种：一是地主的土地没收了；二是无地或少地的农户分到了土地（《开弦弓村志》称“分进”土地，下同）；三是有一部分农户既没有分到土地，也没有被没收土地（他们不是地主），仍持有原来的土地；四是地主在被没收原有土地后，也分到了一份土地。4种情况中的土地可归纳为2类：农户分到的土地属于国有土地，农户原有的土地则属私有土地。在一个行政村范围里，尤其像有669户（1951年，第67页）那样的开弦弓村大村范围内，必有农户分到土地，也必有农户没有分到土地，亦即在一个村里不可能全部农户都分到土地，也不可能所有农户都只持有原来私有的土地。

因为土地性质不同，土地证性质自然也不同。对这两种性质完全不同的土地，当年的土地证名称分得清清楚楚，且都是用通栏大号或特大号字体标示在每份土地证上方，特别醒目。对农户分到的土地，政府颁发《国有土地使用证》，农户原持有的土地（还有住房），则颁发《土地房产所有证》。这样，土改结束后，一个行政村的农户所持土地证会有三种情况：一是有的农户，本是无地的农户，在土改中分到了土地，他们只持有《国有土地使用证》。持有《国有土地使用证》的还包括地主家庭，他们原有的土地全部被没收后，按土改政策，要给他们再分一份土地，也要向他们颁发土地证，发的当然是《国有土地使用证》。二是有的农户只持有《土地房产所有证》，因

---

①《开弦弓村志》编纂小组编：《开弦弓村志》，江苏人民出版社2015年4月版，第116、117页。

为他们不是地主，在土改中不会没收他们原有的土地（还有房产），但也没有分到土地，他们仍持有自己原有的土地（还有房产）。三是有的农户既持有《国有土地使用证》，也持有《土地房产所有证》，他们除了持有自家原有的土地外，因为持有量少，还在土改中分到了地主的土地。

二

两种性质完全不同的土地证，上面加印的政策性文字也完全不同，试以我收藏的上海市和山东省益都县颁发的《国有土地使用证》文字为例，来确定当年的土地改革中的确颁发过《国有土地使用证》（原件文字均为竖排）。

1. 上海市《国有土地使用证》

依据中央人民政府政务院公布之城市郊区土地改革条例第十七条："城市郊区土地改革完成后，对分得国有土地的农民，由市人民政府发给国有土地使用证，保障农民对该项土地的使用权"的规定，确定后开之土地　坵　亩　分　厘　毫，为全家（本人）耕种使用。任何人不得侵犯，但不得出租、典卖、转让或荒废。该项土地如不需用或国家有建设需要时，应即交还国家，此证亦随同缴销，特给此证。

2. 山东省益都县《国有土地使用证》（原件无标点）

依据中央人民政府政务院公布城市郊区土地改革条例第十七条："城市郊区土地改革完成后，对分得国有土地的农民，由市人民政府发给国有土地使用证，保障农民对该项土地的使用权"之精神，兹将下列土地共计　坵　亩　分　厘　毫，分给本户全家（本人）使用，不得出租、出卖、转让或荒废。必须遵守国有土地管理办法及其他章程，任何人不得侵犯，特给此证。

两份《国有土地使用证》后面文字表达稍有不同，但开头部分都特别强调，颁发《国有土地使用证》是依据"中央人民政府政务院公布城市郊区土地改革条例第十七条”的精神，因为第十七条中规定“对分得国有土地的农民，由市人民政府发给国有土地使用证”。这就很清楚了，只要农户（包括地主）在土地改革中分到了土地，必须由人民政府发给《国有土地使用证》。

中央人民政府政务院公布的城市郊区土地改革条例，对两种不同性质土地发给不同的土地证有明确的政策规定，原文是：“城市郊区土地改革完成后，对分得国有土地的农民，由市人民政府发给国有土地使用证，保障农民对该项土地的使用权；对私有农业土地者发给土地所有证，保障其土地所有权。”① 性质不同的两种土地证，都是土地所有者或者使用者享有土地所有权或者使用权的法律依据。

根据当年的土改政策，回过头来看看开弦弓村中有没有农户在土地改革中分得了土地，如分得土地，那政府必定要发《国有土地使用证》，绝不可能有例外。《开弦弓村志》第116页中明确记载到“广大无地和少地的贫雇农分进土地”，第117页表4－1、表4－2分别是南村、北村和荷花湾村以及西草田村、和平村土地改革土地、房屋分配情况表，两张表格都列有分进土地的户数和亩数栏目，合计有641户（含地主14户），共分进1 669.68亩土地（含分给地主的69.28亩）。两张表格告诉我们，开弦弓村当年一共有641户在土改中分进了土地。也就是说，按照政务院公布的城市郊区土地改革条例，吴江县政府对这些土地，要颁发641份《国有土地使用证》（一户一份）。这两张表格还告诉我们，开弦弓村有662户持有原有土地。同样，按照政务院公布的城市郊区土地改革条例，吴江县政府当年颁发的《土地房产所有证》是662份（也是一户一份）。不管是从国家政策层面要求，还是从当年实际事实看，开弦弓村土改同其他村一样，也是有两种不同性质的土地，政府颁发的土地证自然也是有两种，而不是现在村志中记载的只有《土地房产所有证》一种。当然，641、662份两个数字中，农户的土地、土地证持有情况有交叉，即有的农户既持有《国有土地使用证》也持有《土地房产所有证》。但因志书没有提供具体分类数字，读者无法知道，开弦弓村当年有多少户只持有《国有土地使用证》，有多少户只持有《土地房产所有证》，又有多

①《城市郊区土地改革条例》（1950年11月10日政务院第58次政务会议通过，11月21日公布），周鸿主编：《中华人民共和国国史通鉴》第一卷1949—1956，当代中国出版社1993年12月版，第284页。

少户既持有《国有土地使用证》也持有《土地房产所有证》。

三

《试析县志中土地证记载错误——以上海首轮10部县志为例》的论文在2013年第11期《中国地方志》发表后，有些反响，得到些好评，一位担任过某部志书主编的朋友告诉我，他原来真不知道土地证还有这些情况，是看了我的论文后才分清的。我也看到出现的变化，我认识的另一个主编，曾参与两部各百万字的镇村志编务，前一部志书中对土地证的记载肯定是错误的，2013年的志书就改正过来了。开弦弓村是社会学家费孝通先生的家乡和学术始发地，《开弦弓村志》又是当地的一项文化重点工程，志书质量优点多多，本文恕不赘言。只是不知什么原因，这样一部地位重要、内容厚重的村志居然仍出现这方面的硬伤。

《开弦弓村志》"编纂始末"中提到，撰稿时，他们曾参考了各地村志，如上海《陇西志》① 等。有趣的是，上海梅陇镇陇西村编纂的《陇西志》，恰恰在文字上把两种不同性质的土地表述得十分清楚："土地改革完成后，农户的土地由两部分组成：一部分是农户在土地改革前原有的土地，称为私有土地；另一部分是土地改革时部分农户分得的土地，称为国有土地。"（第40页）接着还列表加以区分，第41页上有陇西地区（全村）20个队土改后人口、成分、土地情况表，其中土地一栏中"私有土地"和"国有土地"的数量全部分开单列，而后用1张总表和15张分表（第42—61页）将各队两种不同性质的土地分开单列，让人看后一目了然，不会混淆，也准确反映了当年的历史事实，体现了志书存史的功能和价值。

已出版县志中的这个差错，除非志书重修，已别无改正办法了。第三轮修志即将开始，其中纂修乡镇村志是项重点工作。第一次实施修志的这些乡镇村，尤其是编纂村志时，必然会记载到土地改革，也必然会记载到土地证。对此，编修乡镇村志的上级领导部门，对这项工作是不是可以做得慎重些、仔细些、认真些，不要再出现同类差错？

---

① 上海市闵行区梅陇镇陇西村民委员会编：《陇西志》，文汇出版社2006年12月版。

略论地方旧志中物产记述及其价值

——以同治《上海县志》和民国《上海县续志》为例

摘　要：“上海府县旧志丛书”中有丰富而系统的物产资料，是了解、研究上海自然资源及其变化和社会发展情况的宝库。本文以同治《上海县志》和民国《上海县续志》为例，时间上，“续志”上限衔接于“同治志”下限同治十一年（1872年），止于宣统三年（1911年），结束有清一代历史。地域上，记述范围包括今上海市中心区在内，是完整的“老上海县”区域。内容上，“同治志”以约2万字、“续志”以约4万字的篇幅详细列举了县境内的物产，也是丛书中记述物产最多的志书。“续志”是在“同治志”基础上增补续修的，内容有交叉；而“续志”对物产细目品种予以注释的内容又比“同治志”多得多，这些非常宝贵的文字资料中留有各种信息。通过清后期至清末的一个历史时期，和即将成为大上海的上海县一个侧面，从中了解上海地区自然资源变化、人们生活状况和商品经济发展情况。研究旧志物产记载的合理性和可行性，对于当今志书中物产部分的修纂亦有其意义。

关键词： 地方志；物产；上海；晚清；社会发展

“上海野沃田良，尤为杜邑。潮汐足以资灌溉，鱼盐布粟足以益富饶，物产之盛，名于天下。”① 地方志记录和描述物产，既是其职责，也有助于我们了解不同历史时期的自然资源和人们的生活状态等。以“上海府县旧志丛书”为例，除了乾隆《娄县志》、光绪《金山县志》等少数志书外，大多数志书都单独设有“物产”“土产”卷，或卷中设“物产”“土产”目等，如

①《上海府县旧志丛书·上海县卷》一，上海古籍出版社2015年11月版，第35页。以下注释，凡同一丛书，仅注明《松江府卷》《松江县卷》《上海县卷》《青浦县卷》《嘉定县卷》等。

弘治《上海志》将土产附于“田赋志”、嘉庆《上海县志》将物产附于“疆域”中。物产记录少的志书，如乾隆《华亭县志》卷一中的“物产”，只介绍了飞花布、稀布、枣子瓜等少数几种物品，且字数少至315字（连标点）。

本文选择同治《上海县志》和民国《上海县续志》为分析样本。由应宝时修、俞樾等纂的清同治《上海县志》（以下称“同治志”）共三十二卷，另加首末各一卷，最早有同治十年（1871年）刻本。由吴馨修、姚文枬等纂的民国《上海县续志》（以下称“续志”）共三十卷，另加首末各一卷，1918年出版。所以选这二志中的“物产”为例，时间上，后者因是“续志”，上限衔接于“同治志”的下限，即同治十一年（1872年），止于宣统三年（1911年），结束有清一代历史。地域上，二志记述范围都包括今上海市中心区在内，是完整的“老上海县”。内容上，二志篇幅较多，“同治志”以约2万字、“续志”以约4万字的篇幅详细列举了县境内的物产。“续志”是以“同治志”为基础增补、修订编纂的，物产内容有交叉。而“续志”对物产细目品种予以注释的内容又比“同治志”多得多，这些非常宝贵的文字资料中留有较为系统的各种信息。这两部县志中所记载物产种类资料，为从清后期至清末的一个历史时期，为从即将成为大上海的上海县一个侧面，探求上海地区自然资源变化、人们生活状况和商品经济发展，提供了富有研究价值的信息。

一、详细记载上海地区的物产种类，是记述物产最多的地方志书

二志沿袭地方志书传统的分类原则，从物产与人的生存和生活的密切关系程度为着眼点，依照自然物品和非自然物品顺序排列，植物类、动物类在先，而后人工制品，而植物类中又以谷物打头，正如崇祯《松江府志》所云：“物莫贵于五谷。”① 人生在世，吃饭第一，重要性决定其排列位置。紧接其后的是蔬果。物产归属上，“续志”除了新增“羊齿之属”“藓苔之属”等8种外，其余属项排列的前后顺序悉如“同治志”。

①《松江府卷》二，第149页。

“同治志”卷八“物产”，共分为19个属，其中16个属为自然物品、3个属为非自然物品，属下记载的各品种细目有：粮食类的稻、麦、菽、杂谷属28种，枲属1种，蔬属33种，蓏属9种，果属17种，竹木属35种，花卉属78种，药属43种，杂植属5种，毛属12种，羽属23种，鳞属30种，介属13种，虫属15种，服用属8种，饮馔属6种，全卷属下共有细目356种。

“续志”也是卷八为“物产”，分为稻、麦、菽、杂谷、枲属等27属，比“同治志”增加了8个属，其中23个属为自然物品、4个属为非自然物品，属下记载的品种细目有：粮食类的稻、麦、菽、杂谷属20种，枲属2种，蔬属50种，蓏属14种，果属30种，竹木属57种，花卉属162种，药属91种，杂植属8种，羊齿属4种，藓苔属2种，菌藻属8种，毛属25种，羽属47种，两栖属4种，鳞属36种，介属7种，贝属11种，虫属51种，豸属3种，布属20种，服用属69种，药品属13种，饮馔属22种，全卷属下共有细目764种。

“续志”是“上海府县旧志丛书”中记述物产最多的志书。由于物产卷编纂原则是“凡已见同治志者，非有补注不复列”①，这样，内容与“同治志”一致的予以计数而一般不予介绍。“续志”各属细目共764种，含“同治志”的356种，实际增加了408种，增加数超过了“同治志”记载总数。而同时代的民国《嘉定县续志》“物产”对前志“增补颇多……计201种”②，增补数不及“续志”的一半，总数也只有610种。“续志”对增补、变动都会在细目中一一说明，体现了“续”的特点，如“蔬之属”“凡五十种”中，含“同治志”“三十三种”，从其他属移入“二种”和新“增十五种”，“续志”实际立的细目则是19种。又如“同治志”“稻之属”中介绍水稻品种共8种，“续志”仅2种，还有6种只是计入品种数，因没有“补注”内容而略去。“同治志”“药之属”中列43种细目，“续志”又增加了48种，而“同治志”中的瓜蒌（大瓜）、麦门冬、何首乌等重要常见物产因没有“补注”也略去了。志书详细记载物产还体现在对所列细目，不是仅列个名称，原书是用双行小字夹注方法，或释名，或考证，或补注，一一予以详释，

①《上海县卷》四，第2426页。

② 陈金林：《上海方言通考》，上海辞书出版社2007年12月版，第286页。

留下了非常宝贵的文字资料。“同治志”从“药之属”开始，在10个属中共有160种细目只列名而无注，占总数356种细目的44.94%。至“续志”时，仅稻床、犁、镰、铁锴等11种细目中的物产未加小注，占总数764种细目的1.44%。而对棉花的介绍尤为注重，并以如何种植为重点。

两部志书共764种细目的物产品种被记入志书中，充分体现出上海县物产资源的多样性和丰富性。

二、重视棉花和棉布生产，为社会史及经济史的研究提供重要线索和翔实的文献史料

地方志中棉花的记述最早见于明弘治《上海志》（1504年）卷三中“绵”“木棉布”几个字，另有一条售“绵”税款记录。“花之属”中有“木绵”二字，因无注释，无法确定其是否就是产棉花的“木棉”还是观赏的木棉花。① 棉花种植，最早出现在明正德《松江府志》（1512年）中，原文是木棉“宋时乡人始传其种于乌泥泾，今沿海高乡多植之”。（卷五）② 在以后的志书中，要么仅列“木棉（绵）”之名，要么介绍简单。在正德《华亭县志》（1521年）卷三“土产”杂植八种中虽名列第一，也仅“木绵”2字③。崇祯《松江府志》卷六中有4行字简单介绍木棉布④，却没有木棉的介绍。清《松江府志抄》木棉介绍也仅3行字⑤。至嘉庆《松江府志》，才首次出现“枲之属”名称，并将木棉归入⑥。

物产中植物类的排列，志书都是粮食作物在先，紧接着是“枲之属”的棉花。“同治志”和“续志”也是这样，棉花仅次于粮食类的水稻、麦子、菽、杂谷，在二志中均排列在第五位。而对棉花的介绍，志书一般又都会选清褚华的《木棉谱》，这是记述古代上海地区棉纺织发展历史的专著，内容丰富，不仅介绍了栽培技术，还记述了棉花从初加工（轧车去棉籽）到织布

①《上海县卷》一，第42、35、40页。
②《松江府卷》一，第73页。
③《松江县卷》上，第116页。
④《松江府卷》二，第152页。
⑤《松江府卷》五，第1024页。
⑥《松江府卷》六，第201页。

等的操作、织机的不同类型，以及从弹花到染色、印花的整套工艺过程。嘉庆《上海县志》介绍棉花用了3 700多字，其中引用《木棉谱》达3 000多字，占82.5%。“同治志”介绍棉花，仅900多字的篇幅，也选用了《农政全书》《便民图纂》《木棉谱》等5部农书资料。

志书从简单到详细，再到不厌其烦记载棉花及种植经验，与当时当地的棉业发达有密切关系，这可从相关物产细目下所记录的贸易和经济信息中看出。徐光启《农政全书》第三十五卷曾有“海上官民军灶，垦田凡二百万亩。大半种棉，当不止百万亩”①。这个比率，不妨可看作整个明代上海县棉花种植面积的基本情况。入清后，上海县植棉面积有扩大之势，嘉庆《上海县志》云：“木棉，邑土所宜，其利视稻麦为溥（薄），其种植较华（亭县）、娄（县）为多。”（卷一）②“同治志”还记载到棉花销售情况：棉花“他处虽有，然土地之宜，种植之勤，纺织之精，运售之广，吾邑独甲于天下。每岁当八九月，郭东南隅几于比户列肆，捆载通海市往莱阳者为子花，售洋商及闽广汉阳关东诸口者皆棉花，岁不下数万云”（卷八）③，可见在很长一段时间内，上海县棉花种植、销售发展迅速。

棉花盛产必然会带动棉布业，志书在记述各种土布时，也记载了它们的销售情况，如东稀布“销于东三省者，从前约十余万匹，近数年不过三四万匹，其余分销各省及南洋群岛”，白生（布）“销东三省、山东等处”，斗纹布“从前多时，每年约出五六万匹，近年只出七八千匹，销本埠及闽、浙处”。芦纹布“每年约出四五万匹”等。④ 修志者对棉花经济的关注左右了资料选择的内容，棉布在“同治志”列为“服用之属”，“续志”在强调棉花种植重要性的同时，还将棉布升格，特设“布之属”，突显其重要性，原因是“布为本邑土产大宗，虽系服用之一，然乡民生计所关，未可与顾绣、谈笺例视，爰仿稻麦例，列为专属”⑤。

“续志”对棉花的记载，有个与前不同的特点，就是结合当前形势，突出

---

① 徐光启：《农政全书》，岳麓书社2002年10月版，第562页。
②《上海县卷》二，第843页。
③《上海县卷》三，第1566页。
④《上海县卷》四，第2443、2444页。
⑤《上海县卷》四，第2443页。

纂修重点，前志重复材料一概不用，只选用了黄宗坚的《种棉实验说》一书介绍。黄宗坚是光绪中叶上海县人（今闵行区马桥镇人），务农“三十年”，对棉花种植“粗有心得”。对种棉书介绍也只选用了如何种植的内容，将其归纳为4点，分别是土宜、锄花、摘头和选种，都有具体的操作时间和操作内容。如“土宜”，介绍上海地区在麦地、油菜地、蚕豆地、苕荛草壅地（即紫云英地）等7种不同土质的土地种植时具体的注意事项和不同的处理方法，都是作者从种棉实践中总结出来的本地经验，可操作性强，有较实用的指导意义（直至1970年代时，上海郊区种棉技术要点仍在这4点范围之内）。纂修者特别加的“按语”，强调选用种棉书的主要原因是：他种的棉花收入常常要比他人“每亩多收千钱”。当年上海县土地“六千八百五十二顷”，棉花种植约占70%，如果每亩都多收千钱的话，那么每年“岁赢四十七万九千六百馀钱矣”，“其利顾不溥（薄）哉！”① 修志者希望棉农都能“每亩增收千文”，修志人心系桑梓，拳拳之心，溢于言表。

“续志”宣传黄宗坚的《种棉实验说》，并强调增产增收，另一个原因是，开埠后的上海出现新的变化，洋货盛行，纱厂纷设，县内农民失纺织之利，所赖唯有植棉。严峻的现实，加重了对植棉业的依赖。而棉农墨守成法，棉花产量减少，质量下降，生计日窘。为黄宗坚立传的新编《上海县志》称他“深以为痛，力谋倒挽狂澜，遂立志振兴农业，改造农村”②。这种重视物产的经济收入，提供贸易信息，“续志”中涉及较多，就是说，志书记载从关注名称，向关注收成、关注民生、关注农民收入转变。

志书中对棉花种植历史，棉布的品种资源、营销状况等的一连串记载，也表明上海地区业已成为全国棉纺织业的中心，反映了上海地区纺织业逐步发达，上海土布产量高、品种多、花纹全、质地优，赢得了“木棉文绫，衣被天下”的美名，销路已扩大到全国各地，一部分甚至销往南洋。这既是实际情况的反映，也是对商品经济发展的记述，为展现当地民众的生产、生活场面，探究上海地区棉花种植从无到有的发展变化，为研究社会史及经济史提供了重要线索和翔实的文献史料。

---

①《上海县卷》四，第2426页。

② 上海市上海县县志编纂委员会编：《上海县志》，上海人民出版社1993年7月版，第1170页。

三、二志对物产记载的变迁，也显示出对外来植物的需求日益迫切

志书的物产记载基本囿于《松江府志》的框架，但随着时间和空间的不同而有所变化，基本情况是“物产”细目和介绍内容一般都是后志多于前志，“同治志”和“续志”也是这样。这种变化体现在物产品种的增补上，如引进的物种，志书予以记录，详述历史渊源，体现了旧方志中物产资源的多样性，使上海县地方物产的记载更加详备。以蔬菜为例，上海县蔬用植物种类繁多，在美国园艺学家贝利（L. H. Bailey）1917 年来华的考察报告中记述了 22 种上海的蔬菜，1940 年，美国人里德（E. Read）和瓦格纳（W. Wagner）著专文论述了上海的蔬菜，共收载了 86 种。① 在“同治志”中，“蔬之属”细目中记有通常的白菜、塌科菜、菠菜等 33 种，“续志”“蔬之属”细目品种增加至 50 种，除了白菜、塌科菜、菠菜等，也记载了外地进入上海的蔬菜品种，如现在常见的蕹菜，“种出浙（江）宁（波），今处处有之”（“同治志”）②，卷心菜“近邑人多种此，盖自北方传来”（“续志”）③，还有花卉、果树等其他物品，如兰蕙，“邑本不产，来自浙闽，每年捆载而来，不下数千篓”（“同治志”）④，橘“种出福建，邑产……不如原产”（“续志”）⑤，建兰“其花五六月盛开……种自福建传来”（“续志”）⑥。

外洋植物进入中国，现代途径主要有铁路、公路、航道、航空等交通路线。但在清代中后期，对外交往有限的情况下，外洋植物的出现除了自然物理因素外，应该同租界有关。道光二十三年（1843 年）上海开埠，后出现租界，不同国籍的侨民日渐增多，还开办了租界公园，著名的有外滩公园（今黄浦公园）、兆丰公园（今中山公园）等。据介绍，兆丰公园总体设想中，公园以植物景观取胜，目标是要建成世界上最大和最有趣的乡村种植园，当

① 《上海植物志》上卷“上海植物研究简史”，上海科学技术文献出版社 1999 年 10 月版，第 5 页。
② 《上海县卷》三，第 1567 页。
③ 《上海县卷》四，第 2427 页。
④ 《上海县卷》三，第 1569 页。
⑤ 《上海县卷》四，第 2428 页。
⑥ 《上海县卷》四，第 2435 页。

年有观赏植物70多科260余种，乔木、灌木2 500多株。① 由于设计者聘请的都是外国专家，引进国外观赏植物也在情理之中，而且租界内外对外洋植物的需求也会随着时间的推移日益迫切，需求量在上海县城一直很大。其实在“同治志”“物产”前言中，已经提到“若夫海口通商以来，外洋之物鳞萃于此，亦间有异植、异畜寓地成材者，要非常产，不得羼于兹编也”（卷八）②。说明上海已经有外洋来的植物、动物了，只因“非常产”而没有记入志书中，我在“物产”篇中检之，果真未见有记载。这与“同治志”最大的诟病“唯对于租界的设置只字未及，对传入上海的外洋之物亦少提及”有关（见同治《上海县志》整理说明）③。几十年后修“续志”时，情况已发生很大变化，现实中外洋植物多了，“续志”中注明身份的就有17种，“蔬之属”的如：生菜，“西人呼为筛拉团”（第2427页）；洋百合，“欧洲种。……华人不喜食”（第2428页）；花菜，“欧洲种。光绪八年，甬人试植于浦东”（第2428页）；洋葱，“外国种，近因销售甚广，民多种之”（第2427页）。“蓏之属”的如：东洋西瓜，“种自日本传来……比之邑产，蔓较细，叶较长，结实椭圆形”（第2428页）。“花卉之属”的如：白蔷薇，“种出西洋，花大于蔷薇，色白带淡红，俗名香水白”（第2432页）；洋月季，“欧洲种，四季开花……无香”（第2432页）；洋白菊“外国种，草本”（第2433页）等。④“同治志”“竹木之属”共列细目35种，未见有外洋品种。“续志”增加22种，达57种，其中洋桐、枫杨、矮加西亚和外国冬青等都注明法国种、欧洲种，还特别记载外国冬青“长尺许可出售，销路甚广，运往外洋，日盛一日”（第2430页）⑤。还有1种动物，“洋犬系欧种，毛滑有光，西人畜之”（第2437页）⑥。

我对“矮加西亚”印象极深。1970年代初，生产队绿化树种中，有一种当地没有、枝有小刺的树，树名用上海话来念就是“矮加西”，但不知道这几个字怎么写，我一直写作“挨家希”。过了十多年吧，我在查阅地方志中

---

① 杨乐、朱建宁、熊融：《浅析中国近代租界花园》，《北京林业大学学报》（社会科学版）2003年第1期。

②《上海县卷》三，第1564页。

③《上海县卷》三，第1349页。

④⑤⑥ 各页码均见《上海县卷》四。

外来植物资料时，从“续志”中查到了“矮加西亚”的树，说是“法国种”“极易生长，性与槐同”，“华名未详”（第2430页）①。“矮加西亚”只是这种树的音译名，今天叫刺槐。至于“矮加西”和“矮加西亚”的区别，那个“亚”字就像儿化音中的那个音，可以忽略不计的，也如《斯巴达克》和《斯巴达克思》，两个书名实是同一部意大利文学名著一样。又过了二十多年，我去拜访上海农科院研究员唐洪元先生，顺便向他请教“矮加西亚”的问题，他查了有关资料后告诉我，刺槐的英文名是False Acacia，意思是“假的金合欢”，Acacia的音译便是“矮加西亚”。至此，这个树名的来龙去脉总算清楚了。

四、受西学影响，分类出现新类目，修志者对物产的认识有显著变化

物产分类属生物分类，是研究生物的一种基本方法，主要是根据生物的相似程度（包括形态结构和生理功能等），把生物划分为种和属等不同的等级，并对每一类群的形态结构和生理功能等特征进行科学的描述，以弄清不同类群之间的亲缘关系和进化关系，有利于认识和保护生物的多样性，也是志书编纂者认识自然和准确描述的第一步。地方旧志中对物产的分类，全沿袭传统原则，即先分成植物和动物两个大类，后面加上人工或半人工制品等，记述内容又以植物类和动物类物产为重点。旧志中物产概念范围宽窄不一，内容详简级次不一，但各有其特点。对物产的介绍，有的因相沿已久，文字记载出现与实际情况不符的现象，后面的志书会对前志作出改动，一般是调整和增加分类，还有是增加细目，并补充解释。在“同治志”中，物产共分19属，“续志”中共分27属。“续志”一下子增加了8属，其中有新增的，也有从其他属中拆分出来的。从“同治志”和“续志”中，还可明显看出西方文明对志书编纂的影响。嘉庆《上海县志》物产仅分“谷之属”“蔬瓜之属”“果之属”和“药之属”4类，好多物产都没有归类，如木棉，虽强调

---

①《上海县卷》四。

上海县种植面积“较华（亭县）娄（县）为多”（第843页）①，排列也在粮食类物产后而居第二，还引用了包括《木棉谱》在内的11部农书和笔记中的数千文字，“特为考其原始，胪其法与其器于后”，向读者详尽介绍，但木棉没有属名。各种畜、禽、兽，除了鹤外一概阙如，人工产品（志书称作“市物”）也只列了谈笺、顾绣等9种，内容介绍也极简（第846页）②。

“续志”对“同治志”的分类依据实际情况作出调整，做法一是从原分类中移出，二是从其他类中移入，调整物产数量多至46种。雷蕈，在“同治志”中被归入“蔬之属”，“续志”将其移出，归入新设立的“菌藻之属”，使分类更加符合实际，也更加科学。如荸荠，“同治志”将其地下茎视为果实而列入“果之属”。修志者受西方植物学影响，认识到地下茎是球茎，不是果实，“续志”遂将其从“果之属”移出，归入“蔬之属”。这类调整还有文竹（第2434页）、荞麦（第2436页）等。③ 又如“同治志”“介之属”13种，“续志”移出了蟹、虱蟹、彭蜞、蚌、田螺等11种，将部分归入“贝之属”，部分归入“虫之属”。“同治志”称“虫之属”为“昆虫之属”，共收入15种，如依动物学定义，只有6足之虫可入。“续志”编纂者按古籍《尔雅》“有足谓虫，无足谓豸”之义，将“虫之属”分成虫和豸两属，从“同治志”中移出蝙蝠、田鸡、虾蟆和懒蛤蟲等4种，移入新增的“两栖之属”，另移入6种，编成新的“虫之属”。再如“同治志”不设“贝之属”，原属“介之属”的13种，“续志”移出11种，其中蚌、蛏、蛤蜊、蚬、田螺等5种归入“贝之属”，理由是蚌等前4种“均属动物学瓣鳃纲”（第2441页）④，田螺则属“均属动物学腹足纲”。在“同治志”中，田鸡同蝴蝶、蜻蜓等一起归在“昆虫之属”，“续志”纂修者已经认识到田鸡属动物学两栖纲无尾目，因此将其移出，归入新增的“两栖之属”（第2440页）⑤。面对西方生物学知识的不停输入，这种调整迟早会进行，也是必需的，既是对新知识的一种确认和应用，也是对传统知识的补充和改造，这也反过来体现了修志人认识水平的提高。

最能反映出西学影响的是“续志”新增的4个类目，它们是羊齿、藓苔、

---

①② 各页码均见《上海县卷》二。
③④⑤ 各页码均见《上海县卷》四。

菌藻和两栖，均被注明“前志无，今增”（第2436页）①。纂修者还对前3类作出了定义和描述，其中羊齿是“有根、茎、叶之区别，而不开花”（第2436页）；藓苔是有“根、茎、叶之区别，不若羊齿之显明，亦不开花”（第2436页）；菌藻有“多无茎、叶之别，亦无雌雄株之分。菌类无叶绿素，而藻类或有之，均不开花”（第2437页）。②这些描述既无物产的形态结构，也无生理功能，尽管不是很科学，有一定的局限性，但毕竟显示出修志者对物产认识有了显著变化。羊齿类植物其实就是蕨类植物的旧称，因蕨类植物若干种类有细裂如羊齿的叶片，因此最早研究的科学家就把它们形象地称为“羊齿植物”。“续志”“羊齿之属”中列有铁树、鸡脚草、凤尾草和骨牌草4种，以现在的分类，铁树属铁树科，不属于“羊齿植物”，但凤尾草的植物名贯众，的确属于“羊齿植物”，而贯众在“同治志”中是列入“药之属”的（第1570页）③。其他鸡脚草、骨牌草因未注明植物名，我无法分辨其分类是否准确。“续志”把“细菌”列入物产“菌藻之属”，尽管之前的志书没有这样做过，尤其是细菌能不能算作物产也会有争议，但从以上这些描述，可明显看出是受到了输入的西方生物学知识的影响。

“续志”增加的这4属，似乎未引起广泛共鸣。民国《嘉定县续志》（1930年）卷五“风土志·物产”中，借用“续志”中“菌藻之属”的分类，列蕈、葛仙米、水绵、蕰草等细目4种（第2848页），“两栖之属”列蛙、蟾和虾蟆等细目3种（第2854页）。④但民国《川沙县志》（1937年）卷四“物产”仍按传统的“谷之属”“麦之属”“菽之属”分类，一直到“杂植之属”，共12属，没有羊齿、藓苔、菌藻、两栖这4属，贯众还是列入“药之属”（第501页）⑤，蛙仍归“虫之属”（第494页）⑥。而民国《宝山县志》（1921年）中仍将水棉、蕰草列入“草之属”（第930页）而不是“菌藻之属”。⑦

①② 各页码均见《上海县卷》四。
③《上海县卷》三。
④《嘉定县卷》四。
⑤⑥ 各页码均见《川沙县卷》上。
⑦《宝山县卷》下。

五、物产介绍中载有的方言大量信息，长期流传有序，是方言的重要资源

物产中的植物和动物名称常常会涉及本名和俗名，有时一种物产有两个或两个以上名称，也有一个名称指两种或两种以上物产的。本名，亦即植物、动物名（也有称中文学名），一般不涉及方言，但俗名就不一样了，都是当地人对某种植物、动物的传统称呼，虽是土名，却因长期流传，生生不息，成了方言的一个组成部分。这些资料中，既有方言语音方面的，也有方言词语方面的。语音资料在志书中虽不可能用音标标出，但可从其借用的同音字中了解情况。如杨柳是靠扦插繁殖的，“续志”在“竹木之属”“杨柳”中是这样介绍的：“二月初截其旁干，去小枝，插植土中，二星期后即茁芽。”还有条说明：“倒植者即垂柳，俗呼倒穿杨柳。”（第2429页）① “插植土中”这个动作，方言中一直称“穿”，“倒穿杨柳”也是这个意思，就是把枝条倒过来插入泥中。我们小时候经常这样做，不仅是“穿”杨柳，还“穿”过其他植物，如“我今年‘穿’活仔3棵蔷薇花”“我‘穿’拉个树侪死脱了”。只是这个读音的字怎么写？是写“穿”字，还是写“扦”字而读成“穿”音？我们碰到这个问题，古人早就碰到过，清末民初浦东人胡祖德在《沪谚》中就有记载：“扦，俗读穿，杨树不须移栽，扦插土中即活。”（卷上第43页）② 这使我们知道了应该写成“扦”而后读成“穿”音。因此当我们在“续志”中继续读到“穿穿活”（第2435页）③，说它是“叶似桐稍狭，插枝即活，故名”时，就知道“穿穿”什么意思了。在民国《嘉定县续志》也有相同的描述（其实是转抄过来的）：“叶似桐稍狭，插枝即活，故名。”（第2847页）④ 只是嘉定志书列的名称是“扦扦活”，这又为了解“穿穿”二字的沪语读音提供了书证。

还有如“蔷薇”，在方言中是读“蔷（发沪语墙壁之“墙”音）梅”的，这个读音还保留在六七十岁以上的松江府原住民中，我至今也一直这样

---

①③ 各页码均见《上海县卷》四。

② 胡祖德：《沪谚》，上海古籍出版社1989年5月版。

④《嘉定县卷》四。

发音。在我研究上海方言过程中第一次看到的书面记录，就是这部“续志”（第2430页）[1]，资料实属珍贵。另有“贝之属”中的“鬼螺蛳”，在此处，“鬼”的读音是“jū”，词义为“小”，不然无法理解“鬼螺蛳”就是“小螺蛳”。拙著《上海西南方言词典》[2]和《莘庄方言》[3]中都收有“鬼”为“小”的词条。松江府老方言中至今还有“鬼囡”（小孩）、“鬼丫头”（小丫头、小姑娘）的谑趣说法，其中“鬼”字同“续志”中的记载。“同治志”中“药之属”中有“瓜蒌”，用来制天花粉的，民间却一直称“大瓜”。这个“大”字是读dà，还是dù？应该读dù音，所以在有的志书上直接写成了“杜瓜”，如民国《嘉定县续志》：“杜瓜……即俗称瓜蒌。”（第2846页）[4]松江府老方言中还有“要吃天花粉，铲起杜瓜根”的俗语[5]。

物产中的很多土名，组成了上海方言传统词语的资料库。如枫杨树名元宝树，银杏名白眼，石蒜名蟑螂花，萝藦名麻将棺材，芒名甘棵（看柯），芡名鸡头，乌鸦名老鸦，鹪鹩名黄腾，布谷鸟名挖花鸟，蜥蜴名四脚蛇，天牛名杨牛，蚜虫名伏虫，麦蛾名麦叶蝶，蚯蚓名曲蟮，纺织娘中分经布娘、织布娘等，都在这二志及其他地方志中有记载，这都是我们从小叫到现在的名称，也是一代代传下来的上海老方言名称。石蒜是一种造型奇特、颜色艳丽的野花，原生长在竹园里、坟墓边等，我们从小叫它蟑螂花。秋天时，一夜之中会从泥土中长出花茎且没有叶子，给人的感觉是非常突然。茎顶生4～6朵花，花被红色，向后展开而卷曲，极艳，真可谓“洵美且异”。十几年前，我在博客“杂谈上海方言”栏目里，第一次晒出了一组石蒜花照片，并写明方言名称蟑螂花。大部分博友说从未见过，一时引起围观，既夸赞此花的美艳，又对这个恶俗名称提出质疑。我回答博友的提问，答案就在上海的地方旧志中，当然也包括“续志”：“石蒜，俗呼樟郎花，叶似蒜，花瓣细碎，色硃红，一名龙爪。”（第2443页）[6]还有民国《青浦县续志》：“俗名鬼滴血，秋时开花，色殷红如血，多生野田冢墓间，又以其能辟蟑螂，故又名

---

①⑥ 各页码均见《上海县卷》四。

② 褚半农：《上海西南方言词典》，上海人民出版社2006年6月版，第155页。

③ 褚半农：《莘庄方言》，学林出版社2013年3月版，第261页。

④《嘉定县卷》四。

⑤ 褚半农：《莘庄方言》，学林出版社2013年3月版，第348页。

蟑螂花。”（第 1842 页）[①]

六、后言后语

地方旧志中物产记载一直是志书的一项强项，虽有列名遗漏、分类欠准、释义错误等问题，但为后人留下各个历史阶段那么多可供研究的资料，体现出方志作为资料文献的根本价值，值得后人重视和研究。在新编地方志中，物产已不再独立成章，用另一种编纂法，将内容分散在自然地理或农业等处，也再无详列物产品种细目的可能。以新编《上海县志》为例，只有 1932 年的花卉苗木详列其名（从旧志转抄的），1988 年的仅有“花卉品种 243 种，分属 76 科、183 属”等简短文字，列名八九种，更无释义。[②] 至于“上海县有高等植物 1 019 种，野生的 334 种、栽培的 685 种，分属 155 科”等，均无具体细目。[③] 新编志书物产记载的共同特点，一是再无遗漏，境内所有物产品种用几个数字一网打尽；二是因为专业，分类科学，完全是按现代生物学要求办理，分科自然准确。但提供的信息极为有限。

看来研究旧志物产记载的合理性和可行性，对于当今志书中物产部分的修纂亦有其意义。

参考文献

1. 徐光启：《农政全书》，岳麓书社 2002 年 10 月版。
2. 胡祖德：《沪谚》，上海古籍出版社 1989 年 5 月版。
3. 上海科学院编著：《上海植物志》，上海科学技术文献出版社 1999 年 10 月版。
4. 徐蔚南：《上海棉布调查报告》，1936 年中华书局，转引自张渊、王孝俭主编：《黄道婆研究》，上海社会科学院出版社 1994 年 12 月版。
5. 黄苇、夏林根编：《近代上海地区方志经济史料选辑》，上海人民出版社 1984 年 6 月版。
6. 张渊、王孝俭主编：《黄道婆研究》，上海社会科学院出版社 1994 年 12 月版。

---

① 《青浦县卷》下。
② 上海市上海县县志编纂委员会编：《上海县志》，上海人民出版社 1993 年 7 月版，第 511—512 页。
③ 上海市上海县县志编纂委员会编：《上海县志》，上海人民出版社 1993 年 7 月版，第 194 页。

7. 张家驹:《黄道婆与上海棉纺织业》,《学术月刊》1958 年第 8 期。
8. [日] 西嶋定生:《中国经济史研究》,农业出版社 1984 年版。
9. 芦笛:《近代地方志中的物产概念和文本信息组织》,《地方文化研究》2014 年第 5 期。
10. 王新环:《方志中的物产史料价值探究》,《史志学刊》2015 年第 1 期。
11. 许宝华、游汝杰:《方志所见上海方言初探》,复旦大学中国语言文学研究所吴语研究室编:《吴语论丛》,上海教育出版社 1988 年 9 月版。

(本文为上海市地方志办公室、复旦大学主办的“2019 年地方志理论研讨会”入选论文,首发于 2020 年第 3 期《上海地方志》)

上海旧志中的方言词汇考察及价值初探

——以“松江府卷”“松江县卷”为例

摘　要：“上海府县旧志丛书”也是沪（吴）语研究资料库，本文选择其中记载的方言词汇为研究入口。丛书中可供方言词汇研究的材料有三类：列目材料、未列目材料、散记在其他卷目中的材料。前二者是方言词汇研究的直接资料，后者是间接资料。志书载录的方言词汇，几乎包括所有词类，都同农业生产、农村生活、乡间习俗密切相关，无一不表现出强烈的农耕社会特色和上海、苏南地域特色，且“所载录的词汇和其他语言现象大多沿用于现代”。对其收集、汇编、整理，展开研究，在探讨方言历时演变、方言地理分布等方面都具有重要价值，乃至可推动汉语方言史研究进程。发掘方志资料，推进方言研究，任重道远。

关键词： 松江府卷；松江县卷；词汇研究；价值初探；新课题

方言中的语音、词汇及语法研究是三个重要和平行的组成部分，也都是独立的研究课题。1982 年，复旦大学许宝华、游汝杰二位教授在第一次吴语研究学术会议上发表了《方志所见上海方言初探》，论文对涉及上海（包括历史上原不在上海区域的嘉定、崇明等地）的 53 种地方志中的方言作过分析，认为就语音记录而言，“方志所录方言材料往往是十分芜杂的，并不全都可信可用”，还举了不少语音句例。① 对方言语法的研究，地方旧志中缺少充足的资料支持。本文选择方志记载的方言词汇为研究入口，因为首先它是方言研究三大主要内容之一，另外几百年前使用的方言历史词

① 复旦大学中国语言文学研究所吴语研究室编：《吴语论丛》，上海教育出版社 1988 年 9 月版，第 190 页。

汇在方志中有大量记载，几乎涉及所有词类，而在其他文献中却少见记载。更重要的是，很多词汇在几百年中流传有序，至今还在松江府原住民中使用。

一、“松江府卷”“松江县卷”涉及方言记载概况

基于三个原因，本文将“上海府县旧志丛书”中的“松江府卷”“松江县卷”为剖析对象。一是唐天宝十载（751 年）置的华亭县，为上海地区最早的县级行政机构；元至元十四年（1277 年）置华亭府，翌年改称松江府，辖华亭县，县治与府治同在松江镇（今松江城区）。二是原华亭县、松江府辖区范围大体为今上海吴淞江以南、黄浦江以东地区，即今上海的大部分地区。这方土地上孕育的包括方言在内的地域文化，自然有其相同、相关、相连和相继的关系。三是元至元二十九年从松江府华亭县析置的上海县（亦即今大上海的前身），其方言同松江府建立后的权威松江方言关系密切，有渊源关系，也是如今上海话的最大来源。

“松江府卷”“松江县卷”（以下简称“两卷”）共收入明正德《松江府志》等 6 部府志、县志，其中明志 2 部、清志 4 部。“两卷”中可供研究的方言材料可分三种情况：一是内容明确是方言材料，但志书中未独立标出“方言”目的共有 4 部，它们是明正德《松江府志》（1512 年）、正德《华亭县志》（1521 年），清康熙《松江府志》（1663 年）和《娄县志》（1788 年）。二是方言材料在志书中独立标出“方言”目的有 2 部，即嘉庆《松江府志》（1817 年）和《娄县续志》（1879 年）。这两类内容是考察、研究方言词汇的主体材料。三是方言词汇散记在“风俗”“土（物）产”等卷（目）中，甚至出现在古诗古文中，这包括“两卷”中全部 6 部志书，也是前两种主体材料以外的其他材料，但方言词汇资料丰富程度要超过前两种资料。本文按照方言词汇入志的三种情况分析研究。

（一）4 部志书记有方言材料，但卷下未独立标目

这些志书记载内容明确是方言，但都安排在卷下其他目，如正德《松江府志》卷四的卷名是“风俗”，最后第二自然段全部记述方言内容“方

言语音皆与苏（州）、嘉（兴）同，间亦小异”等，而后列举方言词汇。这4部志书的特点是，虽然未独立标设“方言”目，但志书撰稿时间全都早于标设“方言”目的嘉庆《松江府志》和《娄县续志》，以及最早记录方言材料的正德《松江府志》（距今有500多年）。只是记载方言内容的字数较少，词汇也少，字数最多的是康熙《松江府志》（约750字，连标点。下同）。

表1　4部未立方言目志书所收方言词汇

志书名称	所收词汇	志书出处/词汇数
正德《松江府志》（1512年）	渠、儂、寧馨、鬣、罷休、事際、受記、薄相、箇裹、忒煞、惡模樣、潑賴、幾许、皤、妗、些、大音惰	卷四/17
正德《华亭县志》（1521年）	渠、儂、寧馨、鬣、罷休、事際、受記、薄相、箇裹、忒煞、惡模樣、潑賴、幾许、皤、妗、些、大音惰	卷三/17
康熙《松江府志》（1663年）	寧馨、娘子、温暾、郎當、數說、罷休、多許、甑砖、急須、喝賜、飛風、斤九鼇、潑賴、箇裹、忒煞、奔、儂、我儂、些	卷五/19
《娄县志》（1788年）	娘子、老娘、師娘、婆娘、温暾、郎當、數說、罷休、多許、甑砖、急須、喝賜、飛風、斤九鼇、潑賴、忒煞、攎、妥帖、作人情、毛病、閂、爛（飯）、擡舉、空、匾、鉋、靠、差路、賴、跑、儂、爾儂、我儂、些	卷三/34

（二）2部志书中的方言内容，卷下独立标目

它们是嘉庆《松江府志》（1817年）和《娄县续志》（1879年）。第一部独立标示“方言”目的嘉庆《松江府志》，在卷五“疆域志”中另设“风俗”“方言”二目。《娄县续志》也在卷三“疆域志”下设“方言”目。一般来说，独立标目的志书涉及方言内容较多，提供的词汇也较多，嘉庆《松江府志》《娄县续志》就分别记载了75个和59个方言词汇。

表 2　2 部立方言目志书所收词汇

志书名称	所收词汇	志书出处/词汇数
嘉庆《松江府志》(1817 年)	孃子、老孃、師孃、婆娘、温暾、郎當、數說、罷休、多許、甂甎、急須、喝賜、飛風、斤九鼇、潑賴、媒晦、摣、妥帖、作人情、毛病、闩、爛(饭)、擡举、空、扁、鉋、靠、差路、賴、跑、儂、些、多謝、留神、子細、打算、帳目、經紀、不耐煩、猒、笨、墨屎、耳邊風、不快、鏖糟、客作、丫頭、孛相、點心、蘇頭、倄娖、含胡、手記、翦柳、霍閃、鬻、澤、浜、朳、畔、田頭、阿、黄六、忒煞、個般、個、能亨、磊竨、躐鬣、汏、渧、潭、氽、渻	卷五/75
《娄县续志》(1879 年)	多謝、不耐煩、猒、笨、墨屎、耳邊風、不快、孛相、蘇頭、手記、翦柳、霍閃、澤、黄六、能亨、嗄、磊竨、躐鬣、汏、渧、潭、氽、渻 脚踏不着地、口天(吴)、脱熟、作横、洋、滴苏、滑撻、抱佛脚、射角、作撻、驀路人、黑漆皮燈籠、当家、哾諸、庹、蓬鬆、敧、萎斜、揵、唧嘈、銈、鮏、諸、襤衫、战𢿱、尴尬、瘕瘻、儱倲、鱸、唉、壘、潑醎、搽、䶢、舤、坹	卷三/59

表 1、表 2 中 6 部志书收录方言词汇的特点：一是收词标准不明确、不统一，且所收词汇数量偏少，最早的正德《松江府志》仅收方言词汇 17 个。二是后志抄录前志，正德《华亭县志》中的方言材料，全部抄录自正德《松江府志》。150 多年后的康熙《松江府志》也仅收方言词汇 19 个，还有与前两部志书重复的词汇。以正德《松江府志》所收词汇为例，在表 1 后面 3 部志书中重复数是：儂 3 次、罷休 4 次、忒煞 3 次、潑賴 3 次、些 3 次、箇裹 2 次、寧馨 2 次、鬻 1 次、薄相 1 次等①。三是所收词汇偏于溯源，康熙《松江府志》、嘉庆《松江府志》的理由是“今就其有所本者并记之”②（即能从典籍中找出语源的才收录）。后来的民国《上海县志》修纂者更是认为：“言文一致之字不可胜数，至通俗语言见于经史百家者，亦搜之不尽，兹故不具

① 《松江府卷》一，第 66 页。以下注释，凡涉及“上海府县旧志丛书”，仅注明《松江府卷》《松江县卷》《上海县卷》等。

② 《松江府卷》四，第 118 页；《松江府卷》六，第 196 页。

录。”[1] 因为“言文一致之字不可胜数”，而“兹故不具录”。这也是其他地方旧志收录词汇偏少的一个重要原因。

（三）方言词汇散见于各卷（目）之考察

这类内容属方言研究主体材料之外的其他材料，每部志书中都有，尤以“风俗”“物（土）产”卷（目）中为多。所记载的当时行用的方言词汇，又都同农业生产、农村生活、乡间习俗密切相关，无一不表现出强烈的农耕社会特色和上海、苏南地域特色，如铁铬、米花、赤米、寒豆（蚕豆）和落酥（茄子）等。

1. 记录在引文中

方志中收录的引文都是文言写成，一般认为里面不会有方言资料，其实不然。因很多内容都同农耕社会直接相关，故有的引文中使用了较多的方言词汇，代表性引文有唐代的《耒耜经》、明代的《告乡里文》和清代的《木棉谱》。

唐代诗人陆龟蒙的《耒耜经》，是中国有史以来独一无二的、专门论述农具的古农书经典著作，全文 600 多字，共记述农具 4 种，其中对被誉为我国犁耕史上里程碑的唐代曲辕犁记述得最准确、最详细。正德《松江府志》卷四[2]、崇祯《松江府志》卷七、康熙《松江府志》卷五和嘉庆《松江府志》卷五都引用了关于犁的词汇，其中方言词汇共有 12 个+1 个，即 12 个是犁的部件，既有我熟悉的如犁底、犁辕、犁梢、轭（头）等名称，这都同我当年在生产队犁地时的叫法相一致，也有现在无法确定的犁镵、压镵、策额等词汇。还有 1 个是“墢”（沪语读音 bá），指耕地时犁头翻起的大块泥。

明万历三十八年（1610 年），松江府境内水灾，低田被淹没，水势退去后禾苗坏烂。因父丧在家守制的徐光启写下了《告乡里文》，告诉乡里农民如何抢种稻秧以自我救灾。短短 400 多字中有 9 个方言词汇，如抛荒、间、稻科（现写作“棵”）、捩、稍（现写作“梢”）叶、做肚、车水、做黄梅、饿杀等，其中抛荒、做肚各用两次。[3] 400 多年前的词汇，至今还是松江

---

①《上海县卷》四，第 2288 页。
②《松江府卷》一，第 63 页。
③（明）崇祯《松江府志》，《松江府卷》二，第 152 页。

府原住民的常用词。

褚华的《木棉谱》成书于清嘉庆年间，这是一部记述上海地区棉纺织发展历史的专著，全书内容丰富，叙述翔实，对研究上海地区乃至中国棉纺织业的历史具有很高的资料价值。全文约 9 000 字。文中不但详述了选择棉种、播种、施肥、锄草、套种、捉花的整套栽培技术，还记述了从棉花去籽等初加工，到弹花纺织、上浆、染色、印花的整套工艺过程。嘉庆《上海县志》（1814 年）最早引用《木棉谱》，三年后的嘉庆《松江府志》引用了同样多的《木棉谱》文字（或许转抄自嘉庆《上海县志》）。引文中记录到当年行用的方言词语至少有 45 个，如花铃子、僵囊、翻稻、大墩、豆饼、生泥、叠地花、脱花等，重复使用的有花（棉花）35 次、生泥 5 次、花衣 5 次、捉花 4 次、条子 2 次等。①

2. 记载最多的物产、其他农具等名称，是方言词汇的重要补充

因物产名中不少都是学名或是通用名，方言信息并不丰富，如植物中的香稻、茼蒿、莴苣等。志书中也记载到菘菜、白菜、冬旺菜、箭杆菜、油菜等，看似简单的名称，但相互之间的关系表述不清，无法确认，这又是一个研究课题，这些词汇一般不列入本文考察范围，本文只将具有地方特色的俗（土）名、记述清楚且流传至今的词汇作为考察对象，并以记载词汇较多的正德《松江府志》、崇祯《松江府志》、嘉庆《松江府志》、《松江府续志》为例。

正德《松江府志》卷五“土产”中的方言词汇有：（米）赤、寒豆、小寒豆、赤米、盐（菜）、落酥、酥瓜、生瓜、锦荔枝、水红菱、莺哥青、馄饨菱、野菱、鸡头、地栗、天花粉、夏枯草、淘、哺鸡竹、燕竹、箬竹、作油、蟹断、蒲鞋、芦席等 20 多个。②

崇祯《松江府志》卷六“物产”卷中记载了不少当年行用的方言词汇，如：籼稻、赤米、小寒、寒豆、花（棉花）、得法、三伏、淀（染料）、生瓜、密篙（瓜）、锦荔枝、小白菜、塌棵菜、落酥、蕈、石榴（若榴）、水红菱、鹦哥青、馄饨菱、野菱、鸡头、时里白等。③ 卷七“风俗”中也有一批词汇：

① 《松江府卷》六，第 202—204 页。
② 《松江府卷》一，第 67—77 页。
③ 《松江府卷》二，第 150—168 页。

米花、放鹞子、冬舂、赤豆粥、和（掺和）、粥凝、长工、忙工、伴工、铁铬、水车、牛车、丝网、断（簖）、横帘、沪、倒黄梅、新妇、绒线、顾绣、前头等。① 其中“牛车”不是指乘坐用的牛拉之车，而是由牛拉动、用以灌溉的牛车，它还有个名字：牛打车。

嘉庆《松江府志》（1817 年）卷五有：铁铬、簖、鲎、独脚霜等。② 卷六有：赤米、寒豆、小寒豆、赤豆、茅柴赤、米赤豆、草头、落酥、水红菱、鹦哥青、馄饨菱、野菱、密篰瓜、锦荔支（枝）、红花草、哺鸡竹等，另外还有浇花布、蒲鞋、顾绣。③

《松江府续志》卷五收录有：一坺、铁铬、蒲草、肋、做头通、耘、攩、膏壅、红花草、草子、罱泥、猪践（塮）、豆饼、车水、堂肚、斫（捉）稻、三眼、瘪谷、白穗、一铺、稻床、三日头、砻糠、筛、大熟、小熟、脱花、领脱花、捉落花、长发、临期、投子、阿片、火油灯。还有：坼、落帚、甘稞、彀（树）、蟑螂花、蛇卵子、穿穿活、田鸡、锭子、手车、脚车、糟钵头、黄牙菜、哺鸡竹、鞭笋、燕笋、白眼（树）、白蒲枣、生瓜、饭瓜、红花草、天花粉、虾蟆叶、黄花郎、车片（鱼）等。④ 其中一坺、肋、做头通、耘、攩、膏壅、罱泥、车水、三日头、长发、临期、投子、阿片、火油灯、坼等不是物产或农具名词。

3. 诗歌中记录到的方言词汇

“两卷”中比较典型的是明吕克孝《田家月令十二首》（康熙《松江府志》、《松江府志抄》、嘉庆《松江府志》引用）。吕是今闵行区七宝镇人，曾与徐光启同年中举，被誉为“松郡两解元”。他的《田家月令十二首》，每月一首，抒写的是松江府农家日常生活，反映的是本地农家生活常态，诗中自然有方言词汇了，如：孛娄、旧年、耘稗、分龙雨、推车、一截齐、扳罾、绕场、晏眠。⑤ 崇祯《松江府志》卷六引用“先辈管时敏”的《看鸭》诗，⑥ 诗题就是个方言词汇，词义不是“参观”“观看”，而是“放鸭”。

---

①《松江府卷》二，第 175—183 页。
②《松江府卷》六，第 190—195 页。
③《松江府卷》六，第 198—201 页。
④《松江府卷》九，第 131—148 页。
⑤（清）康熙《松江府志》，《松江府卷》四，第 118 页。
⑥《松江府卷》二，第 150—168 页。

4. 其他

除了风俗、物（土）产等卷（目）中会比较集中记录到方言词汇外，其他卷中也会有方言词汇出现，如以卷为单位采集，这类词汇不算多，但如将丛书中所有卷的都采集起来，数量就可观了，重要的是这些词汇流传至今，很多尚未进入词典。

《乾隆华亭县志》卷三“海塘·坝式”、《华亭县续志残稿》“海塘志·界址”中多次出现“坦坡”一词，如：“潮浪冲激，随起随卸，故有玲珑之名，即坦坡水坝也。”① “外设拦水坝，其护塘外石坦坡，一百有五丈，则光绪九年增也（外有渔船停泊）。”② “坦坡”是指坡度较平缓的斜坡，至今是常用词。从《华亭县续志残稿》“外有渔船停泊”一句，更能看出斜坡之“坦”（因为坡度“坦”，才方便渔民上岸下船）。《明清吴语词典》《汉语方言大词典》都无此词条。《娄县续志》卷二“建置·仓庾”中有“河沿上小屋一所，计二楹，一披租人居住”的记载，③ “披”也是个方言词汇，又称“披屋”，是一种简易建筑：“斜傍在墙壁上、无屋脊、一个屋面的房子。”④ 同卷另有普济堂收养 50 岁以上“老民”的记载，并全文载录“普济堂章程”10 条，涉及的方言词汇有：狼籍、发饭、盐菜、剃头、馀多、床柴、布袄、逐日、报销、薪水、茶房等。⑤ 其中“床柴”，既是一种物品名称，也反映了一种习俗，当年农村中是用稻柴铺垫在床上，代替棉絮的。这个习俗延续到 1950 年代，我小时候就睡过铺了床柴的床。

二、方言词汇主要类型

“两卷”中的这些方言词汇，或与地方社会经济、地理环境相关，或与耕作习惯、乡村习俗相关，按其内容大致涉及方言读音、名物、气象、称呼 4 个方面。

---

①（清）乾隆《华亭县志》，《松江县卷》中，第 585 页。
②《华亭县续志残稿》，《松江县卷》下，第 1498 页。
③《松江县卷》下，第 1260 页。
④ 褚半农：《莘庄方言》，学林出版社 2013 年 3 月版，第 138 页。
⑤《松江县卷》下，第 1259 页。

（一）读音类词汇

方志所载录的方言词汇很多附有该词的方言读音，用反切、“读若”等方法描写语音，虽不够精确，但毕竟为后人留下了记录。这些注音材料，是认识、了解明清上海方言语音特征及其历史演变的重要线索。正德《松江府志》卷四中记录的 17 个方言词汇，其中 10 个词汇的读音都有说明或注释，而今天仍是这个读音的词汇有虹音鲎、薄（音勃）相、箇（格）里、忒（去声）煞、大音惰等。正德《松江府志》卷二十一“古迹”记载到“黄耳寺”，但当地只有“黄泥寺”而没有听到过“黄耳寺”：“今冢在城南二里余，旁有普宁黄耳村守之，俗讹为黄泥寺，然不闻所谓黄耳村也”。[①] “黄耳”和“黄泥”有没有关系呢？有，原来“土人呼耳如泥音也”。[②] 因为这个读音，“黄泥村”就是“黄耳村”。府志中另有“城山”记载，但后人“未见”“未之闻”，这是因“绳”与“城”同音引出的：“或说干山后一支北引曰绳山，俗传天马山缰绳也。吴俗绳与城同音，疑城山或因此而误也。”[③] 这些词汇读音至今保存在松江府原住民中。

（二）名物类词汇

主要是作物、农具、农活等的方言名称，数量很多，如崇祯《松江府志》卷六“物产”中有：籼稻、赤米、小寒、寒豆、花（棉花）、淀（染料）、生瓜、密筩（瓜）、锦荔枝、小白菜、塌棵菜、落酥、蕈、石榴（若榴）、水红菱、鹦哥青、馄饨菱、野菱、鸡头等。[④]

嘉庆《松江府志》卷六“疆域志·物产”引用《木棉谱》达 3 000 多字，其中大部分是作物、农具、农活类词汇，如花、花盘、花铃子、僵囊、早花、晚花、霜黄花、来年、翻稻、放水、墢、白田、豆饼、生泥、叠地花、风潮翻种、草裹花、脱花、捉花、前捉后白、花萁、萁、捉落花、子、花衣、熟花衣、条子、浆、刷纱、浆纱、小布、扣布、稀布、飞花布、斜文（布）、

---

①《松江府卷》一，第 348 页。
②（清）乾隆《娄县志》，《松江县卷》上，第 376 页。
③《松江府卷》一，第 21 页。
④《松江府卷》二，第 150—168 页。

正文（布），以及十许日、还性等，[1] 其中农具类词汇有：桁、轧车、皮弦、经车等，十许日、还性等属其他类的。

《松江府续志》卷五“疆域志·风俗”中有：铁锴、蒲草、肋、做头通、耘、攩、膏壅、红花草、草子、罱泥、猪践（塮）、豆饼、车水、堂肚、斫（捉）稻、三眼、瘪谷、白穗、一铺、稻床、砻糠、筛、大熟、小熟、脱花、领脱花、捉落花、投子、阿片、火油灯；[2] 卷五“疆域志·物产”中有：落帚、甘稞、榖（树）、蟑螂花、蛇卵子、穿穿活、田鸡、锭子、手车、脚车、糟钵头、黄牙菜、哺鸡竹、鞭笋、燕笋、白眼（树）、白蒲枣、生瓜、饭瓜、红花草、天花粉、虾蟆叶、黄花郎、车片（鱼）等，另有一坺、三日头、长发、临期、坼等属其他类词汇。[3] 从记载得知，我们平时称鸦片为“阿片”，原来清代时就是这样的。

（三）气象类词汇

正德《松江府志》卷四中收录了入梅、入时、黄梅雨、三时、中时5个气象类词汇，[4] 之后有4部府志（崇祯《松江府志》、康熙《松江府志》和《松江府志抄》、嘉庆《松江府志》）和2部县志（正德《华亭县志》、《娄县续志》）都收有此气象类方言词汇。几部志书记载不同之处有两点，崇祯《松江府志》、康熙《松江府志》将“时”写作黰，后一部府志还注明“黰音时”。二是三时称呼，有称头时、二时、三时的，也有称头时、中时、末时的。

气象中现在强调冬至节气，因为冬至后入“九”，将进入一年中最寒冷季节，而夏至后则入“时”。从“一九”到“九九”时长共81天，从“头时”“二时”到“三时”结束，前后却只有15天。对“时”，至少有1条熟语和2条俗语在松江府原住民中流传至今，分别是“除夏起时”，“时里着个洞，等于下膏壅”和“头时花、二时豆，三时种赤豆”（同治《上海县志》卷一中也记此俗语）。熟语是说夏至第二天（即“除夏”）“入时”。俗语一是说，

---

① 《松江府卷》六，第202—204页。
② 《松江府卷》九，第131—139页。
③ 《松江府卷》九，第140—148页。
④ 《松江府卷》一，第64页。

这个阶段里，给作物锄地（即“着个洞”）好比是施肥（即“下膏壅”），俗语二是说这个阶段是某些作物的最佳种植时间。《上海农谚》收集有“时”“三时”等农谚，但对什么叫“时”也未作出解释。① 《明清吴语词典》对“时”的释义是“指夏至日后的半个月。又指其中每个时”②。《汉语方言大辞典》“时”条第1个义项是：“〈名〉节气名称。江淮官话。”还用了江苏盐城例句：“夏至交时，小满交梅。”③ “时”算不算节气似可商榷。其实“时”也是吴语，相比之下，上海旧志及其他吴语文献中对“时”的记载不仅书证多，也要详细得多，更可以入词典。

“两卷”记载告诉我们，早在500多年前的明正德《松江府志》中就有“时”的记载了。在20世纪城镇化之前，这些方言词汇一直在原松江府农村流传，并指导农耕。

（四）称呼类词汇

称呼中记录了几个人称代词，正德《松江府志》、正德《华亭县志》中有“谓人曰渠”“自称曰侬”。④ 康熙《松江府志》中有“侬，我也”“我侬二字合谓我也”。⑤ 《娄县志》有“称我曰侬”“尔侬二字合谓曰汝也……我侬二字合谓我也”。⑥

按照《明清吴语词典》释义，“自称曰侬”“称我曰侬”，记录的是古吴语词，“侬”的发音当同“奴”。⑦ 而“我侬”即我，松江府原住民仍是这样用法，正如《娄县志》所言“我侬二字合谓我也”。在表1“4部未立目志书所收词汇”和表2“2部立目志书所收词汇”中的称呼类词语有：婶、妗、娘子、老娘、师娘、婆娘、公公（祖辈）、爷爷（父辈）、公婆、阿伯、官人、丈人、太太、娘娘、小姐、宝宝、小郎、老将、门徒等。既有同现在词义相

---

① 上海市文物保管委员会编：《上海农谚》，中华书局1961年10月版。
② 石汝杰、［日］宫田一郎主编：《明清吴语词典》，上海辞书出版社2005年1月版，第549页。
③ 许宝华、［日］宫田一郎主编：《汉语方言大辞典》（修订本）第四卷，中华书局2020年1月版，第2318页。
④《松江府卷》一，第66页；《松江县卷》上，第113页。
⑤《松江府卷》四，第119页。
⑥《松江县卷》上，第278页。
⑦ 石汝杰、［日］宫田一郎主编：《明清吴语词典》，上海辞书出版社2005年1月版，第458页。

同的词汇，如“老娘”“公公”等，也有不同的，如“妗”“爷爷（父辈）”等。①

三、价值初探

“两卷”中方言原始材料，反映了明清时代上海方言源头地区概貌。所记载的方言词汇，可弥补词典收录方言词汇的不足，在探讨方言历时演变、方言地理分布等方面都具有重要价值，乃至可推动汉语方言史研究进程。

（一）为研究上海方言源头、变化、发展历史提供依据

上海地区曾先后由嘉兴府、苏州府管辖，元至元十四年（1277 年）置华亭府，翌年改称松江府后开始由松江府管辖，上海方言同行政区划变化密切相关，其演变过程在历代地方志上的明确记载，是从以“嘉兴”为重、以“苏州”为重，转为以“松江（华亭）”为重的。

“两卷”中最早记载在正德《松江府志》、正德《华亭县志》中“府城视上海为轻，视嘉兴为重”②，到康熙《松江府志》中是“府城视上海为轻，视姑苏为重”③，嘉庆《松江府志》中是“府城视上海为轻，视苏州为重”④。再看《上海县志》中的依次记载，方言语音明确是“视华亭为重”⑤、“方言语音较郡城为重”⑥、“方言同是吴音，而视府城稍重”⑦、“方言语音，视华亭为重”⑧、“以本邑方言而论，音较华娄为重，较南川为轻”⑨。

从这些地方志记载来看，上海话的较早源头是宋元时代使用于华亭县的土话。上海县城同松江府城，东西相距 50 多公里，但那时县城里的方言发

---

① 对旧志中人称记载，语言学家石汝杰教授发来微信认为：“有价值，但是不能轻信。苏南的一些地方志，抄旧籍，说‘侬’是我。但是到明清时代还有这样的方言吗？非常可疑。”录以备考。
②《松江府卷》一，第 66 页；《松江县卷》上，第 115 页。
③《松江府卷》四，第 118 页。
④《松江府卷》六，第 196 页。
⑤《上海县卷》一，第 109 页。
⑥《上海县卷》一，第 389 页。
⑦《上海县卷》二，第 842 页。
⑧《上海县卷》三，第 1409 页。
⑨《上海县卷》五，第 3592 页。

音，是“视华亭为重”即以松江为重，是跟松江方言走的。这些记载明白无误地告诉我们，松江方言是上海方言的根，或者说，上海方言的源头是松江方言。正如2005年版的《上海通志》“方言”中所总结的：“现代上海话的直接源头是元明时代通行于松江府上海县一带的方言，与毗连的松江、嘉兴等地方言有特别密切的历史渊源关系。”①

（二）将旧志中的方言词汇与明清、民国文献互证，有助于正确训释疑难词汇，并掘发一批古词古义

志书载录的大量历史词汇，几乎包括所有词类，这是一种根植于农耕社会地域的方言材料，且“所载录的词汇和其他语言现象大多沿用于现代”，②在方言研究的某些领域，这些资料独具优势。以《松江府续志》中的“三眼”为例，卷五“疆域志·风俗”中连续出现2次，但《明清吴语词典》《汉语方言大词典》中都不设词条。其实这是描述水稻生长过程的常用词，是农耕社会稻作文化的语言记录，在旧志丛书其他县卷和丛书外文献中也屡见书证，篇幅关系，仅举2例：

> ① 自夏初而不雨……（水稻）无水以浸其根，终为空壳。三眼俱全，而无润以滋其长，终结无收。③
>
> ② 四月天公好莳秧，五月里拔成三眼新做肚，六七月份稻穗秀齐稻花香。④

两个例句可证明，“三眼”一词自明代流传至今。“三眼”的释义是：水稻叶鞘和叶片相接处会有一淡色细横线，似眉毛，民间称其为“眼睛”。水稻一生共会长出三只“眼睛”，当第三片叶子从叶鞘长出时，第三只“眼睛”同时出现，此即“三眼”，表示将要秀穗了。《莘庄方言》还配有“拔三眼”

---

① 上海通志编纂委员会编：《上海通志》，上海人民出版社、上海社会科学院出版社2005年4月版，第5620页。

② 许宝华、游汝杰：《方志所见上海方言初探》，复旦大学中国语言文字研究所吴语研究室编：《吴语论丛》，上海教育出版社1988年9月版，第184页。

③ 上海市文物保管委员会编，（明）吴履震撰：《五茸志逸》，1963年内部印刷本卷1，第22页。

④《一粒谷》，《中国民间文学集成上海卷·上海县分卷》，内部印刷本，第381页。

彩照（卷首第12页）。由此还可拈出有关的方言词汇，依其先后程序为“拔三眼”“做肚”“（做）堂肚”，全都有书证：

① 禾之长成未秀也，先有三眼，谓之拔三眼。①

② 晚稻处暑后方做肚，未做肚前，尽好分种，不妨成实也。②

③ 禾之长成未秀也，先有三眼，最上三叶其根皆有紫晕。谓之做堂肚。③

“拔三眼”即为长出了“三眼”；“做肚”“（做）堂肚”的词义均为“水稻孕穗”，但也可用在麦子、芦粟、高粱等孕穗上。接着还有如“瘪谷”“白穗”等方言词汇：

①（水稻）做堂肚，此时一遇风潮，则稻穗之胎蕴于中者受伤不浅，及其秀出，遂多瘪谷白穗。④

②（水稻）逮茎大而圆则谓之做堂肚，此时一遇风潮，则稻穗之胎蕴于中者受伤不浅，及其秀出，遂多瘪谷白穗。⑤

瘪谷指稻穗上谷粒是空瘪的；白穗，整个稻穗呈白色状，即死了的稻穗。以上词汇除了《汉语方言大词典》中有“做肚”（用的金华例子）、“瘪谷”词条外，⑥ 其他也全无，《明清吴语词典》中全部阙如。

（三）为词典词条设置提供依据，也为编修方言辞书助力

嘉庆《松江府志》介绍棉花引用《木棉谱》中几十个方言词汇，在“两卷”其他志书中都有，只是收录数量不同而已。1949年以后的上海农耕环境，除了施用化肥、部分机械化外，种植方法等全都同清代志书中的记载，

---

①⑤ 民国《续修金山县志稿》“舆地志·风俗”，《金山县卷》，第895页。

② 徐光启：《告乡里文》，崇祯《松江府志》卷六，《松江府卷》二，第152页。

③④ 民国《松江府续志》卷五“疆域志·风俗”，《松江府卷》九，第132页。

⑥ 许宝华、［日］宫田一郎主编：《汉语方言大词典》（修订本）第八卷、第十卷，中华书局2020年1月版，第4826、6231页。

所用词汇自然也照单全收，且现在还保存在六七十岁以上的农村人群中。以45个词语为例，进入《明清吴语词典》的仅12个（包括释义错的），占26.67%。另有以下32个方言词语未进入词典：僵囊、早花、晚花、霜黄花、来年、翻稻、放水、墩、豆饼、生泥、叠地花、十许日、翻种、草裹花、拯、捉花、前捉后白、花萁、萁、子、桁、还性、花衣、熟花衣、条子、皮弦、浆纱、扣布、稀布、飞花布、斜文、正文等。《明清吴语词典》有“捉落花”却漏了“捉花”词条，而“捉花”是主词条，有了捉花，才有捉落花、捉野花、前捉后白等词汇。

《明清吴语词典》设饿杀鬼、饿杀坯、饿杀胚3个词条，却没有主词条“饿杀”。应该是有了“饿杀”这个主词条，添加后缀，才可能有“饿杀鬼”“饿杀坯”“饿杀胚”这些新词的。而徐光启写于明万历三十八年（1610年）的《告乡里文》用到的9个方言词汇中就有“饿杀”。上文提到的“坦坡”“看鸭”等都可补入词典。

（四）有助于发现方言词典中的些许问题，为增补义项等提供例证

崇祯《松江府志》卷七“风俗”记载捕鱼工具中有“编竹断港，曰断”。[①] 其中“断”字涉及方言名物和读音。查《明清吴语词典》有“断”词条，释义“分离，分隔开来”，与此“断”字不合。[②] 正德《松江府志》卷五中有“渔者纬萧承其流而障之，曰蟹断”的记载，[③] 从中可知道“断”就是“蟹断”，一种秋天时捕捉河蟹的设置。而“断”在嘉庆《松江府志》卷五“疆域五”中就记载为“簖”了：“编竹断港俗谓之簖。”[④] 指代落实了，“断”字读音也好办了，因为“蟹簖”的“簖”在方言中不是读作沪语音“段（$dØ^{24}$）”而是读作“锻（$tØ^{44}$）”的。至于写成“断”也有其道理，可用沪（吴）语词“断磨”来说明，这个“断”就是读作“锻（$tØ^{44}$）”的。旧时农村常用的石磨，磨爿上纹槽浅后，需请匠人用錾子凿深，这叫“断磨”。明冯梦龙曾收集有《磨子》民歌，里面就有“断一断”

---

①《松江府卷》二，第178页。
② 石汝杰、［日］宫田一郎主编：《明清吴语词典》，上海辞书出版社2005年1月版，第160页。
③《松江府卷》一，第76页。
④《松江府卷》六，第191页。

石磨的唱词。① 这个语境下的“断”字其他旧志中也有，如万历《上海县志》卷一：“编竹断港曰断。”②《乾隆上海县志》卷一：“编竹断港俗谓之断。”③内容虽然是后志抄前志，但足以说明，将“簖”写成“断”在当年是通例。

《汉语方言大词典》“断”字条有22个义项，也无此义项。④《明清吴语词典》上有“蟹簖”条：“插在河流中截断水流的竹栅栏，用以捕捉鱼蟹，或防止养殖的鱼蟹逃跑的设置。”⑤ 没有涉及“断（簖）”的释义。《汉语方言大词典》却将“蟹簖”错列为动词。⑥ 旧志和其他文献有足够的方言书证，可给“断”字条增补义项，或在“蟹簖”条后补充说明：“簖，旧时也写作断。”

崇祯《松江府志》中《看鸭》诗题这个方言词汇，《明清吴语词典》中也无此词条。《汉语方言大词典》将“看鸭”归入“看”的义项①“〈动〉饲养；豢养”中。⑦ 释义有瑕疵。过去养鸭人经常会将一群群鸭子赶到河中、田里放养，1970年代的上海农村，特别是五六月三夏时，每年还能看到浙江鸭农过来放鸭，让它们吃田里的蚯蚓及昆虫，这个过程才叫看鸭。“看鸭”的词义是“放鸭”。如果鸭已赶回家，关在棚子里饲养，是不能称看鸭的。况且还有个“看鸭船”的词汇，是指专门用来放鸭的小船，请看例句：“予闻水乡多养鸭取利，成群百数，有小船如叶，人看之名看鸭船。”⑧ 连清末上海滩社会小说中也有：“那船乃是乡间孵坊中的看鸭船，向不渡人……”⑨ 而《看鸭》诗第一二句“一群花鸭东湖上，朝散春波晚自来”⑩，说的也是在河中放鸭子。何况其他文献中还有同类方言词汇“看牛”“看羊”等，词义分

---

①（明）冯梦龙编：《明清民歌时调集》，上海古籍出版社1987年9月版，第215页。
②《上海县卷》一，第193页。
③《上海县卷》一，第386页。
④ 许宝华、[日]宫田一郎主编：《汉语方言大词典》（修订本）第八卷，中华书局2020年1月版，第5052页。
⑤ 石汝杰、[日]宫田一郎主编：《明清吴语词典》，上海辞书出版社2005年1月版，第160页。
⑥ 许宝华、[日]宫田一郎主编：《汉语方言大词典》（修订本）第八卷，中华书局2020年1月版，第6507页。
⑦ 许宝华、[日]宫田一郎主编：《汉语方言大词典》（修订本）第六卷，中华书局2020年1月版，第3687页。
⑧ 钱学伦：《古今说部丛书·语新》卷上，上海文艺出版社1991年5月版，第19页。
⑨ 海上漱石生：《海上繁华梦》续集三集，上海古籍出版社1991年5月版，第2270页。
⑩《松江府卷》二，第166页。

别是“放牛”“放羊”，我的电脑方言资料库中也有书证可证。

开发利用地方志资源，对“上海府县旧志丛书”中方言词汇材料进行收集、汇编、整理，是汉语方言研究的重要组成部分，是汉语方言学、中国语言学史、民俗学研究的有力辅助，更是丰富上海地方文化内涵、加深上海地方文化底蕴、建设上海文化软实力的另一个抓手和切入点，可作为研究上海方言发展史、地方文化史、经济发展史的有力辅助。总之，地方旧志中的方言材料是一个资料宝库，但研究领域基本还属处女地，是个研究新空间和学术新课题。发掘方志资料，推进方言研究，任重而道远。

参考文献

1. 许宝华、［日］宫田一郎主编:《汉语方言大词典》（修订本），中华书局 2020 年 1 月版。
2. 石汝杰，［日］宫田一郎主编:《明清吴语词典》，上海辞书出版社 2005 年 1 月版。
3. 周振鹤、游汝杰:《方言与中国文化》，上海人民出版社 2006 年 6 月版。
4. 许宝华、汤珍珠主编:《上海市区方言志》，上海教育出版社 1988 年 11 月版。
5. 白维国主编:《白话小说语言词典》，商务印书馆 2011 年 3 月版。
6. 复旦大学中国语言文学研究所吴语研究室编:《吴语论丛》，上海教育出版社 1988 年 9 月版。
7. 许宝华、陶寰:《松江方言研究》，复旦大学出版社 2015 年 10 月版。
8. 褚半农:《明清文学中的吴语词研究》，上海辞书出版社 2008 年 10 月版。

（本文为上海市地方志办公室、复旦大学主办的“2021 年地方志理论研讨会”入选论文，首发于 2022 年第 4 期《上海地方志》）

附：

1.“两卷”沪语难词26例释义

上海松江府原住民种田生涯结束于1990年代开始的城镇化，这些词汇就使用到城镇化前，现在还保存在六七十岁的原住民记忆中。这里选若干个尚未进入词典的词汇予以释义，如再不作记录，再过若干年，有的方言词汇真的会成谁也不懂的“甲骨文”了。

一坺：指插秧时每人插一肋排列有6棵秧的整个竖行。纵为坺，横为肋。

长发：生长时。也可用于小孩生长时。长，读沪语音“涨”。

投子：骰子。

膏壅：肥料。

做头通：插秧后做完第一次耘稻。

耘：即耘稻，用手去除秧苗周围杂草。秧苗成活后要耘三次。

㩳：① 水稻田锄草工具，耥头下有数排弯曲铁刺，一头连接长竹竿。② 用“㩳”在水稻秧苗“肋”子里来回拉动，以去除杂草。要㩳三次，同耘稻合称“三耘三㩳”。“㩳”现也写成“耥”。

墢：读沪语音“拔”，《耒耜经》指耕地时犁头翻起的大块泥。嘉庆《松江府志》指大的泥块。“墢”现写成“垅”。

翻稻：翻为改种，志书中指改种水稻。

豆饼：亦称“大豆饼”，用大豆榨油后的渣，压榨成圆形的饼（直径约五六十厘米），作肥料（油菜籽渣压榨成的称菜饼）。

赤米：籼米。

米赤：赤小豆，赤豆之一种，但比赤豆小。一年生草本，茎蔓生。二者形态区别，赤豆呈短圆柱形，赤小豆呈圆柱状长椭圆形，似米粒，故名。也有写作“米赤豆”。

作油：将大豆、油菜籽榨出油，渣可制成豆饼、菜饼，做肥料。

生泥：河泥，多指用铁锴从滩涂吊上来的大墢河泥。

叠地花：今年的棉花种在上年种过棉花的地里，即种植在没有轮作田里的棉花。

脱花：为棉苗锄地。也写作“捝花”，又称“搨花”。

捉花：采摘棉花。

僵囊：棉铃因受雨、虫害等影响，致使棉花纤维不成熟或僵结。

桁：由木架子、竹竿和芦帘搭成，用来晒棉花。

还性：未晒干的棉花返潮。

花衣：碾去花核的棉花。亦称“生花衣”，有白花衣、黄花衣之分。

熟花衣：用弹花弓击弦作响，使生花衣成蓬松状，即称熟花衣；后用机器，轧过成蓬松状的亦称熟花衣。

条子：将加工的熟花衣搓成条状，纺纱用。

浇花布：蓝印花布。

蟑螂花：石蒜。

刷纱：刷纱用刷子是特制的，长度大于老布门幅宽度（用自家老布测量，门幅分别为42、48厘米）。刷子“毛”用细竹丝做成，细而长。使用时两把刷子上下将布好的经纱夹住，两边的男人使劲推着刷子向前走，刷子便将附着在纱上的多余东西（如纱上毛毛头等）刷去，并使纱线粗细均匀。要来回刷多次（《木棉谱》原文“以竹帚痛刷候干”），是为上布机织布做准备的。《明清吴语词典》释义是“用刷子洗刷棉纱”，之所以错，是多了个“洗”字，因整个过程不涉及“洗”。

2. 陈畅博士评论：旧志考述及地方志的开发利用

地方旧志在中国传统的古籍“四分法”中属于史部地理类，但它所载的内容远远超出了历史学、地理学范围，政治、经济、语言、文学等亦多有涉及。故旧方志往往被称为一地之全史，其学术研究价值不言而喻，① 而且，旧方志或多或少保留了一些不见于其他记载的原始资料。②

“上海府县旧志丛书”载录的方言词汇，同农业生产、农村生活、乡间习俗密切相关，表现出强烈的农耕社会特征和上海、苏南地域特色，且其中的很多词汇和语言现象沿用至现代。对这些方言词汇材料予以研究，在探讨方言历史演变、方言地理分布等方面无疑具有重要价值，同时也是对汉语方言学、民俗学研究的有力辅助，更是丰富上海地方文化内涵、加深地方文化底蕴、建设上海文化软实力的另一个抓手和切入点。褚半农将“上海府县旧志

---

① 胡玉冰、孙瑜校注：《（正统）宁夏志》，中国社会科学出版社2015年10月版，第1页。

② 谭其骧：《地方史志不可偏废，旧志资料不可轻信》，中国地方史志协会编：《中国地方史志论丛》，中华书局1984年8月版，第12页。

丛书”的“松江府卷”和“松江县卷”作为剖析对象，在《上海旧志中的方言词汇考察及价值初探》中探讨了方言记载概况、方言主体资料在志书中的分布、方言词汇主要类型、方言词汇散见于各卷之考察等内容，在目前基本还属处女地、尚是学术新课题的地方旧志中的方言词汇研究方面做出了尝试性的努力。（陈畅：《充分展现地方志在党百年奋斗新起点上的责任担当——2021年地方志理论研讨会综述》，2022年第1期《上海地方志》第14页。陈畅博士为《上海地方志》主编助理）

地方旧志：方言文化的珍贵资源库

——以上海“松江府卷”“松江县卷”“上海县卷”为例

摘　要：“上海府县旧志丛书”是沪（吴）语珍贵资源库，本文选择“松江府卷”等“三卷”方志所记载的方言词汇为研究入口。志书中可供词汇研究的材料有三类：列目材料、未列目材料、散记在其他卷（目）中的材料。而第三类材料中的方言词汇比前两类更多，也未见有专业人员涉及研究。载录的方言词汇，几乎包括所有词类，都同农业生产、农村生活、乡间习俗密切相关，表现出强烈的农耕社会特色和上海及苏南的地域特点，且“所载录的词汇和其他语言现象大多沿用于现代”，是一种文化遗产。对其收集、汇编、整理、展开研究，在探讨方言历时演变、方言地理分布等方面都具有重要价值，乃至可推动汉语方言史研究进程。发掘方志资料，推进方言研究，任重道远。

关键词： 松江府卷；松江县卷；上海县卷；词汇研究；文化遗产

地方志是我国特有的文化瑰宝，是中华优秀传统文化的典型代表。地方旧志中的方言内容是传统文化、地域文化的基本载体和最直接的表现形式，有我们了解、研究汉语方言历史、演变等的珍贵资源，具有重要的历史价值、文化价值和社会价值。本文选择“上海府县旧志丛书”中“松江府卷”“松江县卷”“上海县卷”（以下称“三卷”）记载的方言词汇为研究入口，首先因为在方言研究中，词汇同语音及语法研究并列为三个重要和平行组成的部分，其次是相对于语音和语法资料较少的情况，明清至民国的方言历史词汇在方志中有大量记载。而以“三卷”为研究对象的地域原因涉及上海的历史区划。上海西部有一条西北—东南走向的冈身，是远古时代古海岸线的沉积标志，也是上海逐渐成陆的佐证，它从地理空间上将大上海划分为东西两部分，冈身东面的上海六千多年前原是海。至唐代初期，当今上海的绝大部分地区已经成陆。唐天宝十载（751年），朝廷析昆山南境、嘉兴东境和海盐北境所置的华亭县，是上海地区最早的县级行政机构，其辖区范围除上海外，还涉及江苏、浙江。元至元十四年（1277年）升置华亭府，翌年改称松江府，辖华亭县。原华亭县、松江府辖区范围，就上海地区来说，大体为吴淞江（苏州河）以南、黄浦江以东地区，即今上海的大部分地区。元至元二十九年从松江府华亭县析置的上海县（亦即今大上海的前身），其包括方言在内的地域文化，同松江府建立后长期、先后隶属于嘉定、苏州有关，同权威的松江方言关系密切，就是说上海方言同嘉兴、苏州、松江三地方言有渊源关系，且在“三卷”中有明确记载。

一、所见方言词汇分布概述

“三卷”共19册，收录自明代至民国志书33部。其中“松江府卷”11册，共收正德《松江府志》、康熙《松江府志》等6部，附录《云间人物志》等6部。“松江县卷”3册，共收正德《华亭县志》、《娄县志》等8部，附录《华亭县乡土志》1部。“上海县卷”5册，共收嘉靖《上海县志》、嘉庆《上海县志》等8部，附录同治《上海县志札记》、《上海乡土记》等4部。

“三卷”中可供研究的方言材料有三类：

（一）第一类：立目材料

志书卷下独立标有“方言”目，而后记述方言内容的，共有1部府志和3部县志：嘉庆《松江府志》卷五“疆域志”下立“方言”目；同治《上海县志》卷一“风俗”下附“岁时”“占验”“方言”3目；民国《上海县续志》卷一“疆域”下设“沿革”等10目，其中第10目为“方言”；《娄县续志》卷三“疆域志”下立11目，其中第10目为“方言”。

立目的志书涉及方言内容较多，记载的方言词汇也较多，如嘉庆《松江府志》是最早立方言目的志书，卷五“疆域志·方言”中有词语75个。

（二）第二类：未立目材料

共有7部志书都在“风俗”卷集中一段文字记述方言内容，但卷下没有立目，它们是2部松江府志（正德《松江府志》、康熙《松江府志》）、3部上海县志（嘉靖《上海县志》、乾隆《上海县志》、嘉庆《上海县志》），另有正德《华亭县志》和《娄县志》。

未立方言目的志书，虽记载方言内容的字数较少，词汇量也少，却是方言材料的最早记录，如正德《松江府志》（1512 年）卷四中，仅收的 17 个词汇距今已 500 多年。乾隆《上海县志》只“今就其有本者并记之”（卷一），列词语十八九个，而嘉庆《上海县志》卷一中特列一段，收录方言词语 42 个，属于较多的记载了。

以上两类内容是考察、研究志书中方言词汇的主体材料。

（三）第三类：其他材料

其他卷中记载的方言词汇，尤以“风俗”“土（物）产”卷中收录为最多，这包括“三卷”中全部志书，也是前两种主体材料以外的其他材料，而且词汇资料丰富程度大大超过前两类志书，也是最接地气的重点资料，且除了我曾有论文专题研究外，暂时未见其他研究者。这又有三种情况：

1. 既没有为方言立目，也没有汇集方言词，但其他卷中记录了不少方言词汇

如崇祯《松江府志》卷六“物产”中有赤米、常时、（水稻）做肚、饿杀等，卷七“风俗”中的铁锴、牛车（灌溉用）、冬舂米等。同治《上海县志》卷八“物产”名物类词语，据不完全统计有 69 个之多。民国《上海县志》未为方言立目，全志也无专记的方言内容，但卷四“农工上”“农工下”记载的方言词语多达 88 个，如多年生草本植物“蓟”，志书记载的是方言名称“小剑莓”，其中借用的“莓”，要读“姆”音。当然，前后县志收录的词语会有重复，因为记述对象相同。

2. 引文中有方言词汇

“三卷”中引用的文章不计其数，有陆龟蒙的《耒耜经》《皮日休渔具诗序》、徐光启的《告乡里文》、徐献忠的《布赋》等，当然不一定都有方言词汇。而志书引用松江人陈继儒有关当地赈灾的《煮粥事宜》15 条，其中方言词汇较多，如搭厂、齷齪、担桶、淘箩、拌和、草柴、插和等。① 全文载录属济

① 乾隆《上海县志》卷五，《上海县卷》一，第 547 页。以下注释，凡涉及“上海府县旧志丛书”，仅注明《松江府卷》《松江县卷》《上海县卷》等。

贫的“普济堂章程”10条，涉及的方言词汇也有狼籍、发饭、盐菜、剃头、馀多、床柴、布袄、逐日、报销、薪水、茶房等。① 最典型的是引用清褚华的《木棉谱》和黄宗坚的《种棉实验说》，记录的都是作者从种棉实践中总结出来的本地经验，文中有很多方言词汇。

3. 诗歌中记录的方言词汇

“三卷”中选用的顾彧《田家女行》中有踏车，②《竹枝词》十二首中有阿侬、攀罾、西头、侬等。③ 比较典型的是明吕克孝《田家月令十二首》和清张春华《沪城岁事衢歌》。吕是松江府华亭县七宝（今闵行区七宝镇）人，曾与徐光启同榜中举，被誉为“松郡两解元”。《田家月令十二首》每月一首，抒写的是七宝农家的日常生活，反映的是本地农家生活常态，因我在另一篇论文中引用分析过此处不再引述。清张春华《沪城岁事衢歌》收录七绝一百二十首：“自岁朝以至岁除，凡沪上习俗之可考者，无不按节序而列咏之。”④ 张为清末诸生，生平无考。“衢歌”中有七绝棉花诗24首，“由选种而苗而实以及收晒市纺”，即从选种到出苗管理，一直到纺纱加工，每个过程各志以诗记之。同治《上海县志》卷八“物产·枲之属”选了12首，诗中有方言词语14个：吴侬、花核、花、苗母、草没花、捉花钱、索、新蒲（包）、三叉（路）、捉落花、拔花萁、新妇、拣花、轧车。⑤ 因原作每首诗后“兼附本事，叙述、考证所咏事物的典故、本末”⑥，此中另有方言词汇21个（有的与诗中重复）。张诗中的“草没花”是指草长得比棉花茂盛了，“捉花钱”是指儿童趁为他人采摘棉花的机会赚点钱（儿童最适宜采摘棉花），“捉落花”是指采摘秆上零星的棉花，“拔花萁”是拔去田里的棉花秆，“轧车”是碾去棉花籽的农具。最不易理解的是“苗母”一词，因没有本字而借用了“母”字，从读音和词义，没有农村生活的人是无法释义的，而解释它需要一篇文章，简单释义就是指棉花苗的全株。

“三类”材料中记载的方言词汇面广量大，资源丰富，在方言研究的某些

---

①《娄县续志》卷二，《松江县卷》下，第1259页。
② 万历《上海县志》卷一，《上海县卷》一，第193页。
③ 万历《上海县志》卷一，《上海县卷》一，第194页。
④⑥（清）张春华：《沪城岁事衢歌》，上海古籍出版社1989年5月版，第3页。
⑤《上海县卷》三，第1566页。

领域，这些资料独具优势。且“三卷”中大量记录的方言词汇，有的还只有在地方旧志中有，其语言价值、文化价值、社会价值不可小觑。

二、方言源头变化的历史记录

“三卷”中直接记载上海方言变化的，共有正德《松江府志》、康熙《松江府志》、嘉庆《松江府志》3部府志，以及正德《华亭县志》、嘉靖《上海县志》、乾隆《上海县志》、嘉庆《上海县志》和同治《上海县志》5部县志。另有同一作者的《上海乡土记》和《上海乡土地理志》。这些志书清楚记载了上海方言语音是从以“嘉兴”为重、以“苏州”为重，转为以“松江（华亭）”为重的变化过程。这可分两个阶段：

（一）第一阶段：方音以嘉兴为重

明正德《松江府志》（1512年）是最早记录方言材料的志书，距今500多年，卷四“风俗”云：“方言语音皆与苏嘉同，间亦小异……府城视上海为轻，视嘉兴为重，大率皆吴音也”。[①] 而正德《华亭县志》（1521年）卷三“风俗”中关于方言的记载，内容完全抄录正德《松江府志》：“方言语音皆与苏嘉同，间亦小异……府城视上海为轻，视嘉兴为重，大率皆吴音也。”[②] 文中“苏嘉”是指苏州、嘉兴，“府城”是指松江（下同）。这自然又同华亭县在北宋时属两浙路秀州、南宋时属两浙路嘉兴府有关，而后志抄前志也在情理之中，因为修志时间与前志仅晚八九年。

（二）第二阶段：方音以苏州为重

140多年后的康熙《松江府志》（1663年）卷五的记载是：“方言语音皆与苏嘉同，间亦小异。……府城视上海为轻，视姑苏为重。大率皆吴音而微别耳。”[③] 又295年后的《嘉庆松江府志》（1816年），卷五的记载是：“郡语

---

①《松江府卷》一，第66页。
②《松江县卷》上，第115页。
③《松江府卷》四，第118页。

音皆与苏嘉同，间亦小异。……府城视上海为轻，视苏州为重。”① 这些记载告诉我们，自明正德年间，到清嘉庆年间的三百多年中，嘉兴方言、苏州方言更为松江府人所看重，而嘉兴话更具权威性。嘉庆《松江府志》中的方言记载转为“视苏州为重”，已不提“视嘉兴为重”，以后的所有清志也不再提了。这也表明，上海话较早源头是宋元时使用于华亭府（后改为松江府）的土语，或者说，是跟嘉兴话关系密切的松江话，到了清代，嘉兴话的权威土语才让位给苏州话。

（三）历代《上海县志》记载

元至元二十九年（1292 年），上海县从华亭县分列，县治在今上海老城厢（现划属黄浦区）。上海县城同松江府城，东西相距 50 多公里，但那时县城里的方言发音，是以松江为重、以华亭为重的，“三卷”中有 4 部《上海县志》这样记载。明嘉靖《上海县志》（1524 年）是上海立县 230 多年后修的，也是本县最早关于方言发音的记载，原文是：“方言语音，视华亭为重。”② 清乾隆《上海县志》中是“方言语音较郡城为重”③，嘉庆《上海县志》中是“方言同是吴音，而视府城稍重”④，同治《上海县志》中是“方言语音，视华亭为重”⑤。光绪三十三年（1907 年），离上海建县已 615 年，上海开埠已超过一个甲子了，但此年的《上海乡土记》和 20 年后作者改写的《上海乡土地理志》中的记载却是这样的：“以本邑方言而论，音较华娄为重，较南川为轻。”⑥ 仍然是原来的松江方言（文中“华”即华亭县，“娄”为娄县，清初从华亭县划出的）。钱乃荣教授针对同治《上海县志》中的方言记载指出：“可见在那时上海人目光里，府城华亭即松江方音才是权威性的方言，而上海在当时只是一个小县方言。”⑦ 府城当年经济发展，人口众多，是政治、经济、文化中心，地区内的方言都以中心为准，说话口音、行用词

---

①《松江府卷》六，第 196 页。
②《上海县卷》一，第 109 页。
③《上海县卷》一，第 389 页。
④《上海县卷》二，第 842 页。
⑤《上海县卷》三，第 1409 页。
⑥《上海县卷》五，第 3592、3641 页。
⑦ 钱乃荣：《北部吴语研究》，上海大学出版社 2003 年 5 月版，第 182 页。

语必然就跟着它走了，当时业已形成的上海方言类似松江话。正如2005年版的《上海通志》“方言”中所总结的：“现代上海话的直接源头是元明时代通行于松江府上海县一带的方言，与毗连的松江、嘉兴等地方言有特别密切的历史渊源关系。”①

自明正德七年（1512年）正德《松江府志》的最早记载，到1927年的《上海乡土地理志》，410多年中的方言源头连续明确记载，对于全面认识上海方言的发展史具有重要意义。

三、农耕社会吴地生活记录

方言起源于乡土，产生于农耕社会，由此方言词语都带着泥土芳香，大量的读音、词义都同农村生活、农业生产有紧密联系，内容涵盖方方面面，既有生产领域的，也有生活领域的，它们一直是原住民的交流工具而代代相传，流传至今。比起其他方言词语来，更能反映劳动者执着的农耕信仰和农耕经验，因而更能体现农耕社会特点和沪苏地域特色。“三卷”中记录的方言词汇有以下几种类型。

（一）耕作技术记录

《上海农业志》“总述”云：上海地区的水稻生产在唐朝末年已被誉称“苏湖熟，天下足”，华亭县大量稻米作为贡米运入京城长安，已成为江淮漕粮的重要供给地。至明弘治年间，松江一府的粮食产量达940万石（70.5万吨）以上。棉花种植记载最早出现在明正德《松江府志》中，元代元贞年间黄道婆返乡，带回了在海南岛学得的先进纺织技术和工具，向乡人传授，遂远近闻名，到明万历年间，棉花种植也已成为上海地区主要农作物之一。广大民众在长期生产实践中积累的水稻、棉花种植丰富经验，一直是“三卷”中记载的重点。

光绪《松江府续志》卷五“疆域·风俗”中用2 000多字的篇幅记载水

---

① 上海通志编纂委员会编：《上海通志》，上海人民出版社、上海社会科学院出版社2005年4月版，第5620页。

稻，从翻地撒种，到插秧、耘耥、施肥、斫稻，以及所用农具等全过程，甚至雇工“佣值已加”等都有记载，文中大量使用方言词语，如铁辂、做头通、耘耥、红花草、膏壅、堂肚、三眼、车水、斫稻、三日头、稻床、掼（稻）、瘪谷、白穗、小熟、大熟等，都是描述水稻种植、管理过程中的常用词，也是农耕社会稻作文化的语言记录。而对棉花的记载，无论是引用的农书资料，以及介绍种植、加工过程，比其他作物如水稻的记载都更详细。志书一般又都会选用清褚华的《木棉谱》和黄宗坚的《种棉实验说》，这是记述古代上海地区棉纺织发展历史的两本专著。《木棉谱》内容特别丰富，不仅介绍栽培技术，还记述了棉花从轧车去棉籽到织布等的操作，以及织机的不同类型，从弹花到染色、印花的整套工艺过程。嘉庆《上海县志》卷一介绍棉花用了 3 700 多字，其中引用《木棉谱》达 3 000 多字。因为记录的是当地种植、加工过程，行文中必然出现农民行用的方言词语，粗略统计，竟有 45 个（不包括重复的）之多，其中种植、加工类词汇有湿灰、叠地花、十许日、翻种、草裹花、揠、捉花、桁、还性、花衣、熟花衣、条子、皮弦、浆纱等。三年后的《嘉庆松江府志》引用了同样多的《木棉谱》文字（或许转抄自《嘉庆上海县志》）。1949 年以后的上海农耕环境，除了施用化肥、部分机械化外，种植方法等全都同清代志书中的记载，所用水稻、棉花方言词汇自然也照单全收，且现在还保存在六七十岁以上的农村人的记忆中。

民国《上海县续志》卷八则选用清黄宗坚的《种棉实验说》。黄宗坚是光绪中叶上海县人（今闵行区人），30 年务农，对棉花种植“粗有心得”。引文 1 500 多字中有方言词汇 11 个（不包括重复的），如春熟、稻版（板）地、旺、调匀等，介绍种植时的具体注意事项和不同处理方法，都是作者从种棉实践中总结出来的本地经验，可操作性强，有较实用的指导意义，直至 1970 年代，上海郊区种棉技术要点仍在这些范围之内。

（二）民情习俗记录

民俗词汇能够反映某一地区人民的生活、生产和风尚习俗等情况，一个方言词语就是一种习俗的总结，含有丰富的民俗活动内容，是方言词汇的有机组成部分，也是区别于其他方言的重要因素之一。

屠呦呦用来提取青蒿素的黄花蒿，在上海郊区路边荒地原来到处有它们的身影，它的方言称呼却是“苦草”。全株有特殊刺激性气味，民间也一直是当中草药用的，但不是用于防治疟疾或其他病，而是待产妇分娩后，马上煮苦草水给她喝。历代地方志不仅记载了方言词“苦草”，还记载了这个习俗，如自清嘉庆至民国年间，同一地区有 2 部《法华镇志》和 1 部《法华乡志》连续记述，其中有“苦草，味苦，芳香，性破血。白露清晨收藏之，产后煎汤饮”①。“上海府县旧志丛书”中的民国《上海县志》、民国《上海县续志》等都有记载，如“苦草，自生田野，妇人产后煎服下瘀血”②。20 世纪五六十年代时上海农村还保留着这个习俗。

“冬舂”是个方言词，也是上海农村流传有序的一种风俗。说的是冬至至翌年立春这段时间，先人每年都要抓紧“舂米”。“舂”的方言读音是 chěng，舂米是将稻谷倒入石臼中舂去稻壳，加工成白米。“三卷”中多有记载，如“腊月舂岁计，而曰冬舂”③。嘉靖《上海县志》卷一中有“入腊，舂米为冬舂，云不耗不蛀”④ 的记载。万历《上海县志》卷一中有“腊月舂米为冬舂，云不耗不蛀”⑤ 的记载。关于冬舂的原因，明太仓人陆容曾向老农咨询过，答复是开春舂米，“米芽浮起，米粒亦不坚。此时舂者多碎而为粞，折耗颇多。冬月米坚，折耗少，故及冬舂之”⑥。同地方志中的记载相一致。农民在农耕社会中总结出来的经验，生成方言词语，变成了民俗，一代代传了下来，到我们这一代时，还是这样。当然，时代进步了，我们让稻谷变成白米不用石臼而用机器，并把腊里轧出的米，称“腊打米”，也就是原来的冬舂米。即使从弘治《上海志》（1504 年）中的记载算起，“冬舂”之俗也已流传了 500 多年。

（三）名物词汇记录

主要是植（作）物、农（工）具、农活等的方言名称，数量极多，如崇

---

①《法华乡志》卷三，上海市地方志办公室编：《上海乡镇旧志丛书》12，上海社会科学院出版社 2006 年 1 月版，第 96 页。

② 民国《上海县续志》卷八，《上海县卷》四，第 2435 页。

③ 弘治《上海志》卷一，《上海县卷》一，第 17 页。

④《上海县卷》一，第 109 页。

⑤《上海县卷》一，第 192 页。

⑥（明）陆容：《菽园杂记》，中华书局 1985 年 5 月版，第 19 页。

祯《松江府志》卷六“物产”中有籼稻、赤米、小寒、寒豆、花（棉花）、淀（染料）、生瓜、密筩（瓜）、锦荔枝、小白菜、塌棵菜、落酥、蕈、水红菱、鹦哥青、馄饨菱、野菱、鸡头等。[①] 康熙《松江府志》卷四“土产”记载的植（作）物名有米赤、芦粟、草头、饭瓜、榖（树）、鸡头、哺鸡竹、花铃子、花盘等，在卷五“风俗”中记载的各种农具名有犁辕、犁梢、轭（头）、铁锴、水车等，[②] 基本出自崇祯《松江府志》而有所增减。

嘉庆《松江府志》卷六“疆域志·物产”最早引用《木棉谱》长文，其中有大量的作物、农具、农活类词汇。光绪《松江府续志》卷五“疆域志·风俗”“疆域志·物产”中记载的植（作）物名称有草子、落帚、甘稞、榖（树）、蟑螂花、蛇卵子、穿穿活、黄牙菜、哺鸡竹、鞭笋、燕笋、白眼（树）、白蒲枣、生瓜、饭瓜、红花草、虾蟆叶、黄花郎，农具名称有铁锴、稻床、锭子、手车、脚车，农活名称有做头通、耘、攩、罱泥、车水、斫稻、筛、脱花、领脱花、捉落花。而堂肚、三眼、瘪谷、白穗等，[③] 都是与水稻有关的方言词，尤以明代已有记录并流传下来的“三眼”（也称“拔三眼”）最难理解，是指水稻生长中，叶鞘和叶片相接处会有一淡色细横线，似眉毛，民间称其为“眼睛”。水稻一生共会长出三只“眼睛”，当第三片叶子从叶鞘长出时，第三只“眼睛”同时出现，此即“三眼”，表示将要秀穗了。

（四）称谓词语记录

称呼中记录了几个人称代词，正德《松江府志》、正德《华亭县志》中的“谓人曰渠”“自称曰侬”，[④] 康熙《松江府志》中的“侬，我也”“我侬二字合谓我也”。[⑤] 《娄县志》中也记载“称我曰侬”“尔侬二字合谓曰汝也……我侬二字合谓我也”。[⑥] 按照《明清吴语词典》释义，“自称曰侬”“称我曰侬”，记录的是古吴语词，“侬”的发音当同“奴”。[⑦] 而“我侬”即

---

①《松江府卷》二，第150—168页。
②《松江府卷》四，第101—117页。
③《松江府卷》九，第131—148页。
④《松江府卷》一，第66页；《松江县卷》上，第115页。
⑤《松江府卷》四，第119页。
⑥《松江县卷》上，第278页。
⑦ 石汝杰、[日] 宫田一郎主编：《明清吴语词典》，上海辞书出版社2005年1月版，第458页。

我，松江府原住民仍是这样用法，正如《娄县志》所言“我侬二字合谓我也”。“谓人曰渠”的“渠”字作第三人称代词，至1950年代时还在松江府原住民中使用。而“自称曰侬”的称呼已消失，“侬”的词义转为第二人称“你”了，至今仍是。①

“三卷”中所收的称呼类词语还有：婶、妗、娘子、老娘、师娘、婆娘、公公（祖辈）、爷爷（父辈）、公婆、阿伯、官人、丈人、太太、娘娘、小姐、宝宝、小郎、老将、门徒等。既有同现在词义相同的词汇，如老娘、公公等，也有不同或消失的，如妗、爷爷（父辈）等。

方言记录的作物名称、农具种类、农活名称词汇，还有称谓用语等，以及由此形成的人际关系、农村风俗等，充分反映了地域的文化传统、价值取向，涉及与农耕社会直接相关的文化元素。更重要的是，正像许宝华、游汝杰教授所说那样：“所载录的词汇和其他语言现象大多沿用于现代。”② 这反映了吴方言为共同创造中华汉语历史作出的贡献。

四、方言词典的宝贵资源

“三卷”中大量载录的传统方言词汇，几乎包括所有词类，都同农业生产、农村生活、乡间习俗密切相关，几百年来记录有文，流传有序，至今还在上海松江府原住民中使用，也是现代沪（吴）方言词语的最大来源，可为方言词典词条设置提供依据，为编修方言辞书献出独特的资料。现实情况是，对地方旧志中方言词汇的研究，基本处于空白状态。对其收集整理少见，研究更缺乏，资料闲置就更多，需要保护的也更多。以《明清吴语词典》为例，它是吴方言研究的重要成果，全书共有词目1.7万多条，是收录历史传统词语最多的词典。虽然主编有言在先：“吴语文献，是指以吴语为主写作的作品（如‘吴语小说’）和其他包含吴语的资料，年代大约从明代到民国初

① 对旧志中人称记载，语言学家石汝杰教授发来微信认为：“有价值，但是不能轻信。苏南的一些地方志，抄旧籍，说‘侬’是我。但是到明清时代还有这样的方言吗？非常可疑。”录以备考。

② 许宝华、游汝杰：《方志所见上海方言初探》，复旦大学中国语言文学研究所吴语研究室编：《吴语论丛》，上海教育出版社1988年9月版，第184页。

年。”① 但出自地方旧志的词条和书证不多。

嘉庆《松江府志》介绍棉花引用的《木棉谱》中有45个方言词语，因其他文献也有书证而进入《明清吴语词典》的仅12个（包括释义错的），占26.67%。另有以下32个方言词语未进入词典：僵囊、早花、晚花、霜黄花、来年、翻稻、放水、墢、豆饼、生泥、叠地花、十许日、翻种、草裹花、挜、捉花、前捉后白、花萁、萁、子、桁、还性、花衣、熟花衣、条子、皮弦、浆纱、扣布、稀布、飞花布、斜文、正文等，其中僵囊、叠地花、前捉后白、桁、还性、条子等词汇理解难度很高，如一直让它们游离于词典之外，再不收录、释义，不久真的会变成新的“甲骨文”。同治《上海县志》卷八“物产”中有方言词汇69个，也是因其他文献有相同词汇、书证而收入《明清吴语词典》中的仅36个，占52.17%，未收入词典的有赤米、米赤、豆萁、豆饼、白眼、生泥、子花、皮弦、鞭笋、鸡毛菜、油菜、大瓜根等。其中文字相同而词序相反的“赤米”和“米赤”，记录的是两种不同的东西，“赤米”就是籼米，而康熙《松江府志》卷四“土产”中已有记载的“米赤”，则是一种状如米粒的红小豆。那看似普通的“油菜”，也不是一句话就能释义的。可能缺少书证的原因吧，《明清吴语词典》有主词条缺席现象，如有“捉落花”，却无“捉花”词条，而“捉花”（普通话称采摘棉花）是主词条，有了捉花，方有捉落花。而且“三卷”中还有捉野花、前捉后白等词汇，因此都未进入词典。其实嘉庆《松江府志》卷六中就有4个“捉花”书证，如“花熟时，人移一袋取之，曰捉花。捉花宜小儿”等。② 还有如设了饿杀鬼、饿杀坯、饿杀胚3个词条，却没有主词条“饿杀”。应该是有了“饿杀”这个主词条，添加后缀，才可能有饿杀鬼、饿杀坯、饿杀胚这些新词的。而“饿杀”一词在“三卷”中就有。在翰林院任职的徐光启因父丧返乡守制期间，仍关注家乡水灾情况，写于万历三十八年（1610年）的《告乡里文》，连标点仅470多字，用到9个方言词语，其中就有“饿杀”，他告诫乡民：“凶年饥岁，随意抛荒一亩地，世间定饿杀一个人。”③

这些根植于农耕社会深处，具有鲜明地域特色的方言词汇语料，是编纂

---

① 石汝杰、[日] 宫田一郎主编：《明清吴语词典》，上海辞书出版社2005年1月版，第824页。
②《松江府卷》六，第203页。
③ 崇祯《松江府志》卷六“物产”，《松江府卷》二，第152页。

方言词典的后备资源，有助于发现词典中的问题、弥补传统文献书证之不足，为增加词条和增补义项提供例证，对推动方言地理分布研究、方言历时研究等都具有重要价值。

包括记载在地方旧志中的各类方言资料，体现的都是一种文化，一种包含地理、历史、民俗等各种信息和丰富内涵的传统文化，也是研究海派文化、传统文化、江南文化的重要载体，具有很高的认识价值和研究价值，也为当下方言传统文化的传承提供了重要资源。我因长期生活在农村最基层，熟悉农耕社会沪（吴）地方言，在参加第一、第二轮修志工作中，还通读过“上海府县旧志丛书”“上海乡镇旧志丛书”，做过大量词汇卡片（后来改为电脑卡片），最早接触、关注到地方旧志中的吴语词，并根据平时积累，除撰写学术论文外，还撰写了《上海西南方言词典》和《莘庄方言》等著作，尤其是近50万字的《莘庄方言》（学林出版社2013年3月第1版），注重突出农耕特色和地域特点，收录的1万多个词条中，也有很多是出现在地方旧志中的，如上面提到的膏壅、堂肚、做肚、三眼、稻床、掼稻、瘪谷、白穗、叠地花、苗母、桁、还性、条子、皮弦、苦草、鸡头、犁辕、犁梢、轭（头）、蟑螂花等，不少还是第一次进入词典。这样做旨在保存松江方言大区的方言资料，供当前及以后的方言研究者使用，且已为有关研究提供了事实和方言依据。总之，地方旧志中的方言材料是一个资源宝库，但研究领域基本还属处女地，是研究新空间和学术新课题。仅就“上海府县旧志丛书”“上海乡镇旧志丛书”中词语的阅读、收集、整理、研究来说，这又是一个系统工程。新空间和新课题的任务艰巨，也很重要，需要有志者共同努力。

参考文献

1. 许宝华、[日]宫田一郎主编：《汉语方言大词典》（修订本），中华书局2020年1月版。
2. 石汝杰、[日]宫田一郎主编：《明清吴语词典》，上海辞书出版社2005年1月版。
3. 周振鹤、游汝杰：《方言与中国文化》，上海人民出版社2006年6月版。
4. 许宝华、汤珍珠主编：《上海市区方言志》，上海教育出版社1988年11月版。
5. 复旦大学中国语言文学研究所吴语研究室编：《吴语论丛》，上海教育出版社1988年9月版。

6. 许宝华、陶寰:《松江方言研究》，复旦大学出版社 2015 年 10 月版。
7. 褚半农:《莘庄方言》，学林出版社 2013 年 3 月版。
8. 褚半农:《明清文学中的吴语词研究》，上海辞书出版社 2008 年 10 月版。

（本文为2023年中国地方志指导小组办公室主办，重庆市地方志办公室承办的“首届中国地方志与中华优秀传统文化论坛”入选论文）

从河流名称古音现状思考上海方言的传承

摘　要： 清代三朝地方志上有记载的上海浦东河流“王家浜”，其中“王”应读古音 yáng，现在这条河却变成了“姚家浜”。上海郊区和苏南地区还有好多带“王”字却读 yáng 音的村庄地名，因各种原因正在消失。文献中记载的大量方言词语也已成难词。学习方言不仅是为了便于交流，更要从文化传承角度思考。

关键词： 王家浜；姚家浜；方言交流；文化传承

只要翻开当今的上海市地图，就可看到浦东地区有这样一条河流，它从浦东新区的咸塘流出，进入闵行区的召楼后一路向西，经过杜行并继续前行，最后汇入黄浦江。这条穿行在闵行区和浦东新区土地上的河流，地图上标注的名称叫姚家浜。

可这条河流原名王家浜，不但在清代三朝的地方志上有记载，就是现在年长的当地人口语中还是这样叫的，只是“王”字在他们口中读作 yáng 音，王家浜便读作“yáng 家浜”。那么，后来又是什么原因使其改称为“姚家浜”的呢？

一

河流名属地名之一种，主要河流和一般河流名，历代地方志都会有记载，先看看王家浜在旧地方志书中是怎样记载的：

① 王家浜，即杜家行，在下砂浦北，以杜家行在其西，故居人呼为

杜家行。东自黄莺桥下，从咸塘西流，为赵家溇，又西至杜家行入浦。①

②（嘉庆）七年，南汇知县张昌运浚王家浜、咸塘。②

③（嘉庆）七年，知县张昌运浚王家浜、咸塘。③

例①引自清雍正《分建南汇县志》，这是南汇县从上海县析出后的第一部县志，也是我至今看到最早记载此河流名的县志。它详细记载了河流的位置及流向，称“王家浜”的这条河流，位置在另一条河流“下砂浦”之北。而据其他志书记载，“下砂浦”也写作“下沙浦”，原名却叫“盐铁塘”，有地方志记载为证，如“下沙浦。旧亦名盐铁塘”（明正德《松江府志》卷二）。④ 它的改名在南宋绍兴十五年（1145年），通判曹泳“浚盐铁塘更名下沙浦”（明嘉靖《上海县志》卷一）。⑤ 河的流向是，从东面的咸塘（一条南北向河流）流出，向西经杜家行（现称“杜行”），最后汇入黄浦江。

例②清嘉庆《松江府志》、例③清光绪《南汇县志》的记载告诉我们，当年一个名叫张昌运的地方官曾组织疏浚过王家浜和咸塘。从志书中记载的“王家浜”“咸塘”河流名看，这两部志书中提到的“王家浜”，可确定仍然是雍正《分建南汇县志》中提到的那条河流，它的名称为“王家浜”。

按照志书记载，我们很容易从当代上海地图中看到“盐铁塘（下沙浦）”，在其北面就可找到这条原来叫“王家浜”的河流，不过今朝它已被改称为“姚家浜”了。也就是说，历史上的王家浜，与现在的姚家浜，是同一条河流，亦即“同河异名”。

二

将河流名“王家浜”改称“姚家浜”始于何时？现在可能已无法追溯了。但我查阅到一幅1959年4月由上海市城市建设局测量总队制印的《上海

① （清）雍正《分建南汇县志》，《上海府县旧志丛书·南汇县卷》上，上海古籍出版社2011年10月版，第64页。以下注释，凡同一丛书，仅注明《松江府卷》《松江县卷》《上海县卷》《南汇县卷》等。

② （清）嘉庆《松江府志》，《松江府卷》六，第336页。

③ （清）光绪《南汇县志》，《南汇县卷》下，第622页。

④ （明）正德《松江府志》，《松江府卷》一，第37页。

⑤ （明）嘉靖《上海县志》，《上海县卷》一，第107页。

县地图》（1958年8月，上海市西郊区和原上海县合并成新上海县，此为首张县境地图），上面已经将这条河流标注为“姚家浜”了。[①] 我手头另有一册原上海县建设局编印于1989年9月的《上海县集镇规划汇编》（1992年9月，上海县同原闵行区“撤二建一”后建新闵行区），其中有今属杜行的《谈家港镇现状图》，这条河流在里面标注的名称也是“姚家浜”。1980年代上海首轮编修的地方志中最早的记载在《南汇县志》（南汇县后升级为区，2009年8月划归浦东新区），志书正文中虽未见到有“姚家浜”的文字记载，但卷首“南汇县水系图”中这条河流标注的名称也为“姚家浜”。[②]《上海县志》分别在第三篇“自然地理”附表和第十二篇“水利”中，两次记载到这条河流，但两次都记为“姚家浜”。[③] 以后出版的《上海地名志》第一篇“自然地理实体地名”附表中，也将此条河流记载为“姚家浜”。[④]《闵行区地名志》第三篇“河流及水工建筑地名”中，不仅记有“姚家浜”河流名，还特地注明这条河“一度用名王家浜”。[⑤] 从“一度用名王家浜”的记载语气可知道，修志者把“姚家浜”当成正名，而“王家浜”反而成副名了。这是反客为主，明显有悖历史事实。

为什么那么多的出版物会将“王家浜”记载成“姚家浜”呢？或者说怎么会出现“同河异名”的现象呢？两部地方志书上也有记载，如：

① 姚家浜　原名王家浜……本地语王读为yáng，后讹传为“姚”，故今叫“姚家浜”。[⑥]

② 姚家浜　原名王家浜。因方言“王”音近“姚”，反多以姚家浜名。[⑦]

---

① 上海市闵行区档案馆藏：27－J、2－89。
② 上海市南汇县县志编纂委员会编：《南汇县志》，上海人民出版社1992年3月版。
③ 上海市上海县县志编纂委员会编：《上海县志》，上海人民出版社1993年7月版，第187、427页。
④《上海地名志》编纂委员会编：《上海地名志》，上海社会科学院出版社1998年12月版，第80页。
⑤《闵行区地名志》编纂委员会编：《闵行区地名志》，上海社会科学院出版社2000年11月版，第250页。
⑥ 上海县杜行乡《杜行志》编写组编：《杜行志》，上海社会科学院出版社1991年6月版，第25页。
⑦ 上海县水利局编：《上海县水利志》，上海社会科学院出版社1994年9月版，第47页。

这两条记载告诉我们，“同河异名”现象的出现，与“王”字的读音有关。但例②“因方言‘王’音近‘姚’”一句太过简单，反而让人生疑：“王”字音 wáng，“姚”字音 yáo，不管是用普通话读还是用当地方言读，两者都根本不“近”音，怎么可以取而代之呢？例①的记载有点清楚，原来“王”字在上海方言中另有一个读音是 yáng。记载虽也嫌语焉不详，仅点到为止，却让人得知，“王”字的另一个读音 yáng，是造成“同河异名”的主要原因。

这马上涉及另一个问题是，“王”字可不可以读成 yáng 音呢？答案是：可以，而且古已有之。

“王”字的这个读音，涉及上海方言中保留至今的古音。王，当今读音为 wáng，但在徐铉校定的《说文解字》中，其读音不是 wáng，而是注为“雨方切”。[①] 清朱骏声撰的《说文通训定声》中，“王”字也注为“雨方切”。[②] “切”即“反切”，是古人用两个汉字为另一个汉字标注读音的一种方法。

按照反切要求，将“雨”的声母 y(ü)，和“方”的韵母（f)ang 相拼，“王”的读音即 yáng，正是“王家浜”中“王”字的读音。从宋初徐铉校定《说文解字》并据孙愐的《唐韵》添加反切算起，已经过去一千多年了。如果从孙愐在开元年间编成的《唐韵》算起，还要向前推 200 多年。这就明白无误告诉我们，徐铉注的“雨方切”亦即“王”字的 yáng 音，是唐时的读音、宋时的读音，十足一个古音。黄炎培主纂的民国《川沙县志》卷十四中也明确记载“王”字要“读古音雨方切”，亦即 yáng 音。[③] 我手头另有资料表明，这个读音还保存在江苏苏南地区。在汉语使用、发展过程中，王的 yáng 音成了方言中的白读音，后起的 wáng 音成了文读音。此当为另一个话题，恕不赘言。

这条河流在当地人口语中也一直按照古音读作“yáng 家浜”，写下来便是“王家浜”，并一代代传了下来，当地人也都知道，这还可从上面几部地方志中的记载得到证明。如你到上海浦东去问当地老年人，他们也会告诉你这条河叫“yáng 家浜”。倒是现在的记录者不知道 yáng 音应写作“王”，可能也没有深入采访了解，在根据当地人读音书写时找不到 yáng 的同音字，就

---

① （东汉）许慎：《说文解字》下，中华书局 1963 年 12 月版，第 9 页。
② （清）朱骏声：《说文通训定声》下，中华书局 1984 年 6 月版，第 917 页。
③ 黄炎培：民国《川沙县志》，《川沙县卷》下，第 911 页。

找个读音有点相近的“姚”字替代，抑或可能认为这个读音不规范，于是，将错就错（或有意为之），就这样，清代三朝地方志上有明确记载、老百姓口语中历来称呼的“王（yáng）家浜”变成了“姚家浜”。这种乱写古音字的现象过去并不多见，尤其是那些常用的方言字根本不会乱写，例①②③清代三朝地方志明确记载为“王家浜”的例子就可说明。

事实上，“王”字这个古音不只在上海浦东有，浦西也有；不只出现在河流地名上，也出现在村庄地名上。如上海西南七宝镇友谊村七莘路两侧（今华友路高压线处）原有个村庄，我们从小口语中一直称“×更依”，“×”的读音也是 yáng，写出来便是“王”，村民也都姓“王”。上海市松江区《九亭志》记载：九亭镇东部靠小涞港处有个叫“王家库”的村庄，这个“王”字跟七宝的“王更依”中的“王”字一样，读音也是 yáng。① 正在参加编撰《浦江镇志》的老王告知，他出生在浦东原杜行乡勤建村七队一个叫“yáng 间里”的小村庄（位置在“姚家浜”北），这个 yáng 写出来也便是“王”，也是他的姓。他们村庄以及周边的人都是这样讲，而写出来时，人人知道应该是“王间里”，从没有人把它写成“姚间里”的。上海浦西、浦东这三个村庄的地名告诉我们，口语中常有带 yáng 音的字，写出来也一定是“王”。我又向上海闵行华漕镇的老法师朱墨钧咨询过，他一下子说出了当地两三个带 yáng 音的地名。苏州一位网名叫“寒寒豆”的朋友，在博客上给我提供了一个“王坊”的地名，他说其中“王”字也读“旺”（即 yáng）。从至今存在的这种古音语言现象可推测，在上海郊区和苏南地区，这些读 yáng 音、实际是“王”字头的村庄、河流等地名一定还有，而且数量也不会少。如果当年的地图测绘者不耻下问，多调查几个人，也许现在的地图上仍然是“王家浜”而不是“姚家浜”。当然，从规范要求出发，“王”字古音 yáng 的标注应是［ɦia^{31}］。

因为有 yáng 这个古音，我们就好理解了，在上海原松江府以及苏州府方言中，表示太阳大、燃烧的火大的“日头旺”“火头旺”，或者表示赌运好的“手气旺”中的“旺”都读 yáng，就是因为当 yáng 音的“王”字作声旁时，“旺”的读音也读 yáng 了（如上面的苏州地名“王坊”读“旺坊”）。这些

① 松江县九亭乡人民政府编：《九亭志》，上海社会科学院出版社 1993 年 3 月版，第 27 页。

带有古音的地名方言词语一代代传承下来，到我们这一代还保持原样。事实上，在上海西南农村原松江府方言中，“王”字读 yáng 音的，除了河流名、地名外还大有“词”在，如在生活中对那些类似大王或极蛮横者，口语中一直称其为“王（yáng）”或“王（yáng）头”的，如“侬是王头佬，大家侪见侬吓个（你是大王，大家都见你害怕的）”。蔬果中有特别大且模样不正者，如两个茄子、两条黄瓜会结在一起，又特别大，口语中称其为“王”，读音也是 yáng 而不是 wáng。当地村民都是这样读、这样称呼的，是一代代传下来的读音，也说明这个读音不是凭空出现而是流传有序的。但这个读音现正在逐渐远离我们，当今 50 岁以下的当地人中知道的已不多，“王（yáng）”和“王（yáng）头”这些词语也正在远离我们，并将最终消失。而随着城镇化进程步伐加快，原带有 yáng 读音的“王”姓村庄已经被拆除或正在被拆除，如七宝地区的“yáng 更侬”（王家巷）、九亭地区的王（yáng）家库等，十几年前早就拆光了，原住民动迁分散居住后，村庄消失，地名只存在老年人的记忆中，这个读音随之也可能最终会消失。

三

方言，是传统文化、地域文化的基本载体和最直接的表现形式。上海方言一路走来，由于种种原因的长期叠加，对它们的理解、使用、传承，终于在近二三十年间出现了前所未有的使用危机和传承危机。这二三十年中生活环境的改变、文化水平的提高、普通话普及等多种原因，尤其是随着城镇化进程，成批的村庄因动迁而消失，大量的农民从农村搬进了小区新村，村委会变成居委会，从而带来工作条件、生活条件和居住条件的改变，由此 1990 年前及以后出生者，他们自会说话起就使用普通话而不会说方言，致使产生和依附于农耕社会丰富多彩的方言和方言文化加速流失，不仅方言中的古音消失，大量的方言传统词语不断遭挤压、异化、遗忘、丢弃、缩减，且势不可挡，许多几百年来流传至今的传统词语生生地被人为消灭，词语承载的各种信息也就戛然而止，致使方言传承中止的中止，异化的异化，文化断层十分明显。

为什么要学习和继承方言？现在普遍的一种说法是便于口语交流。从媒体上得知，在上海，有医院让医护人员学习方言，是为了听得懂农村患者说的病情。也有法院要求年轻法官学习方言，目的也是能听得懂村民的诉讼要求。学习方言是为了听得懂、便于交流，这自然没有错，但这还不够，对方言重要性的认识和实践，还要朝前多走一步或几步。

先请看几个例句，看各位能不能理解其中方言词语的词义：

① 晚稻处暑后方做肚，未做肚前，尽好分种，不妨成实也。①

②（比赛做对子）一场，主考得香钱百文。一日可十场，积钱千文，酒资大畅。②

③ 三岁孩儿搔背来。呀。再上些。心肝爱。③

三个例句中各有一个方言词语：做肚、大畅和上。

再举两个白话文中的例句：

① 堂倌道："就前年宁波人家一个千金小姐……拨县里捉得去，办理拐逃，揪二百藤条，收仔长监；勿晓得啥人去说仔个情，故歇倒放俚出来哉。"④

② 富罗到得楼上，举起手中那根木棒随处乱打乱揪，打碎了两块玻璃窗儿，三只茶杯，一对台花。⑤

两部小说例句中有不少方言词语，这里特别要点出其中一个音义相同的方言动词：揪。但这个"揪"并不是普通话中"揪出来"的"揪（jiū）"，读音、词义完全不同。

可能有人会问，"古文"中有沪（吴）方言词语吗？有，而且数量不少。上面列举的文献都属名人名著名作，是很容易找得到的，且从例句可以看出，几本著作里都有大量的沪（吴）方言资料。上海出版的"上海府县旧志丛书"和"上海乡镇旧志丛书"两套丛书中就有数量较多的方言词语，我已经

---

①（明）崇祯《松江府志》，《松江府卷》二，第152页。

②（清）沈复：《浮生六记》（外三种），长江文艺出版社2015年7月版，第28页。

③（明）冯梦龙，（清）王廷绍、华广生编：《明清民歌时调集》，上海古籍出版社1987年9月版，第272页。

④（清）韩邦庆：《海上花列传》，人民文学出版社1982年2月版，第225页。

⑤ 海上漱石生：《海上繁华梦》（附续梦），上海古籍出版社1991年5月版，第879页。

收集到了一大批。这是沪（吴）方言发展史上的明确记录，很多词语至今还完整保留在上海西南即原松江府方言中，也保存在苏南地区方言中，反映的是地域传统文化的流传有序。

方言是历史形成的，现存方言的许多特征和实际内容，只有联系地方史实才能正确理解。历史文献中出现的方言词语，包括带有古音的地名用词，几十年前好多是人人都懂的常用词，现在却成生词、难词，连专业人员也感到陌生，或者根本不懂；有的一错再错，到了嬲勿清楚的地步，事例举不胜举，如文献上清清楚楚记载的“串头绳”“叉袋”等，被专业研究人员错写成“脆头绳”“车袋”等。这都是上了词典的。这些属常用的都这样，稍复杂的错得更是离谱。上例“做肚”等 7 个例句还算比较简单的，其他如“一墐”“卑纨”“楼偷头”等，看上去更难懂了。同上例词语一样，它们长期在上海、苏南地区使用、流行，这可从它们在包括地方志在内的历史文献中有记录得到证明。我和周围的原松江府原住民至今也一直这样使用，就是说，周围的老头老太们可能识字不多，或者不识字，但他们都懂这些方言词语，在相同的语境中，这些词语是会从他们口中脱口而出的。前几年，有一次我去上海松江区新桥农村找来稻草，做成捆扎用的“柴户”，然后拍照，顺便问两位老人，你们这叫什么？他们立即回说“柴户”。我又把照片发到微信上，问圈里的朋友这叫什么，几个住在不同区但都有农村生活经历的朋友也都说是“柴户”（其中一个远在无锡），同我们这里完全一样，可几本方言词典上却把它解释为“稻草绳”，可见这与事实相差有多远。苏州大学石汝杰教授主编的《明清吴语词典》收了包括沪方言在内的 1.7 万多条词语，大量流传有序的方言词语进入词典，也使吴方言研究有了一个标志性的成果。当然该词典也有遗漏，如上例 7 个词语就不在其中，后来出版的拙作《明清文学中的吴语词研究》（2008 年 10 月上海辞书出版社出版）补充提供了 700 多个尚未进入研究者视线，或虽进入研究者视线但理解明显有误的吴（沪）语词。

现在，重视、关心、使用上海方言的人多了起来。但又因种种原因，使用者视文献记载、历史事实、基本知识而不顾，随心所欲，出现差错、混乱之多，以前从未有过，上海方言由此变得光怪陆离起来。这倒也为我提供了方言研究和写作的素材。我们不能把学习和继承上海方言仅定位在便于口语交流，也不能把上海方言只看作读音古怪、好多字写不出的东西（这种现象，其他方言中也有），而要看作是一种文化，一种包含地理、历史、民俗等各种信息和丰富内涵的上海传统文化，其深不可测的文化含量我们是无法估量的。如果真有那么多的方言词语到我们这一代就理解不了了，它们岂不要变成新的“甲骨文”？从这个角度看，历代遗留下来的方言语音、方言语词等堪称活化石，是老祖宗留给我们的文化遗产，也是研究沪（吴）方言起源、变化等的活资料，除了“王家浜”之“王”的读音外，在上海方言中还有不少资源，如普通话中的“打”字，从“打人”到“打水”“打的”等，词义之“广”几乎可包“打”天下，方言中却可细化为各种精确的特色动词。如将用具（如瓶子之类）“没”入水中，让水从瓶口的上面“咕咕”地进到瓶子中，这个动作用什么动词？普通话中没有。但在方言中就有，它就是“揾”，上海原松江府方言中还有个专门动词“揾水”，也属“打水”中的一个动作，而且当地农村至今还流传着一句歇后语“夜壶挽水——稳成（揾沉）”。说到“揾”字可谓“历史悠久”，它在《说文解字》中就有列词条，读音是“昷声（乌困切）”，释义是“没也”，民国《嘉定县志》卷五中对这个义项的“揾”字也有介绍。① 就是说，现在原松江府农村中还会用到的这个“揾”字，同1 900多年前的“揾”，同词同音同义。可出版的那么多沪（吴）方言词典、著作，没有一本涉及此字。类似“揾”的例子都是记录在历史文献中的，我可举出很多很多，而这些，在上海中心城区早就消失了，但它们至今仍保留在农村，当然只能说是暂时保留在农村，因为现在的农村已不是原来的农村，房子拆了，土地没了，村民走了，方言消失的速度也正在加快。这就不是简单的会不会讲方言的问题了，也不能把学习、掌握方言简单地看作仅仅是便于口语交流的问题。缺了方言传承这一块，海派文化、传统文化也就缺了重要的元素。

四

方言以后怎样发展是一回事，但对方言，尤其是河流名、村宅名等地名方言的历史事实和现状变化等语言现象，今人要有记录，要有研究，把它从前人手里接过来，对后人好有个交代，这也是传承的一种方法。河流名“王

① 民国《嘉定县志》，《嘉定县卷》四，第2874页。

家浜”的改名，粗看仅是一字之差，可一个流传了一千多年的河流名的古音，如果作为后人的我们对此没有一点记载，等于在我们手里断了线，方言和方言文化的传承从何谈起？

那么，我们该做些什么？各个层面有各个层面的任务和要求，对于参加过第一轮、第二轮修志工作的我来说，做自己能做的事，当务之急是抓紧收集、整理它们，为后人留下将来可资研究、参考的资料。为此，我做了两件事，第一件事是，在我担任撰稿的《上海市闵行区志 1992—2011》“方言”部分中，特别关注了当前方言使用中出现的两种主要变化，即一是“读音带有明显的普通话语音成分”，二是“普通话词语代替传统方言词语”，并重点选择了 100 多个词语，配以音标记入新编区志中，录以备忘，也为后人留下可资研究的微观资料。第二件事是，因我留意地名中“王”等一些字的读音久矣，历年来收集了不少资料。于是在以记载原松江府老方言、农耕社会老词语为特点的拙作《莘庄方言》“几个特殊的读音”一节中，在记载其他一些特殊读音的同时，特地把河流名和其他地名中“王”字的这个古音，及非地名中的“王”“王头”等相关资料、相关词条记载了下来。[①] 约 58 万字的《莘庄方言》2013 年正式出版，在已经出版的沪（吴）方言众多著作中，这是第一次以地方志记载地名“王”字古音。当然，像“搵”这类历史悠久、流传有序的方言词语、特色动词，也收录了进去。全书共收词条 9 400 多条，其中俗语、谚语等 1 076 条，歇后语 190 条，还配了几十张实物照片，使之图文并茂，也可帮助理解方言词语。目的只有一个：为传承上海方言和方言文化，保存多元的文化痕迹和记忆做件力所能及的事，也想用自己的行动呼吁，要抓紧收集、整理包括河流、地名用词在内的传统方言读音、方言词语，此事做比不做好，早做比晚做好，多做比少做好，多些人做比个别人做好，而且做此事还要有点紧迫感、责任心，因为上海方言和方言文化远离我们的速度正在加快。

（本文为 2017 年中国地方志指导小组办公室主办，重庆市地方志办公室承办的“第七届中国地方志学术年会”入选论文）

---

① 褚半农：《莘庄方言》，学林出版社 2013 年 3 月版，第 5、180 页。

绞圈房子：极具特色的上海传统民居

上海本地的特色住宅老房子是哪种？各位一定会说是石库门。不错，石库门是一种有特色的房子，但不是最古老的，而且它仅分布在上海市内部分地区。上海还有一种更古老而更有特色的本地民居，它比石库门房子的出现要早得多，从形制到结构，也比石库门更有特色，且分布的范围比石库门要广得多。这种极具特色的本地传统住宅建筑名叫"绞圈房子"。我们现在对石库门房子宠爱有加（应该的），对绞圈房子却视而不见，至今未被重视，甚至连专著里也从未提起过。虽然这些老房子自1980年代以后几乎全被拆光了，我想还是应该给它以应有的认识和地位，毕竟这是历史的见证、历史的记忆，是我们祖辈创造的非物质文化遗产啊。

一

既然专著中都没有提到，那么这种老房子在上海到底有没有？我的结论是：有。不仅有，而且曾大量存在过。

1980年代初起，上海开始编修新地方志，笔者有幸参与了新编《上海县志》几个部分的撰稿工作。为撰写其中一个内容，我曾查阅过关于上海建筑的各种资料，大大小小，厚厚薄薄，总有一大叠，那些材料和书籍里有文字，有照片，高楼大厦、西式洋房、普通民居，应有尽有，甚至连贫民窟中的滚地龙也作为一种类型收入其中，唯独没有绞圈房子的记载，好像上海从未有过这种特色建筑物，或者说上海建筑物中是不包括这种特色民居的，也可能编书者根本就不认识此类建筑物也未可知。鉴于它的实际存在，以及它悠长的历史和与众不同的特色，我把这种房子写进了《上海县志》（上海人民出版社1993年7月版），并根据方言词语读音，把它写成"绞（方言读音gáo）圈房子"。应该说，这是中华人民共和国成立后上海的正式出版物中第一次提到绞圈房子。过了若干年，我应邀参加一部志书的评稿，这部记述上海全市住宅建筑的专志里面虽有类似的记述，但也只字不提绞圈房子。我提了看法，主事者倒十分重视，会后特派专人来听取意见。我把有关资料提供给他们，最后他们作了修改，还把“绞圈房子”四个字写进了志书（参见《上海住宅建设志》，上海社会科学院出版社 1998 年 9 月版）。

这两个事例似乎都是我一个人在强调绞圈房子的存在，事实到底怎样呢？

（一）文献记载

在阅读到的有关上海住宅建筑的书籍中，我没有找到绞圈房子的点滴记载，但在关于上海的其他出版物中，还是找到了若干条记载，虽然由于编写者对其缺少感性认识，熟悉程度不高，因此记载得过于简单，甚至连名称写法也不统一，但表述的内容很清楚，它们所指的都是绞圈房子。现按图书出版时间先后列举于下：

《川沙县志》（上海人民出版社 1990 年 11 月版，第 934 页）第 32 卷中作为特色建筑写到绞圈房子，因为编纂者不熟悉这种房子，叙述时用字经济，语焉不详，但承认有这种传统民居，只是作者把“绞圈”两字写成“绕（原注：读若‘告’）圈”。

《上海方言词典》（江苏教育出版社 1997 年 12 月版，第 370 页）有“一交圈”（方言中“交”“绞”同音）词条，也由于编写者不熟悉这种房子，将其词义错释为“周围一带”，但所引例句明显指的是这种房子。

松江县《张泽志》（学林出版社 1999 年 9 月版）卷首有仪门及仪门头的照片，从中还可看到仪门南面的墙门间，但编纂者却标以“古建筑”之名。正文中虽有明确表示绞圈房子特征的“3 埭 2 庭心”等文字，但撰稿者不知道这类特色住宅的名称。

嘉定区《钱桥村志》（内部印刷本 2003 年，第 163 页）第十一章，将“绞圈”两字写成近音的“搅圈”，又将一幢这种房子称为“一搅圈”。

《川沙县续志》（上海社会科学院出版社 2004 年 11 月版，第 816 页）设有“传统民居建筑简介”一节，遗憾的是，它没有详细记述《川沙县志》中记述到的绞圈房子，却冠以民间从不称呼的“四合院”之名。其他的内容，则化整为零，以五分之四的篇幅，大量记述的不是民居而是建筑部件，且内容不完整。

《民俗上海·浦东卷》(上海文化出版社2007年1月版，第26页)第三章“居住”中特设“绞圈房子”一节，专讲这种房子的结构、特点等，字数约六七百字。①

闵行区《纪王镇志》(学林出版社2007年9月版，第127页)：“20世纪60年代前，纪王地区农民住房以砖木结构一埭头或绞圈式平房为主。”

奉贤区《高桥村志》(2009年10月内部印刷本，第418—421页)，多处提到绞圈房子。

除此之外，江苏常熟《冶塘镇志》(上海科学技术文献出版社2002年9月版，第401页)中也有记载，同上海志书一样，他们把“一绞圈”写成了同音的“一高圈”，记述也语焉不详。

想不到的是，三年前我应邀参加第二届国际上海方言学术研讨会时，意外得到记载有此种民居的《松江方言教程》。此书有两处写到绞圈房子：一是词语“一绞圈”；二是有一段对话，原文是：“五开间四厢房个一绞圈房子，自备料作，包工包饭，规几好银子末，肯造个者。”(第127、128页)，这是指一幢两进的五开间绞圈房子，正屋前后两进各5间，再加4间厢房，一共14间房子。对话的意思是，如要造这样一幢绞圈房子，东家自备材料，匠人包工包饭，那么需要多少钞票，匠人肯做这个工作了。这是笔者目前看到的最早记录绞圈房子的公开出版物。《松江方言教程》出版于清光绪九年(1883年)，距今100多年了。此书是传教士为其同伴编写的学习上海方言的教材，由徐家汇土山湾孤儿院天主教出版社出版，共300多页。书中记录有当年行用的上海方言(当时称松江方言)的大量词语和会话例句，内容涉及方方面面，此书极为珍贵。《松江方言教程》的记载明白无误地告诉我们，在今朝的上海城区范围里，是有过绞圈房子的，清光绪年间还在建造。看到里面有绞圈房子的详细材料，且这种房子的名称、写法同我以前的写法完全

① 《民俗上海·浦东卷》中关于绞圈房子的记述，经对照可确定转抄自在下的有关文章。当时我对其中一个词语的写法有点吃不准，便用了个近音字，“浦东卷”中也照抄不误(那个词的正确写法我已从历史文献中找到并在我新作中更正)。我对绞圈房子下的“定义”，同样是一字不漏(包括所用引号)抄录。在此我要感谢他们，这可让更多的人知道这种传统民居。当然这也从另一角度证明，绞圈房子在浦东地区确实早已有之，且形制、名称同浦西地区的一样，是同类型的住宅建筑。

一样，其词义也相同时，我真有一种大喜过望的感觉。

有趣的是，最近几年出版的非建筑专业著作里，提到绞圈房子的多了起来，名称的写法也统一为“绞圈”了，如闵行区的《浦江村宅》（上海人民出版社2010年6月版）全套共三册书，仅“陈行篇”中明确“绞圈”名称的就有19次之多。再如浦东新区的《南汇老地名》（上海辞书出版社2011年7月版），全书两册中，既有不少仪门及仪门头的老照片，还有绞圈房子的记载。

其他记载有没有？我想一定会有，而且可能性极大。从我已掌握的现有文本材料看，绞圈房子的分布，地域上已涉及上海的浦东、浦西和市区、郊区，以及江苏，时间上已涉及清代、民国时期到20世纪60年代，这些材料已经足以证明，绞圈房子不仅一直是上海地区的特色建筑，也是当年吴地传统民居建筑，这是包括上海在内的吴地老祖宗对我国住宅建筑作出重大贡献的证据。

（二）实际存在

上海城区原有的绞圈房子，我生也晚，没有看到，不好发表意见，但《松江方言教程》中的记载明白无误地告诉我们，在今上海城区范围里，是有过绞圈房子的，迟至光绪年间还在建造，不然，外国传教士是不会把建造绞圈房子的内容收入练习上海方言口语的教材的。更能说明问题的是，此书中涉及的当地房子类型只有两种，比起绞圈房子较详细的材料，另一种类型房子仅用短短6个字。这也可说明，绞圈房子在当年是主要或重要的居住建筑（顺便说一句，此书中没有出现“石库门”的字样）。另在20世纪三四十年代上海的黑白电影里，我曾多次看到有“墙门”和“墙门间”出现。墙门是绞圈房子的大门、正门，是这种房子的重要组成部分，有墙门、墙门间意味着有绞圈房子。这也可以证明，这种房子是当年上海的特色住宅。只是随着上海开埠后城市化的进程，市区的这类房子逐渐被拆光了。

上海郊区的绞圈房子，我看到过很多，本县的、外县的，乡下的、城镇的。在当年的上海农村，凡是自然村落，其间必有绞圈房子，只是数量多少、破旧程度不同而已，我和我的本家，几户人家也一直居住在老祖宗传下来的绞圈房子里。这幢绞圈房子建于何时，我说不清楚，我只知道祖父一辈时已居住在里面了。而且老宅上还有更老的绞圈房子，大家称之为“老墙门间”。

我们村上的绞圈房子全部拆毁于1980年代初期，周围农村的绞圈房子（也包括其他类型房子）也基本在此前后拆毁，原因是当年掀起了学大寨、搞规划、大造农民新村的热潮，各生产队、生产大队响应号召，实施规划，纷纷拆老屋，造新楼。自己老宅上的绞圈房子被拆除时我没有把它们拍摄记录下来，当年没有相机是主要原因，但我也很快意识到这是失误，意识到这种房子的重要性，后来，我赶在拆迁前赶快把其他村的一幢绞圈房子拍摄了下来，可做证。

综上所述，绞圈房子在原上海县城区及周围，即今上海全市范围内（包括松江、嘉定、奉贤、南汇等地），一直存在着，想要不承认它也还不行。

二

鉴于很多人都未见过这类极有特色的居住建筑，又缺少文字记载，在此有必要介绍绞圈房子的基本形制特点等情况。

绞圈房子以前后两埭（即两进。埭，沪语读音 dá）的为多。前埭（即第一进）平列有五间房子，它们的名称分别是：居中一间叫墙门间；墙门间左右各连着一间，都叫次间；次间两边又各连着一间，都叫落叶（又称梢间。我以前的文章中均写成“落檐”，有误。清末民初的文献中均写成“落叶”，口语中也称“落叶”。“檐”和“叶”音虽近，但毕竟不完全相同）。绞圈房子后埭（即第二进）略高于前埭，取后发之意。后埭也是五间平列的房子，它们的名称，除了中间的叫客堂外，其余名称同前埭。前后两埭相距约有4～8米，在前后落叶之间有竖向房子相连，这些房子叫厢房。厢房一般东西各有一间，也有两间的。前后埭中间是庭心（天井）。这种前后两埭房子加厢房，把整幢房子“绞”成一个“圈”的民居，就是绞圈房子。这种房子一幢又称“一绞圈”。（参见下页平面图）

绞圈房子如是三进的，即在第二进后边又有五间一埭房子，与第二进东西两边也有厢房连接。第三进房子的名称同第二进，只是第三进的客堂称后客堂，第二进的客堂称前客堂。绞圈房子正屋屋面均为拖戗式，即四面出檐，指墙门间（客堂）、次间上的椽子南北向排列，落叶（梢间）的椽子东西向排列，相交处屋面南北两面均有向上翘的“拖戗”，故名，这也使房型美观而耐看。屋脊高而考究，称“滚筒脊”，屋脊里横有帮脊木，屋脊两头各有一只上翘、称为“孵鸡”（俗称孵鸡头）的建筑构件。

也有三开间的绞圈房子，与五开间的不同之处是，前后两埭房子只有次间而没有落叶（梢间）。民谚中甚至有“十埭九庭心”的绞圈房子，这种房子前后共有10埭（即十进），最前面中间一间仍叫墙门间，后面9埭各有一间客堂，共9间。

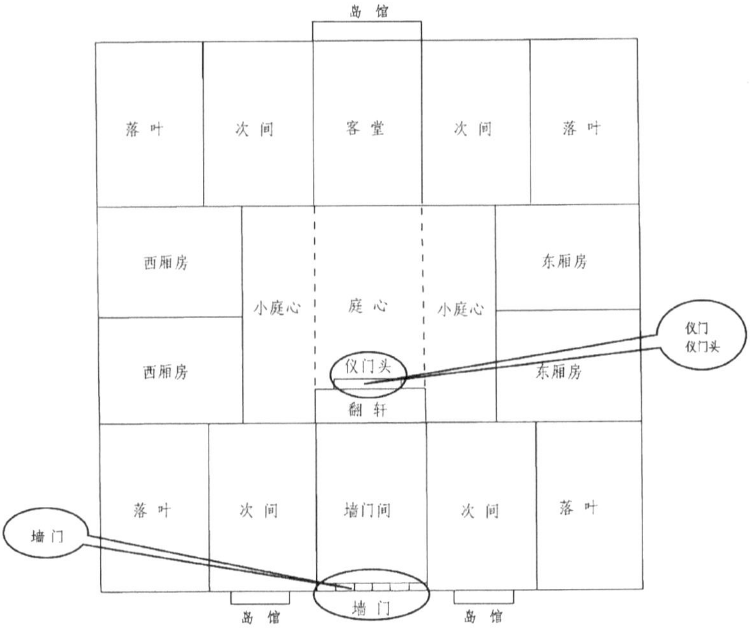

两进式五开间绞圈房子平面图

第一进的墙门间有4~6扇落地长门，称墙门，墙门是绞圈房子的大门、正门。初建时居住户都从墙门间进出，后代分家后，也有从次间、落叶（梢间）处开门进出的。但凡家庭内婚丧喜事重大事件，必须从墙门间进出。墙门间上方还设有家堂，里面供奉着本家族列祖列宗的神主牌。

客堂是家族内重大事件的开展场所，婚礼、丧礼等都在此举行仪式。客堂都有堂名，如“怀忠堂”“棣鄂堂”“润德堂”等。堂名匾挂在客堂后二步梁下方，白底黑字，字体浑厚、粗犷，很有功力，都为名家所书。客堂平时一般都空着，居住人家婚丧喜事时可通用。居住在同一绞圈里的均为本家，即为同一个祖宗的后代。墙门间和客堂的产权分属各家，根据前代分家时情况，各家据有 1/2、1/3 或 1/4 等不等的产权。

墙门间至庭心连接处，有的会有一小间过渡房，叫翻轩。庭心前与翻轩连接处有北向砖雕“门楼”，称仪门头，所装的两扇门称仪门，三进的有两道仪门。仪门头高达三四米，飞檐翘角，并有四字砖刻匾额，四周配有人物、走兽及亭台楼阁等砖雕图案，很是讲究。相比墙门来说，仪门头高大而装饰考究，又相对独立，所以现在有人认为仪门（还无端给它定名为门楼）是正门、是南向的，这有违事实，也同传统礼仪制度相违，而且明清文献上大量记录都是墙门在前，仪门在后。

绞圈房子是立帖式、七路头（即屋面设七根梁），从屋脊到廊檐，屋面椽子共三档（分别称头擎、花架和出椽）。骨架为全木衔接，且都使用榫卯，真正是“檐牙高筑，勾心斗角”。这种结构使梁、柱之间互相牵制，抗风、抗震性能极强。房子开间一般为 19 豁或 21 豁（必是单数，即梁上有 20 或 22 根椽子，宽约 430 厘米），客堂稍阔，有的会是 23 豁（即有 24 根椽子，宽约 460 厘米）的，而窗子一式均为“十楞窗”。它同市区的石库门房子形制有同有异，但是，绞圈房子建造在前，石库门房子建造在后，应该是石库门房子从绞圈房子中吸取了优点。它同北方的四合院更是完全不同，如不少四合院的大门是开在一边的，而绞圈房子的大门必是开在中间的，也没有门楼，其他的形制及房间的名称也不完全相同。

两幢绞圈房子之间有的会留有长长的空档，这就是弄堂。由这种建筑群组成的村落，河流环绕，树木扶疏，鸡犬之声相闻，庭蔓过墙分绿，春天会有燕子从客堂里斜出，冬天能见瓦花在寒风中发抖。以家族为居住单位的绞圈房子洵是农耕社会时上海、苏南地区的特色传统住宅建筑。

三

现在的上海市中心区，是在拆除原来小渔村、小集镇及农村建筑基础上重建起来的一个现代化城市。1922 年修筑康平路时，该地属上海县法华乡，还有两个自然村矗立在那边。而 1937 年时的上海市地图上，仅在今上海交通大学（徐汇校区）周围，还有名为“蒋家巷”“胡家宅”“潘家塘”等众多的农村老宅基（《上海历史地图集》），只是这些老宅基都在城市扩展中被拆除了，而且随着市区的扩大，拆除的范围也越来越大。可以肯定的是，被拆除的这些农村老宅基的建筑物中是不能排除有绞圈房子的，也许就有《松江方言教程》一书中提到的建造不久的绞圈房子。绞圈房子何时停止建造，可能已无法确切考证了，但生产资料公有化后不允许私人再去建造占地面积如此大的住宅，是事实，而实际停止建造的时间可能更早。绞圈房子在上海消失的原因是：

1. 开埠后城市化进程所致

1927年前的600多年中，上海一直隶属于江苏松江府，不过是一个县城而已，长期被农村田地和农村住宅包围着，城市建设速度相对缓慢。上海开埠尤其是在设立特别市后，城市发展，人口导入，建造工厂区，修筑大马路，包括其他老房子在内的绞圈房子等被拆除，必然会在城市中心区首先实施并向外扩展，用现在的话说，是城市发展的需要，是历史的进步。就像现在某乡、某村一旦被列入开发区、工业区等后，做的第一件事必是拆老宅、建新楼、造厂房一样。

2. 绞圈房子的形制特点所致

绞圈房子是农耕社会的产物，是以宗法制度为纽带的。最先建造绞圈房子的是这一家族的老祖宗，居住在一绞圈里的是嫡亲一家人，就是后代分家了，也还是打断骨头连着筋的同一个老祖宗的传人。这种特点的建筑物占地面积大而居住人口相对少。这种建筑因是全木结构，经岁月侵蚀后容易朽烂。又由于家族内后代人口增加，绞圈房子内部一再分割，致使有的面目全非。而对于一个要迅速扩张的城市来说，用地不经济、功能不甚符合现代城市要求又相对破旧的绞圈房子是不适应城市化进程的，当属拆除之列。如同今朝，专家们对当今残存的老房子极力主张保存，但里面的住户因这类住宅内无煤卫等生活设施却强烈要求拆迁一样。

3. 上海文化中的移民特点所致

移民中富者向往的是更气派和有舒适生活设施的高楼大厦、洋房别墅，贫者无力建造而只能先搭搭芦席棚或滚地龙，相反的两极都不会认同上海本地房子，除有经济上的原因外。另有共同的原因是移民者同时缺乏海派建筑文化的熏陶和特有的积累，因此也缺乏对本地建筑的认知和亲和，对这种房子的或有或无也缺乏感觉和切身体会。就像现在当地人对上海方言的命运表示忧虑，而新移民者态度则宽容得多一样。

4. 对其价值缺乏认识所致

建筑是城乡历史、文化的载体，绞圈房子自然也是海派建筑的重要组成部分，反映的是本土建筑文化，积淀的是历史传统、风俗习惯、生活方式、方言土语等传统文化元素。但人们对其价值认识不足，只要想想因独断、无知、颟顸而在我们手里毁坏的珍宝有多少，就知道拆除绞圈房子是意料之中的事、是早晚必会发生的事。于是在以后的实施规划、建造新村、房产开发等过程中，农村中的绞圈房子全被拆除了。

绞圈房子在上海是逐步消失的。上海开埠后中心城区的建设、扩展，前后经百多年之久，区域内老房子的拆除也相对缓慢，如直至1941年，郑振铎蛰居在今湖南路时，“四周都是菜地，时时可见农民在松土、施肥”（陈福康文，载《海派文化和精彩世博》），由此也可推测，那里还有农村老房子。而在郊区，其拆除速度则迅速得多，从1980年代算起，不过三四十年时间而已。

四

以海派和海派文化为荣的上海，何以对绞圈房子的记载、研究缺位？当然有它在上海市区被拆除得较早的原因，可能影响到对它的了解和认识，问题是郊县还有，全上海还有，为何研究者也会对它们视而不见呢？

海派文化是以眼界开阔、兼收并蓄著称的，可海派文化研究恰恰在很多时候是将上海农村这一块排除在外的。如上海方言，实际是指上海市区的方言，作为上海方言之根的郊区方言，研究乏人。《上海市区方言志》20年前就出版了，早已列入计划的《上海郊区方言志》至今仍是计划，可能永远是计划。只是比起方言研究来，绞圈房子的命运更为悲惨，作为上海本地的一种传统住宅建筑，尽管历史悠久且数量庞大，那么多年来它差不多全被拆光不说，我们对它的认知也几乎是空白，它在夹缝中艰难地想找个立足之地而不得，其境遇除了让人唏嘘不已外，还有值得我们反思的地方。上海农村中过去一直有“大上海，小郊区”的说法，说上海各项工作是以市区为重的，绞圈房子的命运似乎再一次说明了这一点。

长期以来，我们把自己居住的房子仅仅看成可以栖身的一个处所，对其中包含的建筑艺术价值、历史文脉价值、社会风俗价值和学术文化价值是视而不见、忽略不计的。因而对“旧”的建筑也一直抱有一种排斥的心态，总认为“旧”的不如新的，要拆掉，要新建的，要西式的，信奉的是不破不立，大破大立，实际看中的却是建筑物下面的土地。拆除老建筑前的被征地（其实是卖掉土地），在规划的名义下，造大楼、搞开发，既显示政绩又是一个地方新的经济增长点，而且房屋产权人还没有拒绝拆除的权利。因此要么不搞，一搞就是摧枯拉朽式的、遍地开花式的，时至今日，保护传统建筑的呼吁者和旧区改造、区域开发的实施者之间，仍一直在较劲，体制因素加上权力因素、经济因素，后者不是往往轻易地战胜前者吗？这个过程早在二三十年前在农村就实施了，对一切老房子的拆除，其速度比当年市区更快，任务完成得更彻底。就在传统建筑文化已得到重视的几年前，我还看到某镇在老街改造中拆掉保存完整的绞圈房子，而后建造了叫不出名字的古怪建筑的事。

有学者曾这样说过，已经消失的七宝、莘庄老镇的富人高宅大院，农村的二进五开间老宅，无不具有独特的价值。这“二进五开间老宅”，其实就是绞圈房子，但学者就是不知道它的名称。也许有人认为，绞圈房子的名称太土了，又不是“学名”。如真是这样，那真是个奇怪的伪问题。石库门它也不是“学名”，可对它的研究、保护成了一门学问，在上海将成一门“显学”。也有专家称这种老房子为四合院的。当然是四合院啦，凡三面有房的叫三合院、四面有房的叫四合院，这都是专家们讲的，可见绞圈房子和石库门在建筑史上的身份的确是不一样的。由于对绞圈房子和其他传统住宅的记载、研究缺位，连带的问题是对这类方言的研究也出现空缺。我在研究明清吴语时，发现好多词语似乎都跟这些建筑物有关，但始终没有进入研究者的视线，或者进入视线的也理解有错，有的一错再错，且都是知识性错误。为此拙著《明清文学中的吴语词研究》（上海辞书出版社 2008 年 10 月版）中，笔者特地撰写了一篇《建筑类吴语词例释》，把知道的有关内容记录下来，以存资料。在新出版的《褚家塘志》（上海人民出版社 2010 年 12 月版）中，我详细记载了这种消失不久的特色传统住宅，并绘制了两进式、五开间绞圈房子平面图，配以建筑词语例释，另有若干幅局部照片。如此详尽具体的资料，在其他大小志书中从未有过，也不可能有。这些记载真实反映了实际情况，可为建筑历史和社会研究提供确凿证据和方便，也可以说我是在为一种建筑文化正名努力。我让它在志书上留下较完整的资料，这是为它正名的最好办法。

有些建筑物被拆除时成了珍品，从地面上搬到了胶卷里，搬到了书本里，有的还整体迁移，予以保留。同为上海民居的石库门还上了邮票，只有绞圈房子命运凄惨，什么也不是。我们在把本地的老房子拆除后，在拆除得干干净净后，再千里迢迢、万里迢迢到徽州、到丽江去看老房子，欣赏它、赞美它，这自然没错。殊不知，可以同那些老房子相媲美的绞圈房子却实实在在是用我们自己双手拆除的。我想，我们村庄及周围那么多绞圈房子如不拆除，哪怕只留一两个村落的话，完全有条件、有资格像广东开平雕楼、福建南靖土楼一样去“申遗”的，更主要的是表明我们对祖先的敬重，也可为上海留下一笔丰厚遗产。我见过现存的所谓“绞圈房子”都是拆剩下的，也不是标准型的，现在想要立个“标本”可能很困难了。复旦大学葛剑雄教授在十多年前就认为上海的石库门房子“是留不住的，也不值得留”，拆除它是“大多数人盼望已久的，是一种进步”。不过他又认为石库门房子的保留“是作为古迹、文物、博物馆，而不是为了继续当民居”。石库门房子有条件这样做，绞圈房子已不具备这个条件了。从非物质文化遗产角度讲，不仅是实体的绞圈房子消失了，连绞圈房子的营造工艺也一并消失了，想重新恢复都已不可能，现在还有几个人知道这种特色传统住宅各部件名称，以及繁复的建造工艺要求？我们的处事往往是某项工艺要失传了，才匆匆忙忙想起其珍贵，想到挖掘保存，到处寻找传人。只是众多事实表明，在上海，绞圈房子想立身都困难，遑论对它的研究了。①

（原载上海市地方志办公室、上海市地方史志学会、上海研究中心编：《上海研究论丛》〔第二十一辑〕，上海书店出版社 2012 年 12 月版）

---

① 涉及绞圈房子内容的拙作主要有：《褚家塘社会情况调查》，载《上海县志》，上海人民出版社 1993 年 7 月版；《典型的旧式上海农村住宅——绞圈房子》，载 1993 年第 4 期《上海住宅》；《想起了上海农村绞圈房》，载 2002 年第 2 期《上海住宅》；《老宅》，载 2002 年第 6 期《电视・电影・文学》（收入散文集《听雨怀忠堂》时标题改为《老宅姓褚》）。因我非常熟悉绞圈房子的方方面面，现已写出更加具体、详尽的内容，还画出了两进式五开间绞圈房子平面图，有兴趣者可参看由上海人民出版社 2010 年 12 月出版的拙著《褚家塘志》中的“住房”卷。

二

其他

久而思

《上海市志·民俗方言分志·民俗卷（1978—2010）》评议稿意见

第一篇　人生礼俗

第一章　生养习俗

第二节　分娩习俗

第 44 页（评议稿页码。下同）：

“二、分娩”

1. 文中称分娩“一般不上医院”，在农村，不是不上医院，而是周围根本没有医院，或者医院（有的还称诊所、卫生院）很少，有的医院里还不设产科。1960 年代时，当地还有产妇在家里分娩。

文中“放置于平时洗浴用的木盆里”，这涉及接生用工具，不是“平时洗浴用的木盆”，而是有专门工具：高脚桶。姑娘出嫁时的嫁妆之一。

接生用高脚桶（褚半农摄）

用高脚桶接生（清末）

2. 志书记载可增加出现的变化

近几十年来，分娩的最大变化是剖宫产人数大幅度增加。据我对一个自然村的统计，1992—2011 年，褚家塘自然村（生产队）共有婴儿 55 人（其中 2 人抱养），53 名新生儿中：顺产 15 人，占 28.3%；剖宫产 38 人，占 71.7%。而 1992 年前的剖宫产人数是可忽略不计的。（《褚家塘志》）

3. 另应增加“产后喝苦草水”，文献上有很多记载：

“苦草，植物名黄花蒿。民间常在秋冬时收其全株晒干，待供产妇煎汤喝。”（《莘庄方言》）

“苦草　味苦，芳香，性破血。乡间产后多用之。”（《法华镇志》）

“苦草　自生田野，妇人产后煎服下瘀血。”（民国《上海县续志》）

“既然左府千金女，那来孩子腹中存？如今肚里多疼病，自然小产要临盆……说罢忙唤家人妇，进房服侍女千金，参汤煎好忙忙送，又烧苦草那消停。”（《天雨花》）

“（大家）七忙八乱将三小姐扶到楼下房间，端整红脚桶，教阿宝生风炉炖水，泡苦草，生愁老娘不来，三小姐先产，教谁龌龌龊龊下这双手？”（《歇浦潮》。此事发生在上海市中心区的某富裕家庭里）

苦草（褚半农摄）

第二章 婚嫁习俗

第 62 页：

1. 现在的内容没有包括婚嫁的全部内容，我在《上海西南乡村婚嫁习俗 10+1》中，将婚姻归纳为四大类型、10 种形式。四大类型为嫁娶婚、招赘婚、叔接嫂婚和童养媳婚。10 种形式为：讨新妇、嫁囡、女子“坐嫁”、男子“出嫁”、改嫁、续娶、圆房（并亲）、招女婿、叔接嫂、赘夫进（也有写成“钻火进”的，二者同音）。1990 年代开始，独生子女陆续进入婚嫁期，面对双方都只有一个子女的现实，近年来便出现了一种“两面蹲（登）”的婚嫁新形式，故称 10+1。“两面蹲（登）”，即娘家、婆家各有新房，以便新郎、新娘两面居住。

2. 关于童养媳，童养媳婚是长期存在的一种形式，1950 年代时还有，新婚姻法颁布后，童养媳离婚的不少。

3. 第 66 页中有“毛脚女婿”，但招赘婚中没有列出。招赘婚一直存在，1950 年代前，凡入赘者要改姓成女方的姓，有的地方连名字都要改。

第四章 丧葬习俗

第一节 送终与报丧

第 92 页：

“三、移尸”“将尸体稍事揩洗”。

1. 为死者揩洗称“揩身”，有约定俗成的“规定”：即揩三把，一是脸上，二是上身，三是下身。揩身用水，应该用蓬头草（即艾蓬）烧的温水，如没有，就用平常水。

2. 移尸，要由儿子捧头、捧脚，从房间移到客堂的门板上。停放死人的门板称板门，俗语有：人都死拉板门上了（意为没有办法了）。

第三节 大殓与告别仪式

第 99 页：

1. 大殓俗称“收盛”（这个词是从新编《上海县志》中来的），应为“收成”。“收成”一词自明代时就有记载了，代代相传，流传有序。关于“收成”的书证：

①“可怜一个有福相的妇人，变做个没收成的死鬼，高高挂在梁上，不知几时吊杀的。”（李渔《连城璧辰集》）

②“冯老悔之不及，因无后嗣，就将侯玉娥认为义女，将这家资房屋，尽付熊生，以作半子收成之靠。”（《十五贯弹词》，路工、傅惜华编《十五贯戏曲资料汇编》）

③“（白）‘爹爹有何吩咐？’（白）‘你是知道的呀。’（唱）‘花甲之年无后代，收成之事靠如何。’”（《双珠球》）

④“小桃尚有亲生父母，收成得过分不象样了，又恐多句口舌，真是一件难事。”（海上漱石生《海上繁华梦》二集）

⑤“（乌燕桂道）：‘我们朋友不忍坐视，现愿各人凑出钱来，先办丧事……’……乌燕桂道：‘令先尊有妻有子，本来谁要朋友收成。只因你们互相推诿，一时间委决不来，才想出这一个权宜法儿……’”（海上漱石生《海上繁华梦》后集）

⑥“尸体‘三朝’收成，入殓服孝。”（《莘庄乡志》）

2. 关于“领”，应为“领头”，单数。

第六节　丧葬形式

第 124 页：

“一、土葬”

土葬有 4 种形制：即寿塳葬、天落葬、白茔葬、草包棺材葬。

寿塳葬：生前已砌好寿塳并起坟，身故后将棺材从寿塳洞门平推进入封好即可。寿塳用黄道砖砌，呈半圆、发券，有的里面存墓志。

天落葬：下葬前在田里挖好土坑，棺材从上面放入，故名。棺材放入后用石灰、泥土掩埋。

白茔葬：将棺材停放在地里后，用黄道砖砌成房子状围住，待以后择日下葬。

草包棺材葬：将棺材停放在地里后，用稻柴押成的草轩将棺材包裹好，待以后择日下葬。

1950年代至1960年代，均用天落葬，其他葬制全无。1974年起逐渐实行火葬，今全部火葬。（《褚家塘志》）

第二篇 日常生活习俗

第三章 居住习俗

第一节 房屋类型

第206页：

“一、绞圈房子”

1. 绞圈房子的特点：一是有两埭（两进）、三埭（三进）等，传说中还有十埭九庭心的。二是四面有房，又同北方四合院不一样。三是有仪门头（也有无仪门头的，如浦东周浦镇棋杆村顾家）。四是有客堂，有堂号，如怀忠堂、棣鄂堂等。五是挂堂匾等。

两进式五开间四厢房绞圈房子（姜佳南一绘图）

三进式五开间绞圈房子（姜佳南一绘图）

仪门头（北向。姜佳南一绘图）

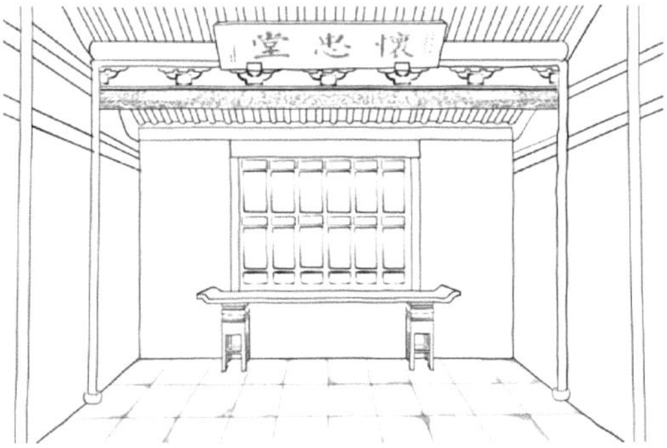

客堂间（挂堂匾。姜佳南一绘图）

2. 民俗卷中的绞圈房子分量应增加。

绞圈房子，是上海古建筑中的一种类型，指一种长期存在于上海（包括现在的市中心区），以及苏南地区的特色传统民居建筑。这种房子有两埭头的、三埭头的，都是砖木结构、榫卯衔接、四面有房、绞圈而建，木构架，立帖式，因而梁、柱、帖之间互相牵制，抗风、抗震性极强。

从其存在的意义上来讲，从文化学角度分析，建筑是城乡历史、文化的载体，绞圈房子也是海派建筑、海派文化的重要组成部分，反映的是本土建筑的继承，积淀的是历史传统、风俗习惯、生活方式、方言土语等文化元素。从建筑实体来说，绞圈房子的设计理念、形制特色、施工技术等，都是值得建筑业界研究、借鉴的对象。而房子名称、构件名称及众多的建筑词语等，它们长期在民间使用、流传、积淀，又都是语言学者，尤其是方言学者研究的对象。

“三、平房”：

介绍绞圈房子，必须先了解下面照片中同为古建筑的老房子，先要了解这幢单体住宅建筑的形制、结构及构件名称等。这种单埭头五开间房子，它同单埭头三开间房子一样，是一种制式民居。而且它还同绞圈房子有密切关系，更同中国古代传统的建筑设计理念有关，其中一些名称也都相同。绞圈房子形制就是两（三）埭单埭头房子，加厢房建成的。称为制式民居，一是因为它们都是各家历代祖宗传下来的产业，既属单体古建筑，又都是很典型的上海地区传统特色民居。它的最基本单元是“间”，五开间、三开间等表明横列一排分别有5间房子和3间房子，房子进深则以路头计算。屋面也都是歇山式（如是1949年后建造的，则是硬山式），整体造型美观，其他如形制、结构、建造方法等均相同，如使用木构架，用穿（穿枋）将柱子串联起来，形成一榀榀的帖（房架），梁直接架在柱子上面。这种木构架形式，在上海郊区称为“立帖式”，而在建筑专业书中称为“穿斗式”。

1900年上海明信片上的农村民居，可看出整幢房子为单埭头五开间

闵行区吴泾镇（原塘湾人民公社英武大队）单埭头五开间老房子（褚半农摄于 2009 年）

浦东新区泥城镇公平村单埭头五开间老房子（褚半农摄于 2018 年）

奉贤区四团镇大桥村五开间老房子（褚半农摄于 2016 年）

关于“张江镇大圣寺旁的艾氏民宅”，评议稿第206页原文是：“浦东张江镇大圣寺旁的艾氏民宅，始建于清代，总建筑面积，约650平方米，由两座四合院构成，俗称双绞圈房子。艾氏民宅是浦东新区现成的晚清传统民宅，代代相传。”

我曾在《欲说绞圈房时说了些什么》一文中，对“艾氏民宅”有专门论述，现引述如下：

> 我在《话说绞圈房子》（上海书店出版社，2017年12月第1版）中也沿用“双绞圈”名称，因为之前我未去过该房子。待我实地踏访后，才发现艾宅虽有横向排列的东西两只庭心（天井），但根本不是双绞圈。
>
> 从房子正面看，艾宅由左右两部分组成（下图），右面一埭是完整的五开间房子，中间是墙门间，两边各有1间次间、落叶。再往里就是庭心，后面第二埭也是五开间房子，中间客堂，悬挂着“恒心堂”堂匾，两边各是次间和落叶。在庭心两边，各有厢房2间。这幢房子结构完整，要素齐备，左右对称，确是绞圈房子（但没有仪门头）。
>
> 同样从正面看，左面那房子，前埭宽度只有右面房子的一半，像是三开间。进到里面，才发现这幢房子根本不是绞圈房格局，好比是将右面绞圈房子从中间一“切”为二，只有左面的一半房子，然后将这“一半”房子“傍”在右面绞圈房上，因此右面一半的前后次间、前后落叶，以及厢房这些房子全都没有的。还有后埭房子不是三间而只有两间，整个房型显得很不规范，从下图看，连屋脊也比右边的房子低了好多，且东屋脊不完整。前埭墙门位置上虽开了扇门，但没有墙门间，打开门里面就是庭心了。很明显，左边这幢“三开间”，同右边五开间房子不是同时建造的。左右两幢房子是两个各自独立的建筑单体，右边是绞圈房，左边那个单体完全不具备绞圈房要素，连称它为单埭头房子也是不完整的，所以，艾氏民居是绝不能称作“双绞圈”的。①

① 褚半农：《横塘莘两岸》，上海辞书出版社2023年3月版，第309—310页。

浦东新区张江镇艾氏民居由左右两幢房子组成，
并非是“双绞圈”（褚半农摄于2022年）

第三篇　岁时节日习俗

第一章　传统节日

第一节　春节

第251页：

“祭灶：农历十二月二十三日‘送灶’。”

灶头和灶山（褚半农摄）

应为农历十二月二十三日或二十四日“送灶”。

送灶的日子，即送灶君爷上天“述职”。方言中灶君爷称灶敬公公，送灶则称谢灶，这是一种小型的祭祀，当天晚上用点心类食物放在灶头的“灶山”里让他“吃”了后送他上天去。为了防止他在天帝面前乱说人间丑事、糗事，故谢灶祭物中有饴糖，欲将其嘴巴粘住封口。《上海县志》（1993年版）第三十篇“社会·岁时”中“十二月廿四”条称：“谢灶日，灶君老爷生日。用圆子、塌饼、慈菇、饴糖夜祀灶神……送其上天，谓送灶。”

送灶时间有两个：一是十二月二十三，二是十二月二十四。

莘庄、七宝地区是十二月二十四谢灶的，但有的地方是十二月二十三，1991年版《松江县志》的记载就是“廿三送灶”（第942页）。因此，《上海通志》（2005年版）第43卷第9章记述岁时礼仪的“上海传统岁时行事情况表”中，“送灶”的日期有两个，即十二月二十三和十二月二十四。

正月十五为“接灶”日。

谢灶习俗至今还在农村保存着，只是地方改在煤气灶上，程序更简单了。

第三节　清明节

第270页：

“一、祭祀扫墓”

1. 第二自然段，要写明年内新亡故者在清明“正日”上坟祭扫，这在地方志上有记载，农村至今这样。冬至也是正日，称新冬至。其他人家祭祀，或前，或后，但不可在正日。

2. 麦库，不是富裕人家才扎，也不是用麦柴，容易折断。是用稻柴押成的，称“囤（借用字）”，里面放锡箔，上坟时烧。《上海通志》上称“草囤”。

草囤（褚半农摄）

3. 祭祖，又称“摆太太”。不只是在清明，其他时间也有祭祖，主要是冬至、除夕，还有家庭重大事件，如子女结婚、新房上梁、乔迁新居、坟墓迁葬等，都要祭祖，要向老祖宗通神。

这个内容放在哪里比较好？要不要单独列一节？

第272页：

“四、青团”

卷中有“麦浆草”。

应增加“苦草”，植物名泥胡菜，见下图。松江府原住民至今用苦草做青团原料。

苦草（褚半农摄）

第四篇　生产习俗

第二章　经济作物、副业生产习俗

第三节　备耕习俗

第 326 页：

“三、制作稻草制品”

1. 关于“软皮糯”。糯稻柴较软，适用制绳，但不是必定要用。大量的都是普通稻草。绞索时有的是用手摇的简易工具，大量的是一人（往往由小孩担任）不停转动手中小棒、一人添柴（需要技术），慢慢绞成的。

2. “在稻草上稍稍洒水，用木榔头反复敲打”中，次序反了，应是先敲打，制作（包括搓成绳子）时再洒水。

3. 米囤不是放稻谷的，稻谷是毛的，都会攋在囤边上，掉不下来。放稻谷的是“篰”，上面可用栈条加高。

4. 扎焐窠让锅子里的饭保暖，是 1960 年代中后期渐渐出现的，老式灶头上烧饭不需要焐窠，本身有保暖功能。用焐窠的原因是田里出产的柴草不够烧（大量用于生产队副业），农村家庭开始使用煤球炉。焐窠作用，首先是要让饭“涨醒”，然后才是保暖。

1950 年代以前扎的都是脚炉窠、米囤、小孩立囤等，不存在将茶放在焐窠中保暖这种事。脚炉窠、米囤、小孩立囤等我都“押”过。

米囤（褚半农摄）

小孩立囤（褚半农摄）

栈条（褚半农摄）

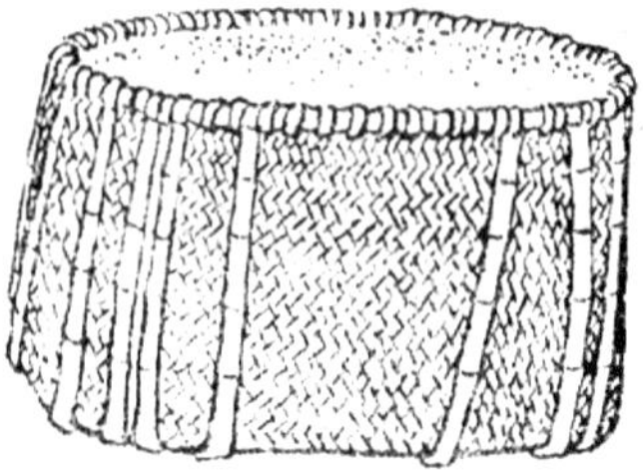

篰

第六节　谚语俗语

第 376 页：

1. 有蔬菜、棉花、麦类、油料等 7 种，为何没有水稻的？可增加“白露白迷迷，秋分稻秀齐，寒露呒青稻，霜降一齐倒”“正月初八一朝霜，一个稻穑两人扛”等内容。

2. 应增加“除夏起时”“连冬起九”等这类综合性内容的谚语俗语。

“除夏起时”，“夏”是指夏至。夏至日第二天开始（即除夏）“起时”，共15天，分头时、二时、三时，分别为3、5、7天（也有倒过来的，7、5、3天）。俗语有“时里着个洞，等于下膏壅”，是说，这段时间里，哪怕只是锄地（着个洞），也是在为庄稼施肥。时，有的写作“黗”。

“连冬起九”，“冬”是指冬至。冬至日起“起九”，即一九开始，到九九结束，共81天，最冷的“三九”就在这时间段里。

第六篇　娱乐休闲

第一章　文艺娱乐

第二节　音乐舞蹈

第512页：

“九、农谚与俗语”

共8页，应该移出。一是内容同篇章节的标题不相符，既不属于“文艺娱乐”，更不属于“音乐舞蹈”。二是在第四篇生产习俗第二章经济作物、副业生产习俗第六节谚语俗语中，也有同类的内容。这两部分内容要归并。

2020年1月9日

（笔者应邀参加上海市地方志办公室组织召开的评议会，即《上海市志·风俗方言分志·民俗卷（1978—2010）》专家评议会，此为发言内容及提交的书面意见）

附：

上海西南乡村婚嫁习俗10+1

褚半农

上海西南地区的莘庄、七宝、梅陇、颛桥等地，历史上曾长期隶属江苏松江府，今隶属上海市闵行区。

我们祖先在生存、繁衍过程中逐渐形成的民勤耕织，朴实敦厚，多明礼诚信，少奢靡越礼之习俗，世代相传，并渗透到生产活动和日常生活之中。这些民情风俗反映了当地人对基本道德的恪守和承继，对美好事物的追求和向往，展现出独具特征的风土人情，积淀成文明教化的原生状态，其中婚嫁习俗特点鲜明，形式多样。随着岁月流逝，人文环境改变，独生子女政策的推行等，这个地区的婚嫁同社会大环境一样，有了很大的改变，存留的习俗不变中有变，还增加了外来风俗，如婚礼上新娘穿婚纱、播放婚礼进行曲、双方交换结婚戒指等。

历史上当地（还应含毗邻的松江区九亭、新桥、泗泾等地）婚姻计有四大类型、10种形式。四大类型为嫁娶婚、招赘婚、叔接嫂婚和童养媳婚。10种形式为：讨新妇、嫁囡、女子“坐嫁”、男子“出嫁”、改嫁、续娶、圆房（并亲）、招女婿、叔接嫂、赘夫进（也有写成“钻火进”的，二者同音）。1990年代开始，独生子女陆续进入婚嫁期，面对双方都只有一个子女的现实，近年来便出现了一种“两面登（蹲）”的婚嫁新形式，故称10+1。

一、嫁娶婚有6种形式

1. 讨新妇。即儿子结婚、娶媳妇，当地也称讨娘子、讨女人。以男方为主，即新房等设在男家，新娘子嫁入。

2. 嫁囡。即女儿出嫁，女方准备嫁妆，将其嫁入男家。仍以男方为主，即新房等设在男家。

3. 女子“坐嫁”。即女青年招夫入赘，其家庭多为只生一个女儿，为延续香火，女儿“出嫁”，亦即“养”在自己家里，故称“坐嫁”。也有家庭生的都是女儿，将女儿全部“嫁”在家里的。此种形式以女方为主，婚后所生子女，一般从母姓。

4. 男子“出嫁”。其原因多为男方家庭内弟兄多，住房少或无住房，便有人愿意“出嫁”，即入赘女家。男方准备嫁妆，将儿子“嫁入”女家，嫁人者被戏称为“雄新妇”。

5. 改嫁。一是女性离婚后再次嫁人，离开夫家；二是童养媳不愿同原定丈夫结婚，或圆房后因夫妻关系不合再离婚外嫁。

6. 续娶。男子离婚或妻子故世后再娶。女方如有带前夫小孩过来，所带小孩称“拖油瓶”。前妻如生育有小孩，再娶者即为他们的继母，称“慢娘”。

二、招赘婚有 2 种形式

1. 招女婿，又称“拖女婿”。招女婿者大都为家庭只生一个女儿（亦称“独养囡”，同今之独生子女不完全相同），为延续香火而招男子进女家。也有家庭儿子、女儿双全而仍将女儿养在家中，招女婿上门的。养在家中结婚的女儿称“坐嫁囡”，招者称“入舍女婿”（沪语读音为 ní 消 ní 细），也称“过房儿子”（儿，沪语读音ńg）。中华人民共和国成立前的入赘者要改从女方姓。婚后所生子女，一般从母姓。

2. 赘夫进（钻火进）。系女方在丈夫死后不改嫁，再招后夫上门。如前夫育有小孩，入赘者即为小孩继父，称“慢爷”。赘夫育有子女并带过来者，亦称“拖油瓶”。婚后所生子女，一般从母姓。

三、叔接嫂婚

即嫂嫂与小叔结婚，发生在哥哥因病去世的家庭。嫂嫂在其丈夫去世后不改嫁，与丈夫的弟弟（即小叔）成亲。

四、童养媳婚

即童养媳（当地称“秧新妇”）长大到结婚年龄，与丈夫成婚，称圆房或并亲。童养媳由男家从小领养、抱养，是为儿子做媳妇准备的。

嫁娶婚中讨新妇、嫁囡等 6 种形式，招赘婚中的 2 种形式，再加叔接嫂婚和童养媳婚各 1 种形式，合起来即为婚嫁的全部 10 种形式。

1960 年代后期，我国推行一对夫妇只生一个孩子的独生子女政策。+1，是独生子女进入婚嫁期后新出现的形式，即为婚后新郎、新娘“两面登（蹲）”（登［蹲］，为方言记音字，多义，此处意为男家和女家两面都设婚房，两面都可是家）。按照习俗，女方嫁入男家后，娘家是亲戚了。如男方赘入女家，其娘家也只是亲戚而已。这样，独生子女婚后总有一方家庭要成无子女家庭。男女双方“两面登（蹲）”后，这个棘手的问题就不存在了。婚后，这个星期住在男方家，下个星期就住在女方家，不存在谁“出嫁”或谁“入赘”。这种形式解决了一方家长的孤独，但也带来另一个问题，即婚后所生子女从谁姓？

“婚后所生子女，一般从母姓”，原是指入赘家庭若只生育一个，必从母姓。子女多的视情况，有从父姓的，也有从母姓的。+1 形式的子女，一般从父姓，也有从母姓的，双方会在结婚时议定好。如允许生育第二胎，一个从父姓，一个从母姓。

（原载 2013 年第 1 期《上海地方志》）

《上海市志·民俗方言分志·民俗卷（1978—2010）》审定稿意见

一、体例

略。

二、错误事实

志书中的事实错误实在太多，只能略举几例：

第一篇　人生礼俗

第一章　生养习俗

第二节　分娩习俗

接生用高脚桶（褚半农摄）

第 33 页：（此为审定稿页码。下同）

“二、分娩”

“当婴儿产下时，通常都是放置于平时洗浴用的木盆里，所以当地又将生小孩称为临盆。”

事实错。接生不是用“平时洗浴用的木盆”，而有专用用具，即高脚桶，又称红脚桶，见左图。

为什么下面要设计成有高脚？接生时方便操作。清末《图画日报》和吴友如《点石斋画报》上有用高脚桶接生的图画，尤其是《点石斋画报》，可在上面找到十几幅接生用高脚桶的图画，见下图。

这条意见在上次的评稿会上我就提出过，也提供过图照，但遗憾的是我的评议意见未被采纳，这是不是可以这样说，我提供的事实照片及历史文献记录，主修者认为是错的？或者说，主修者根本不了解基本事实。

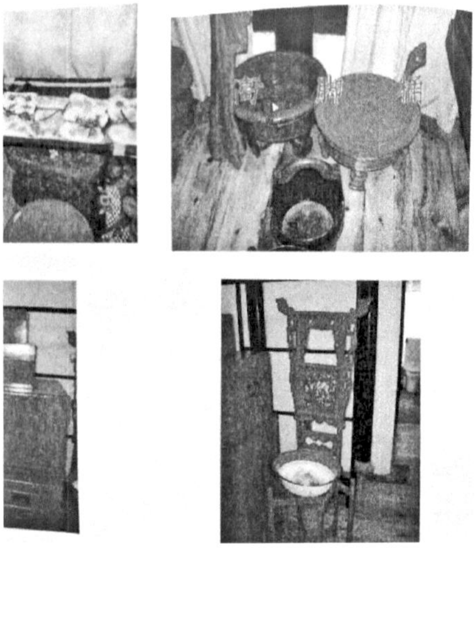

第二章　婚嫁习俗

第四节　聘礼、嫁妆与迎妆

第59页：

在图1－10“传统嫁妆”（郑土有2012年3月17日摄于金泽）中安排了一组4幅照片，其中右上角的照片中就有两只高脚桶，作为嫁妆，见右图。

第一章　生养习俗

第二节　分娩习俗

第34页：

"四、坐月子、望舍姆"

"坐月子时，产妇的婆婆会将早已准备好的俗称'蓬头'的艾叶或益母草熬成汤药给产妇喝。据说喝了这种汤后，产妇的身体恢复得快，既能大补身体，又能清除体内污秽。"

此段文字有几处错误：

1. 产妇喝的不是艾草和益母草煮的汤，而是苦草汤，这在明清、民国的地方志上有很多记载。上面《图画日报》那幅插图，一妇人端着碗，在床前给产妇喝的就是苦草汤，因为图的上方的文字说明中有"苦草汤儿煎□热，好教师姑吃几杯"。苦草汤的作用是给产妇"下瘀血""去恶露"。

2. 益母草是补身体的，产妇肯定要吃，但分娩后的第一件事是喝苦草汤。至于产妇喝艾草汤，生活中没有听说过，也不见文献记载。

苦草是民间俗称，植物名为黄花蒿，见右图。

苦草（黄花蒿。褚半农摄）

附：苦草的文献记录：

"苦草，味苦，芳香，性破血。白露清晨收藏之，产后煎汤饮。"（清嘉庆《法华镇志》卷三，《上海乡镇旧志丛书》第12册，上海社会科学院出版社2006年版）

"苦草，自生田野，妇人产后煎服下瘀血。"（民国《上海县续志》卷八，《上海地方志物产资料汇编》，中华书局1961年3月版）

另在弹词脚本和清末民初小说中也有记载：

"既然左府千金女，那来孩子腹中存？如今肚里多疼病，自然小产要临盆……说罢忙唤家人妇，进房服侍女千金，参汤煎好忙忙送，又烧苦草那消停。"（《天雨花》是明末清初的作品，说明至晚在明末时已经让产妇喝苦草水了）

"（大家）七忙八乱将三小姐扶到楼下房间，端整红脚桶，教阿宝生风炉炖水，泡苦草，生愁老娘不来，三小姐先产，教谁龌龌龊龊下这双手？"（《歇

浦潮》，小说为清末民初作品，此事发生在上海市中心区的某富裕家庭里）

第二章 婚嫁习俗

第三节 毛脚女婿与上门女婿

第56页：

写“毛脚女婿”，使用的是报刊文章，后半段是2009年6月14日《新民晚报》上石磊《上海女婿和上海丈母娘》一文。“毛脚女婿”要不要写那么长？志书中用了那么多描写性的文学语言，明显不符合志书体例，报刊文章不能照单全收。

第四章 丧葬习俗

第六节 丧葬形式

第117页：

丧葬形式共分“土葬、拾骨葬、公墓”等5种形式。其中“土葬”里有多种葬法，内容较多，却表述太简单，可能同撰稿者不了解情况有关。叙述中居然还有“旧时土葬最能表现阶级和等级的差别”的句子。“拾骨葬”详详细细，文字繁多，应作删节。

丧葬有4种形制，我在志书评议稿提出过，即寿墎葬、天落葬、白茔葬、草包棺材葬。其中前两种属土葬。

寿墎葬：生前已砌好寿墎并起坟，身故后将棺材从寿墎洞门平推进入封好即可。寿墎用黄道砖砌，呈半圆、发券，有的里面存墓志。

天落葬：下葬前在田里挖好土坑，棺材从上面放入，故名。棺材放入后用石灰、泥土掩埋。

白茔葬：将棺材停放在地里后，用黄道砖砌成房子状围住，待以后择日下葬。

草包棺材葬：将棺材停放在地里后，用稻柴押成的草轩将棺材包裹好，待以后择日下葬。

1950年代至1960年代，均用天落葬，其他葬制全无。1974年起逐渐实行火葬，今全部火葬。

第二篇　日常生活习俗

第三章　居住习俗

第一节　住房类型

“一、绞圈房子”

第 180 页：

1. 艾氏民居不是“双绞圈”，见下图。

艾氏民居是由左右两部分房子组成的（褚半农摄）

从房子正面看，艾宅由左右两部分组成，右面一埭是完整的五开间房子。这幢房子结构完整，要素齐备，左右对称，确是绞圈房子（但没有仪门头）。同样从正面看，左面房子前埭宽度只有右面房子的一半，像是三开间。进到里面，才发现这幢房子根本不是绞圈房格局，好比是将右面绞圈房子从中间一“切”为二，只有左面的一半房子，然后将这“一半”房子“傍”在右面绞圈房子上，因此，右面一半的前后次间、落叶，以及厢房这些全都没有的。左右两幢房子是两个各自独立的建筑单体，右边是绞圈房子，左边那个单体完全不具备绞圈房要素，所以，艾氏民居是不能称作“双绞圈”的。志书内容抄自有关书籍，但这些叙述都是不正确的。我实地踏访过，只要进到里面，你就知道，左边的房子绝不是绞圈房子。既是，“双绞圈”一说也是不存在的。

讲绞圈房子，可举浦东新区周浦镇棋杆村顾梦生家房子，这幢房子结构完整，保存良好（但也没有仪门头），下图为顾家绞圈房子俯摄照。

浦东新区周浦镇顾梦生绞圈房子（冯国鄞提供）

2. 宁俭堂也不是“绞圈房子”，而是“一正两厢房”。

绞圈房子基本构成要素，至少要有前后两埭正屋，两旁并有厢房连接，形成四面有房、左右对称等特点。宁俭堂是标准的一正两厢房，或者说是凹字形住宅，是三面有房的三合院，即后面一埭是七开间正屋，前面东西两面各有2间厢房，呈凹字形形制，只是在“凹”字的开口处加砌了一堵墙（为安全起见），但墙绝不是房子，两者有根本性区别。这可能是受徐大纬的影响。与宁俭堂房型相同的是张闻天故居，也是凹字形的，故居介绍上写得清清楚楚“张闻天故居……是一座一正二厢房庭院”。

闵行区浦江镇宁俭堂俯拍照片，上部（南面）明显是一堵墙而不是房子

浦东新区张闻天故居文字介绍："是一座一正二厢房庭院"

第 181 页：

图 2－21"绞圈房子示意图"完全错误，其文字也表述不清。

绞圈房子手绘图

绞圈房子门前是没有台阶的。审定稿中安排的手绘绞圈房图错得离谱，门前竟有 7 级高的台阶！生活中不可能有这种房子，完全是不顾事实的想当然。如以每级高 20 厘米计算，台阶总高度就有 1.4 米高。常识告诉我们，既有这么高的台阶，整幢房子的地基也必须全部"垫高"至少 1.4 米，而后才能在高出地面的这个高度上建造房屋。但现在图上的房子地基没有"垫高"，造成的笑话是，最高台阶的进口，居然是在房子大门中部的。这样的房子，人走到最高一级台阶后，怎么“下去”进到绞圈房子里？或者是房子里面的人怎么出来到外面？难不成大门里面也要建 7 级台阶？即使建了，但大门也太“低”了，进出的人每天只能低着头、弯着腰！上海地区所有完整的绞圈房子我都踏访过，没有一幢是有台阶的，就是比较高档的浦东陶长青宅，进去也没有台阶。我从小就和几家本家住在一幢绞圈房子里，整个老宅基和其他老宅基上也都有数量不等的绞圈房子，门前全都是没有台阶的。

绞圈房子的文字表达也不清，且有误，如“绞圈房子的重要标志，是有一座极有风度的仪门头”。事实上不是每幢绞圈房子都有仪门头的，像志书中写到的艾家老宅就没有，现在成为网红打卡点的浦东新区周浦镇顾家绞圈房子也没有仪门。而有仪门头的，基本已被拆光了，或只剩下仪门头，我手头有很多照片。准确的说法是：有的绞圈房子有仪门头。志书中还应写明仪门头的位置在哪里，估计拟稿者不知道。还有如“当年造的大房子，有前后两进，两边各有（厢）房连接，而今都分给众多人家居住”。这涉及绞圈房子的类型，有两进（方言中称埭）的，也有两进、三进（配的原图 2－21 就是四进的）的，民间甚至有十埭九庭心的说法，即共 10 进，有 9 只庭心。“而今都分给众多人家居住”这类与事实不符的表述根本不能出现。

评议稿会议上，我提供过绞圈房子以及仪门头等实景图，这里我重复提供两张绞圈房子实景图。

两进式五开间四厢房绞圈房子（姜佳南一绘图）

三进式五开间绞圈房子（姜佳南一绘图）

“三、平房”

第 182 页：

图 2 - 22“农村四六戗房屋”主要分布在上海西部，青浦、金山等地，也称“落戗屋”“落厍屋”，作为上海农村平房代表不典型。而浦西、浦东大量常见的房子是七路头五开间（或三开间）单埭头房子，见下图。

1900 年上海明信片上的农村民居

闵行区北桥农村民居（褚半农摄于 1984 年）

上次评稿时，我提供过数张这种住宅的照片，如“1900 年上海明信片”“闵行区北桥（1984 年摄）”“奉贤大桥村（2016 年摄）”“南汇泥城公平村（2018 年摄）”等处的老房子照片。但没有被采纳。

第四篇　农副业生产习俗

第一章　稻作生产习俗

第二节　生产组织形式和文化信仰

“一、平均劳动量”

第285页：

1.“平均劳动量”不是“生产组织形式”，组织形式名称应为“包工”或“小包工”。文中提到的方法，不是包到个人的，而是包到劳动小组的，如插秧，生产队定工分标准，完成一亩多少工分，比方说100工分，小组里有10个人，完成后每人记10个工分。如8个人完成，每人记12.5个工分。至于组内各人插秧速度有快有慢，组长会合理处理的，用不着队长样样都管。文中提到的割稻、耘稻、脱粒等都是这样的，不可能一个人一个人计算的。

2.“罱河泥，两人合作，一人撑篙，一人罱泥。”错！根本不需要“一人撑篙”。我罱过河泥，知道是怎么回事。另请看下面罱泥照片，哪条船上会安排一个人专门撑篙呢？因为罱泥人手中竹竿是撑在河中的，见右图，小船不会前后左右乱动。不可能有“一人撑篙，一人罱泥”的事，就是初学者也不需要这样做。

农活：罱河泥

3.“脱粒，又称甩稻，分两次完成。第一遍为粗甩……第二遍细甩。”这么短的文字中竟有四个错：第一，用什么农具甩？是用稻床，见右图，志书中未提及。第二，不是“甩稻”而是“掼稻（麦）”，上海方言中没有这个“甩”这个词。这

稻床（褚半农摄）

个“甩”字要到1970年代中期后农业学大寨时大量使用，因为当时有个口号叫“甩开膀子大干”。第三，没有点明时间，用人工掼稻，那还是1950年代前期的事，农村中接着就有了轧稻机，先是用脚踏的，后用电为动力的。第四，掼稻、掼麦是一次完成的，根本不存在“第一遍粗甩”“第二遍细甩”。

4.“在定额劳动的环境中，农民彼此不相助，即使是父子、兄弟也如此。体弱或技艺较差的农民不得不延长劳动时间，甚至耽误用餐。”瞎说！完全瞎说！都是互相帮助的，但有条件，即在家庭人员之间、亲戚之间、关系好的人之间。在包工的前提下，农活由你个人决定，某一样农活，可以全家出动，生产队只管你完成任务，要进度，其他是不管的。

第二章　经济作物、副业生产习俗

第二节　棉花、油料生产习俗

“一、棉花生产习俗”

第314页：

“收获”中就有好几个错误：

1.“收摘棉花必须是晴好日子，多由妇女完成，妇女们身背布袋，将开尽的棉花摘入袋中”，文字表达错在哪里？

捉花用的花袋（褚半农摄）

一是捉花人不是“身背布袋”，而是腰间“束花袋”，二是用的袋子不称“布袋”，而称“花袋”，见左图。

“身背布袋”，即把“布袋”放在“背后”，那么，如何将手里摘到的棉花放入背后的布袋中？因为背后的布袋袋口是“闭合”的，无法放入。而花袋是“束”在前面的，放进去非常方便。

2.“棉农在场地是置三脚木脚，搁两根竹子，竹子上铺竹帘或芦帘……”，听我分析又错在哪里：

一是“置三脚木架，搁两根竹子”云云，志书没有提供名称。它叫“桁”“搁桁”，不仅浦东人、浦西人口语里这样称呼，文献上也有记载，如清末浦东文化名人秦荣光著《上海县竹枝词》“特产第二十五”中有一首专讲晒棉花的，里面写到了“桁”：“八尺芦帘新买归，场前一桁对柴扉。”（上海古籍出版社 1989 年 5 月版单行本）

二是木架（子）有三脚的，也有四脚的，这种地方只要写明“架子”即可，不必分几脚的，不然自找麻烦。下图中的架子就是四脚的。

由架子、竹竿、帘子组成的桁（褚半农摄）

四脚架子搁的桁（褚半农摄）

三是文字表达不严密，“搁两根竹子”中的“竹子”应为“竹竿”。还有如“摘满一袋后将棉花塞进田岸上的蒲包中，装满棉花的蒲包或挑，或用人力车载回家”，把话说死了，非用蒲包吗？实际上生产队里用的都是统一规格的专用麻袋，1950 年代时还在用蒲包，但容量太小。最后一句话可有可无，完全可删去。

棉花专用麻袋（摘自《松江县志》）

四是棉花秆不称“花箕”，而称“花萁”，是“草字头”的“萁”字。与历史上《七步诗》中的“煮豆燃豆萁”的“萁”是同一用法。志稿中的“箕”是错别字。

三、图照差错

如第181页图2－21“绞圈房子示意图”，错得离谱，生活中不可能有这种房子（上面已提到并分析过）。第334、335页图18B、18D、18E都是错的。图18B的弹花衣是在打棉花胎，应该是先轧花衣，将去了棉籽的花衣打松，再搓成条子。我们村1910年代时已有家庭轧花场（用牛作动力）。图18D不是在浆纱，用的是经车，那是在经布，但现场布置是错的。图18E不是经纱而是在刷布，现场布置也不对。

地方志的一个基本要求是“横排纵写”，横排门类要全，纵写不断主线。对分类后的各种事实，以时间为序，溯其发端，记述沿革及现状，以明了事实的始末。《民俗卷》婚姻中没有离婚的内容，择偶中也没有配偶籍贯内容，而“毛脚女婿与上门女婿”单列一节。近几十年中，分娩中剖宫产数量大增，反映了习俗的变化，但“生养习俗”中也没有反映。第四篇 农副业生产习俗 第一章 稻作生产习俗 第六节 收获习俗 三、加工储藏详细介绍了“砻谷”，却完全忽视了“轧米”，即用米臼（机器）加工的内容。1949年前，上海郊区已用轧米机（称米臼）碾米了。

有些差错，已在志稿中标注指出，如第88页上应该是“烧落床衣”，《海上花列传》《十尾龟》、民国青浦《章练续志》等中都有记载。

第一篇 人生礼俗 第四章 丧葬习俗 第一节 送终与报丧 五、烧床祭应是“烧落床衣”，并附资料贴条，内容如下：

> 青浦人、曾预言百年后上海召开博览会的陆士谔，在其小说《十尾龟》第16回就有“落床衣”的方言词语：“（窗）一齐开着，烧得落床衣及纸钱锡箔之属，烟腾腾地直冲出天井来，随风四散。”是说人刚死后，家人马上要将他的衣服（一般是其一身衣服）放在外面烧掉。而小说描写烧“落床衣”的句子，全部抄自小说《海上花列传》第42回：“烧得落床衣及纸钱、锡箔之属，烟腾腾地直冲出天井里，随风四散。”这倒表明，这是一种当时（包括上海市区）普遍的民俗。青浦民国《章练续志》卷二也有同样记载：“普通人家疾终之后……并焚小衣于床下，谓之落床衣。”

其实，这个习俗至今在松江农村原住民中仍是这样的，只是原来将衣服烧于床旁，从安全角度考虑，现在多烧于房外。

审定稿中还有很多事实错误，这里无法一一列举。

2020年12月15日

（笔者应邀参加上海市地方志办公室组织召开的上海市志第101次审定会，即《上海市志·风俗方言分志·民俗卷（1978—2010）》专家审定会，此为发言内容及提交的书面意见）

莘庄工业区《新生村志》稿审定意见

2021年6月15日下午，上海市莘庄工业区党政办公室在金都路3688号306会议室组织召开《新生村志》稿审定会，主要议程是：（一）莘庄工业区分管领导致辞；（二）莘庄工业区党政办主任介绍志书编纂工作情况；（三）审定专家组成员发表意见并提供书面意见；（四）审定专家组组长总结审定意见；（五）闵行区地方志办公室主要领导作总结讲话。我受邀担任《新生村志》稿审定专家组组长，下面是我根据发言整理的“总结审定意见”书面稿。

村志是指建置最小的村级之志书，是方志家族中不可或缺的重要一员。历史上一直有。第一轮修志时不涉及，也不提倡。第二轮修志开始纳入其中，《全国地方志事业发展规划纲要（2015—2020年）》强调“重视军事、武警及其他各类专业志鉴、民族地区地方志、乡镇村志和地方史编纂工作”，“指导有条件的乡镇（街道）、村（社区）做好志书编纂工作，做好中国名镇志文化工程、中国名村志文化工程组织编纂工作”。

《上海市乡镇街道村志及专业志编纂规划（2017—2025）》（上海市地方志办公室，2018年1月12日），是市志办对编修村志的基本要求。其中在“三、编修原则”中提到：“（一）坚持依法修志的原则。严格遵守《地方志工作条例》《上海市实施〈地方志工作条例〉办法》及各区颁布的地方志工作规范，严格履行评审验收程序。”在“五、编修要求”中要求做到：“（二）体例上坚持志体，横排门类，纵述史实。志书名称冠以下限时的规范的行政区域名称；以本行政区域为记述范围，越境不书。不随意突破志书的上限和下限，严格控制上溯或下延。合理运用述、记、志、传、图、表、录等体裁。以志为主，述而不论，生不立传。入选中国名镇名村志文化工程的志书编修遵循其编纂规定。（三）内容要记述完整，横不缺要项，纵不断主线；详略得当，重点突出；注意突出各地个性特点，鼓励创新，对于历史特性、时代特点、地方特色等个性内容的记述，可以适当打破常规。”村志编纂还有个要求，就是“以信史为念，详县志所略”（信史是较为翔实可信的史书。也指纪事真实可信、无所讳饰的史籍）。

下面对《新生村志》稿谈几点看法：

一、体例、纲目

制定体例，确定纲目，村志首先要把类型确定下来，结构也确定下来。现在的志稿，在纲目上如生产队、行政村的撤制、改制等大事，都没有反映出来，应在第一级目录上独立设章。

（一）谋篇布局反映特色，涉及纲目制定

第十二章章目是“征地动迁”（第 201 页），概念太小，应该是“撤制、改制”（或者撤队、撤村、改制）。现在的内容记载很乱，也分得很散，如第一章“建制沿革”中包括了行政区划、村宅介绍、生产队概况、征用土地等，连撤销各生产队建制、撤销新生村建制也归在里面，这种安排不妥。章目“征地动迁”包括不了“撤制、改制”（或者撤队、撤村、改制），反过来能包括“征地动迁”。“撤制、改制”（或者撤队、撤村、改制）中有大量内容，包括批准文件、清理资产、核算农龄、资产量化、撤队分配，而撤村，另外要增加改制内容，成立公司，股份设置、入股原则等，现在志稿中都没有涉及。撤销生产队（撤队）和撤销行政村建制（撤村）意味着当地作为农耕社会的历史彻底结束，从志书编纂角度而言，又是个天然断限，这段历史必须记入村志，一个村的历史才完整。由于没有章目，或者归类不当，有些内容无处安排。

再如第一章“建制沿革”（第 21 页），应该首先交代村名（新生）由来，从中华人民共和国成立后的村，到初级社、高级社名等。其次介绍区划变化，应该从民国时的保甲说起，到区、乡，再到县、乡镇，一步步交代清楚。最后安排各个自然村情况，以及同生产队的关系。第 23 页第三节“村民组”（生产队），大量的内容应放到另外章节中的，现在显得凌乱、不得要领。还有如撤队、撤村时的集体资产处置，就不能放在这一章中。

（二）纲目要摆脱用一般县志的概念套村志内容的做法

志稿中出现概念太大的问题，如第十四章章目“教育”（第230页），节目分“学前教育”“普通教育”“高等教育”“业余教育”，完全套用县志、区志，一个村里有“高等教育”吗？而志稿内容其实是村里大学生名单。本章节目是否可改为村民文化程度，幼儿教养（幼托），在村学校（公办、民办），大学生名录、夜校等？

第十九章章目“方言与谚语”（第280页）中的“谚语”二字多余，删去。现3个节目要好好安排一下，第一节节目“方言”就不妥，同章目重复，实为“各类词语”，还有标为“新生方言——词义”多余，删去。

（三）关于沿革

应该从唐天宝十载（751年）建立华亭县写起，这是上海第一个县级行政单位，有了华亭县，以后才有上海县，才有大上海。华亭县存在1 160多年，到1914年改为松江县。

元至元二十九年（1292年）从华亭县中分出上海县，颛桥地区以后分属华亭、上海两个县（第21页），新生地区属哪个县？这要交代清楚。志稿中两次提到颛桥镇“下辖7个保”“下辖9个保”，新生地区属于哪一保？能不能落实到民国时的保甲？这就是落实记述完整，横不缺要项，纵不断主线的要求。《松江府志》上应该有记录，仔细查一下。如莘庄的东吴地区，华亭县时属华亭三十六保，后分为华亭三十六保、娄县三十五保。卷首的“建制沿革名称一览表格”应该归到第一章中来。

新生地区何时归为上海县一个县管辖？志书没有记载。

（四）村志中的重大事件

村志中重大历史事件的记载不能有遗漏。当然，村志中记载重大事件，跟现在提倡的重大事件志，如“世博会志”“抗震救灾志”等，概念并不完全相同。

重大事件是指在某一个时期内发生，并对国民经济和社会发展产生过重大作用、有过重大影响，具有某种标志性意义的大事件。用这个标准界定，中华人民共和国成立初期的农村，1950年代就有三件重大事件，以时间顺序排列，一是土地改革运动，二是农业合作化运动，三是人民公社化运动。而土地改革运动是中华人民共和国成立后农村的第一件头等大事，它是中国共产党领导的废除封建土地所有制的革命运动，由此完全改变了中国农村。也因为有了这件大事，才有紧接后面的农业合作化运动和人民公社化运动，直至 1980 年代出现联产承包责任制等。因此，土地改革运动是村志必须记载的重大事件，而不是一般事件。

重大事件怎么写？在纲目安排上，必须在第一层次上设立章目，下面层次中细列；在具体内容上，也必有准确而详细的一二三四。第一轮编修的各地县志应这样处理，后起的乡志、村志也应是这样的。以“土地改革”为例，内容应有开展时间、政府指示、划分成分、没收（征收）和分配土地、颁发土地证。上述五个关键词，其核心内容一是划分、评定各家庭阶级成分，二是没收（征收）地主、富农等的土地并分配给无地或少地的农户，三是颁发土地证，这是村志记载土改的重点内容，必须详写，缺一不可。

但村志稿中涉及土地改革的 2 条大事记：一是“土地改革全面开始，年底基本完成”（第 6 页），二是“发放社员土地证”，一共 23 个字，比梅陇的《华一村志》记述土地改革仅用 12 字（连标点）多 11 个字。正文第八章第一节仅两段 13 行文字涉及（第 149 页），字数太少，因而遗漏了很多重要内容，连划分农民家庭成分的内容也没有，连政府颁发的土地证名字也写错（第 149 页），用的是“中华人民共和国土地使用权证”“中华人民共和国土地房产所有权证”。新生村当年属江苏省上海县，九星村属上海市龙华区。我保存有“江苏吴江”，还有“苏南区奉贤县”、“苏南区上海县”以及“上海市龙华区”的土地证照片，表明土地证共有两种，分别是《土地房产所有证》《国有土地使用证》，名称上也没有“中华人民共和国”的定语，发证单位是县、区级政府。编纂人员可能没有看到过土地证实物或照片。另外，把互助组内容放在土改中，很不妥，成立互助组应属于农业合作化的前奏或试验，时间上要比土地改革晚一两年。（说明：首都师范大学出版社 2021 年 12 月出版的《新生村志》，居然把上面正文中有关土地改革的内容全部删除了。）

对“土地改革”的记载其实可以做得更好，这里提供闵行区梅陇镇陇西村《陇西志》（文汇出版社 2006 年 12 月版）的例子。志书第二章“土地、房屋”反映的是该村土地改革前后的情况，既有文字，又用了 21 张“本地区土地改革后人口、成分、土地情况统计表”（整个村的），也有各宅基的分表，共23个自然村315户家庭的分表，即每户家庭都有，表内栏目设户主、家庭人员、房子（间数）、国有（土地，坵数、亩数）、私有（土地，坵数、亩数）、合计等，共计20+1页（第41—61页），占村志468页总数的4.49%。315户中有7户无私有土地，总表中有“贫农155户”，7户（涉及许家老宅1、俞家西宅2、俞家东宅2、张家巷2）在贫农户155户中占4.52%。（此数字仅从表格中无私有土地中看出，但俞家西宅有地主1户，也只有国有土地而无私有土地，算他是无地贫农。第41页）

土改后土地情况：“全村土地总数2 813.199亩，其中私有土地共1 993.321亩，人均1.416亩。国有土地819.878亩，人均0.62亩。私有土地占总数的70.9%（最高的宅基‘田大里’占97.1%，最低的宅基‘唐家塘’占37.3%）。”（第41页）

划分成分：“全村共315户，其中地主1户（俞家西宅），富农7户（许家老宅1户、俞家西宅4户、俞家东宅1户、张新宅1户），中农152户，贫农155户。”（第41页）

陇西村通过村志《陇西志》的记载，完整地保存了1950年代初期的土地改革资料。

（五）内容混乱

城市化中自然村、行政村的消失过程需完整记录（第28—39页）。

撤销生产队和撤销行政村建制，意味着当地作为农耕社会的历史彻底结束，从志书编纂角度而言，又是个天然断限，这段历史必须记入村志，一个村的历史才完整。现在书稿中因为没有“撤制、改制”的章目，这部分内容写得很杂、很乱。除了村庄名外，都应剔除，不属于沿革，如归属不当的“土地征用情况表”，应属于“撤制、改制”。

志稿中例子很多，这里不展开，可参看修改之处。

（六）资料性是志书的本质属性

村志之重要在于资料。这类有价值而完整的典型资料还有如绞圈房子，它本来是当地、是上海，乃至苏南地区长期存在过，且比石库门建造年代更早、更有农耕特色的一种古建筑，也是应该列入非物质文化遗产名录，可以进入上海建筑史、中国建筑史的住宅建筑。现在的住房内容，记载太简单，不要用教科书式的语言表达，要实事求是地叙述（每家的《土地房产所有证》上记载有瓦房、草房，间数等）。当地有没有传统住房绞圈房子？志稿中写到“旁边是厢房”（第 270 页），这就证明有过绞圈房子。花点时间，对全村情况可作个调查、统计，列表，以保存资料。

新生村旁边的颛桥六磊村，后来同紫江村合并成紫磊村，也一样被划归为莘庄工业区。为了解绞圈房子，我采访过村民张德田，他给我画了一张自己宅基上的绞圈房子平面图，7 路头，分前后两埭，前埭三个三开间房子相连，客堂叫三槐堂、永馀堂等。这也证明，新生村里也一样存在过绞圈房子。

涉及史实要核实清楚。志稿提到成立的初级农业生产合作社（第 23—39 页、第 150 页），都是在自然村内成立，且不是全体农户入社，只是一部分家庭自愿组织起来。到成立高级农业生产合作社时才基本全部农户参加。志稿第一章“建制沿革”第三节“村民组（生产队）”在介绍各个生产队时，只记载成立的初级农业生产合作社，一字不提成立高级农业生产合作社（第 23—39 页）。在介绍每个初级农业生产合作社时，农民入社时需缴股金，11 个生产队都是“原股 7 元/亩”，撤制时以 12. 5 倍返还（第 23—39 页）。这肯定错了，需要重新核实。这就带来一个问题：编纂人员有没有去查阅过原始档案和了解农业合作化政策？

缴纳股金是农民参加高级农业生产合作社的事。这是 1956 年 6 月第一届全国人民代表大会第三次会议通过的《高级农业生产合作社示范章程》中规定的。以莘庄镇《东吴志》记载为例，“撤队（即《新生村志》中的‘撤制’）分配金额有三部分组成，其中一项是以 1 ∶ 15 的比率退还 1956 年参加高级社时的入股股金，即 1 元股金，退还 15 元”（中西书局 2020 年版，第 398 页）。

有关农村政策的文件及名称，要注意表述准确，如《农村人民公社工作条例（草案）》（即“农业六十条”）的名称，不同时间就有不同叫法。

（七）记录第一

志稿第 90 页上记有新生村 1948 年入党的第一位共产党员，其他有没有？如第一个互助组、第一个初级农业生产合作社、第一个独生子女、第一个大学生、第一个亩产千斤的田块（生产队）、第一家村办企业、第一个（批）撤销建制的生产队等。卷首照片有 1993 年新生村的第一部大哥大手机，但没有文字记录，“村民生活”这一节中未见。

二、文字部分

《关于地方志编纂工作的规定》中所规定的志书体裁有述、记、志、传、图、表、录等，以志为主体。《上海市乡镇街道村志及专业志编纂规划（2017—2025）》“五、编修要求”之五：行文要严谨朴实、简洁流畅，可读性强。使用规范的现代语体文记述，文字、数字、量和单位、标点符号的用法等符合国家有关出版规定；使用规范汉字和现代语体文记述。

村志文字的基本要求是准确、规范。现在志稿中需要改正文字的地方较多。

（一）俗写字问题

第一章“沿革”中宅基名中的“家”“塘”二字全都没有写错（第 23—26 页），但第十章“商业”中记载新生村 19 条带有“家”字的河流时，却全部错写成“介”字，如“黄介浜”“何介浜”“方介浜”等。同章“水面类型”中将河流分为“园沟”“内塘”两类时，又将 13 个“内塘”之“塘”字，全部错写成“内圹”。（第 197—198 页）卷首一幅手绘村域地图中，14 个带“塘”字自然村名中，全部错写成“圹”字，如“许家圹”“孙家圹”“康家圹”等。“圹”字本身就有，读音却不是“塘”，而是 kuàng。这个字的字义中有一个很不吉利，指“墓穴”。生活中常有将“塘”错写成“圹”字的现象，但在村志中要全部用规范字。

（二）第五章“基层自治组织”中的“村民委员会”

应该记什么，不记什么，要分清。就是说，要抓住重点内容记载。志稿第五章“村民自治组织”（第 109 页），从一开始写那么多过程，宣传、发动，不必要。7 月 10—11 日，正式选举了，哪些人当选了，村委会组成情况等却一字不提（第 113 页虽有表格），1990 年 9 月又跳到每届村民委员会选举了，表达很乱。

第117页上的村民代表情况表，是1999年的内容，以后有没有调整过？村民代表会议呢？第117页提到2次，第二次是2000年8月1日（第117页有病句），应该是每年都要召开1~2次会议的，如何发挥作用？即议决了哪些事项？志稿都没有涉及。

（三）大事记中需要改正、补充的地方不少

1. 注意把握角度，要从新生大队、新生村的角度写

大事记：1955年“2月，全国实行义务兵役制”（第7页）。这同新生有什么关系？应该写义务兵役制实行后，新生地区有没有参军的？应该写第一批义务兵役制服役人员。1957年“5月，新民主主义青年团改名为中国共产主义青年团”（第7页），也是这个问题，要从新生大队、新生村的角度写。1965年6月记载的是“大四清”，之前还有“小四清”没有记载。

“1967年1月，造反派夺权，各级党组织瘫痪。”（第9页）造反派夺权应该在1966年，不是1967年。各级党组织瘫痪，从公社、区县角度可以这样讲，一个大队的党组织有“几级”？只有一级。

2. 表达要清楚、正确

土地证名字也写错（第149页），抬头写成“中华人民共和国×××”，这是错的。上面已讨论过，这里从略。

1976年，“上海县内实行以生产大队为基本核算单位的经济核算制”（第11页）。上海县全部实行了吗？没有。各个公社里只有个别大队这样做。应该写明是“两级过渡”或者“两级所有制过渡”，这是当年学习、推广大寨大队的经验。“两级过渡”同新生什么关系？新生实行了吗？如没有实行，这条大事记不必记入。如实行了，就从新生写起，还可写个特记，专门记述这件事。

“1962年透支户154户，占分配数的46.1%，透支金额8 215元。”（第260页）平均每户是53.34元。透支是客观存在，但要有个分析，甚至可做个专题社会调查的。透支户中有三种情况：一种是家中缺劳力，尤其是缺男劳力，小孩又多且小；二是生病导致，特别是重病户、大病户；三是家庭成员中有在外工作的，有的在工厂，有的在外当干部等，他们的收入比农民高得多，但不计入生产队账上。三类家庭中，一、二类是真正的透支户。统计

透支户数，要将第三类家庭剔除。

3. 句子、意思要完整

“1960 年，村内开始修建拖拉机路。”（第 8 页）地点、数量、长度都没有，如是第一条，更要记叙得详细些。

（四）注意纠正病句

有缺主语的，有搭配不当、用词不当的，“大事记”中有不少，略举几例：

“1951 年 6 月，发放社员土地证。”（第 6 页）谁发放，缺主语。另有事实错误，“社员”一词土改时还未出现，要到成立初级社才出现，到成立高级社才普及。

1953 年，“是年，新生初级农业生产合作社成立，入社耕田 2 449. 39 亩”（第 6 页）。当年新生地区应该有好几个初级社，不可能仅一个的。初级社又称“小社”，一个村庄上也不是全部家庭入社的，因此耕田面积不可能有那么多。

1968 年“10 月，第一批 11 名知识青年来公社及大队插队落户”（第 9 页），第二、第三批呢？正文中（第 68 页）也没有提到。至少最后一批插队的要写出来，而后归纳一下，全大队插队落户知识青年一共来了几批，共计多少人，还要有年龄、性别等内容。

1970 年，“是年，新生大队副业花边收入 43 655. 86 元”（第 10 页）。这个数字表示什么意思？是多，还是少？1970 年时正在开展“一打三反”，花边收入是私人的，销售款项是汇到生产队，年终提留 5%管理费后发还的。第十一章中第六节“手工业”中提到 5%等。43 655. 86 元应该不是大队的，怎么表述？要考虑。而 1973 年后情况又不一样。另，编结是家庭副业，归在“手工业”中是不是妥当？

（五）重要的资料要注明出处

志书中引用的重要的资料要注明档案出处，最后要有索引。这既体现了志书体例的完整性，也给查阅带来方便。

三、表格

（一）表格是村志重要组成部分

表格用得好，可起到“一表胜千言”的作用。如第一章“建制沿革”，文字讲了那么多，如在文字下面将新生村沿革变化归纳成一张表格，读者一看就清楚了。卷首沿革的表格应该归到第一章中来。第十七章“村民生活”第一节“收入分配”（第260—266页），每年用一个自然段文字表达收入多少、支出多少等，阅读起来太吃力了，如用文字+列表，效果要好得多。

（二）表格内容设计要完整

表格内容设计完整，才能发挥作用，第262页“生产队一级收益分配方案”表达什么？不好理解。要好好设计一下。

表格内容要好好设置，如第三章“人口”中，有插队落户知识青年表格（第68页），现在分5栏，其实还可增加2栏，一是性别，二是年龄。可能最小的才16岁，特别是第一批、第二批插队落户的，年龄普遍较小。文字中最好要表述清楚，共分几批下来的，也可在表格中再增加一栏。就知识青年插队落户内容来说，志书可作些改进。

第133—137页的表格，从设计项目上看不出这是“参军情况表”，是出于“保密”，还是没有掌握资料？表格项目缺项较多，有出生时间，却没有同表格主题密切相关的入伍时间，不妥。我倒看出新生3队的“张文忠”是我同一个营的战友。第234页，大学生名单，大专或本科，表格中要不要区别反映出来？非全日制的毕业生呢？国家承认学历的，为什么没有？其实，1978年之前和之后要分一分，工农兵大学生要不要分一分？（第233页却有一段领导、组织的文字表述），研究生（硕士生、博士生）也没有。第235、236页，入学时间有不少是空的，必须补，以后出版社也会要求补上的。

第259页第十七章“村民生活”第一节“收入分配”应写什么内容？现在的很多内容属于“村级经济”的，内容很杂，很乱。这里应该是村民的日常生活，社员年终分配是重点，应该列表，每个队，具体内容有总收入、总支出、净收入、分红单价、分红金额。现在几张表格不足以反映，要好好设计。第266页开始的“1961—1990农牧副业收入情况表”应归到“村级经济”中去。

（三）表格标题和内容不符

“参军情况表”二者严重不符（第133—137页）。“1962—1963年新生大队人均收入情况表”（第260页），可表格内容还有每人从集体分得的粮食数量。

“1963—1984年新生大队主要农作物平均亩产量”（第159页），表中“主要农作物”指哪些？水稻、油菜、棉花？文字中有水稻，但水稻中还分早稻、晚稻，另外还有小麦、大麦、油菜籽、干蚕豆等，有没有包括在内？志稿都没有说明。

建议对志书稿作一次比较认真和大的修改。

2021年6月15日

《莘光村志》序

前不久，金其兄将《莘光村志》稿本给了我，要我写个序。我虽修过两部村志，但没有写过序，自知人老言轻，心里有些顾虑。只是我们有过共同的修志经历，深知其中甘苦，而看到金其和他的同伴们克服各种困难，终于取得成果，我自然表示祝贺。金其的话于我心有戚戚焉，便应承了下来。

莘光村和东吴村，坐落在横塘（1976 年开挖后称淀浦河）两岸，一家在东横头，一家在西横头，同饮一河水，本是“弟兄淘”。又同莘北、青春等其他 6 个行政村一起，是组成莘庄乡（镇）的主体，都为莘庄地区的建设发展作出过各自的贡献，创造过各自的辉煌。进入 1990 年代，莘庄地区开始城镇化建设，土地大量被征用，村宅成批动迁，村民变成居民，农耕社会消失，整个莘庄地区从社会结构到生活方式，都出现了前所未有的改变。在推进村集体经济组织改革中，莘光村已于 2004 年撤销村委会，改制成实业公司，村民也成为股民。还有 1958 年修筑的沪闵路、1976 年开挖的淀浦河、1998 年正式通车的莘庄大立交等，这些市级及以上级的大工程，都同莘光村密切相关。这一切，彻底改变了全莘光村（还有全莘庄镇）的面貌，这一切，又需要用村志来记载，这也是编修《莘光村志》的价值和意义，一句话，是为了留存乡村历史，记住乡愁，留住乡情，纾解乡思。

村志编修可以有多种形式。记得 2019 年我还正在修《东吴志》时，金其兄和嘉敏兄二位挚友到我办公室，说要准备修《莘光村志》，想听听我的意见。根据实际情况，我建议他们采用较为灵活的体例方式，从为每个生产队撰写一篇社会调查入手，记述各队的概况、家庭人口、农副业收入、年终分配、婚姻生育，以及撤队、撤村等内容，每篇字数 1.5 万到 2 万字，卷首另设全村总述，而后汇编成村志。现在的《莘光村志》共设二十章，体例上有所变动，这更能全方位记载一个村的自然、政治、经济、社会、文化的历史和现状。

《莘光村志》非常注重记述重大事件，如土地改革、农业合作化、人民公社、联产承包等，记述又深入到生产队，比较完整记录了各个事件开展的全过程，基本反映了各个事件的概况和历史进程，资料又注重细节记录，显示的是多元的资料文献价值。1950年代中期以后，土地以生产队为单位归集体所有，而当年各队占地情况，早已没有办法查考。不过《莘光村志》为我们记载了各生产队每一块土地的编号和面积，而这些田块地图是金其兄1970年代农业学大寨运动时制作并保存至今的珍贵资料。到了1990年代以后，随着建设的需要，土地被征用，土地的具体征用时间、补偿金数量等，村志全部记录了下来。其他如插队落户知青、物价变动、住宅建筑、年终分红、习俗方言等，都是富有特色的本地资料，也都是第一手资料，实打实地展现了莘光村（大队）几十年的发展史。

表格在志书中很重要，它既能化繁为简、节省文字，又能聚零为整，反映全貌。村志中为各生产队制作的基本经济情况表格，就详赡生动地展现出一个最为基层的生产组织的经济实力。如1962—1984年基本情况表中，记载了各种作物的种植面积、亩产量。这些作物包括小麦、大麦、元麦、早稻、后季稻、单季稻、棉花、油菜，重要作物，一样不漏。对各生产队年终分配，涉及家庭数、人口数、总收入、总支出、净收入、总工分及工分单价、每户的分配金额等，也是逐年都有详细数据。金其兄告诉过我，这些数据，除了来自区档案外，很多是他当年担任大队（村）党支部书记时每年积累下来的资料，而且保存至今，真是个有心人！这为编修村志带来意想不到的方便，也应了一句老话：机会总是留给有准备的人！

家谱入村志，是近几年编修志书讨论的一个热点。据我所知，莘庄地区历史上好像没有家谱（也许我孤陋寡闻），1980年代编修的《莘庄乡志》《莘庄镇志》中也未提到谁家有祖传家谱。现在即使是编一个自然村、一个生产队的家谱，就要花费大量的时间和精力，编一个村的家谱，那更是个大工程。《莘光村志》做成了这件事，将全村10个生产队、28个自然村的家庭简谱收入其中，为后人留下珍贵的资料。这也是件功德无量的大好事，值得点赞！

金其兄既是土生土长的莘光人，又在十多年的时间里，连续担任过莘光大队、莘光村的党支部书记，对这里的一家一户、一草一木都有深厚感情，情况熟悉无比，肚皮里装满了地情“货色”。团队中他的同伴，也全都是生于斯、长于斯的莘光人，其中有乡镇级干部、军队转业干部、老教师、老会计等，他们了解莘光、熟悉莘光，又都是莘光的“笔杆子”，由金其兄领衔组成修志班子，无疑是编修《莘光村志》的最佳组合，而《莘光村志》稿又都是各位利用业余时间撰写的，这更让人敬佩！这些年来，金其心心念念要为自己的家乡修部村志，现在，他的愿望实现了，在此谨向他和编修团队表示祝贺和敬意。当然，现在的稿本尚属评审稿，金其兄和他的同伴们，正在继续努力做好下一步工作，即纲目上作些调整，内容上作些补充、修改，文字上作些推敲，在高标准的要求下，《莘光村志》必将以全新的面貌呈现在大家面前。

2022 年 3 月 6 日

三

受评

久而思。

一部反映一个自然村画面的百科全书

——评《褚家塘志》

沈永清

褚半农先生编撰的上海市闵行区莘庄镇东吴村《褚家塘志》由上海人民出版社于2010年12月出版面世。《褚家塘志》（下称《褚志》，以下引文不注明出处的均出自该志）的记述范围是“褚家塘自然村地域”，面积仅为0.31平方公里。“户数1951年为41户、174人，1999年为74户、278人”。记述时间上限为1949年，但部分记述有上溯。下限一般定在1999年，又因涉及1995年政府文件决定撤销褚家塘生产队建制，几年后实施撤队分配，农民动迁乃至褚家塘农民新村全部拆除等重大事件，记述必须下延，有的甚至延至2009年。“2009年4月，最后几户家屋拆除。至此，……褚家塘自然村不复存在。”《褚志》为在闵行区版图上已经消失的褚家塘自然村留下半个多世纪社会主义新农村城乡一体化的历史画面，是20世纪40年代末至21世纪初（1949—2009年）中国江南农村生活、生产画面的形象再现。笔者研读其志后认定《褚志》是一部编撰体例规范又有创意，资料翔实系统、文献价值多元，能涉足学术之林的反映一个自然村画面的百科全书。

一、体例规范又有创意

其志开卷最先映入眼帘的是“褚家塘生产队地图（1977年6月）”“褚家塘位置图（1990年）”，明确记述范围。紧接其后的是彩版10页，有褚家塘农民新村、墙门、贴、壁脚、水闸、联产承包合同、劳动手册（1992年，原名工分簿）、农民留用油票、肥皂票、轭头、黄金瓜、看棵（芒）、镜台等48帧照片，形象展示褚家塘生活、生产、居住、农具、农作物等历史画面。

其志“序”由复旦大学中文系教授、博士生导师蒋凡（1961 年 4 月 29 日至 6 月 26 日，蒋凡先生和他的几个学生曾到褚家塘下乡劳动）撰写，序中讲到“这是具体生动的自然史，是今日的活历史。自然村是古往今来中国社会的基层细胞，如果没有自然村这一基层细胞，又哪有区县、省市及国家的社会组织呢？由此，历史家的眼光，应该由下而上，从具体了解自然村及其家庭组织的真实生活开始，逐步向上推移扩展，最后才能真正了解中国的真实历史。我曾因工作需要，翻阅数百种各省通志、府志、县志、山志之类，但遗憾的是，很少见到一部真正的自然村志。而褚半农先生《褚家塘志》之著，正好填补这一学术空白，嘉惠学林，开拓之功不可没。”其志可贵之处“保存了许多当年江南农村第一手的原生态历史资料，可补正史不足”，可资作史者参考借鉴。请专家学者作序，阐明其撰述意义与学术价值，是方志的传统之一，在《褚志》中得到发扬光大。

《褚志》设概况（位置、沿革、河流、道路、土壤）、政事（组社、承包、运动、成分）、土地（土改、集体、自留、征地）、经济（收支、税金、分红）、农业（种植、养殖、农具、农活）、住房（老宅、新村、动迁）、人口（人数、户籍、文化、姓氏、婚育、死亡）、物产（作物、竹木、花草、众生、其他）、风俗（节序、习俗、婚嫁、丧葬）、方言（语音、字词、称谓、俗谚、约计）、人物、艺文（文学、论文、广播、书目、文选）、事录、杂记（褚家塘来源、日本侵华者罪行、出饭率、反动标语事件、大寨式评工记分、小包工、老宅出土银元事件、黄金瓜种植法、制作法［五则］）、文献（褚家塘生产队“四清”运动总结、莘庄人民公社“三干会”发言材料、“农业学大寨　普及大寨县”标语口号、撤销褚家塘生产队建制文件）、附录（褚家塘社会情况调查表；索引：［1］事项，［2］方言）等 16 卷，卷下设 65 分目，分目下设 162 子目。其志按“横排竖写”的方志传统体例，采用类目体式，为类目、分目、子目三个层次，以类目、分目为主，子目为辅。从其类目考察，涵盖了褚家塘之自然、政治、经济、文化、社会（小社会）、人物等大类，再按各事类内容的多少，分别在不同层次上进行纵写，记其起源，载其变化，录其现状（消失时间）。

正文设有“华民初级社基本情况”等不同事类随文表 33 张，“褚家塘老宅住房分布示意图”等随文附图 3 幅。卷末“后记：为消失的村庄留下历史”

中，褚先生自述这是一部自然村史实的志书，旨在为已经消失的褚家塘留下原生态的资料。

其志体例上的创意有四：其一，卷首不设概述。各卷（类）除卷九“风俗”、卷十“方言”外，余则各卷（类）均不设“无题序”。“述体”是新方志的规范载体之一，那么《褚志》不用“述体”是否有违志体呢？笔者回答是“否”！理由是记述对象是自然村的村志，介于行政村与族谱之间，是各级志书中的微观层次，所记内容是村民耳闻目睹之事，旨在留下真实的微观层面上的生产、生活、人文资料，无需运用“述体”来沟通其各事类的联系。因此其志未用“述体”应是其创意之一。其二，其志不设“大事记”，而立“事录”卷。事录始于1942年8月9日，迄于2009年9月，记事429件（条），是褚家塘67年间所发生的大小不同的事件。正如其“凡例”所言：“‘事录’记录连续，内容鲜活，桩桩件件，皆褚家塘独有，连起来就是一个自然村的这几十年的历史。”笔者拙见：其志将大事记冠以“事录”之名是名副其实。大事记，非大事不记，而事录则不受此限，对各类事件可灵活处置，也更符合自然村志的编纂实际，“事录”之应用是其创意之二。其三，运用“注”（说明）体。其志对于超越上下限的内容，在凡例中进行规范：“凡上溯下延，志书中均有时间标注。”“村民名字，用字向来不严，时用同音字代替，在实际使用中逐渐约定俗成。为尊重事实，志书中凡遇此种情况时，一般按原稿写法，而后批注说明。”例，“褚藕珍（即褚偶珍），褚王氏（即王荷珍）”。“志书引用文献，均系原文，包括标点在内不予改动，对文中错别字，则改正后用括号标出。对文中的漏字，补足后也用括号标出。”例，“褚家塘土地改革后人口、土地、房产情况统计表”，注明出自“区档64-3-21,64-3-146”的原件。此表注“3.‘合计’中的房屋间数，档案封二注明为183，表格内整数相加已是183间了。4.‘合计’中，基地面积16.154亩，为表格内相加的数字。档案封二上注明合计数是15.774亩”。其志对文内名字、俗语、简缩语等均用括注予以说明。例，“1956年华民初级农业合作社和东新（东青元）、新民（沈家塘、金家湾）两个农业合作社合并，成立高级农业合作社”。“今朝我帮你家，明朝（下一次）就你帮我家，故称盘工，也称盘工做。……年终按‘土四劳六’（即入股土地占40%，劳动力工分占60%）的比例分配。”此类随文注普遍存在于志文之中。“近年来出版的志书，有一通病，即大多数不重视资料出处。志书基本上是一种历史性资料书，所记内容均不注明出处，不仅当代人无法审其是非，后世人利用者更是如何信得?”①《褚志》一是注明资料出处，二是将注体引入其志，符合“对重要资料来源注明出处，对具有时代特征和地方特点的词汇作准确、简明规范的注释”（《关于第二轮志书编纂若干意见》，中指组字〔2007〕1号）之学术规范。其四，编制索引。其志索引由事项、方言、俗语、俚语、歇后语构成。索引0.75万字版面文字，为全志24万字版面文字的3%。其志索引作用是“以方便查阅有关内容和方言词语、俗语、歇后语”。“志书作为工具书，索引是必不可少的，它为读者检索提供了方便。”② 索引是志书的基本体裁之一：“索引，分类标准统一，名称概念清楚，提炼的标目符合主题原意，附缀正文页码准确”（《地方志书质量规定》，中指组字〔2008〕3号）。《褚志》为二轮志书编纂索引提供示范，是其创意之四。

二、资料翔实系统、文献价值多元

地方志“是科学而系统的资料性文献，是对各地区自然、政治、经济、文化、社会等各方面实际情况的真实写照，是反映社会发展和文明进步的重要载体，是对地情、国情具体真实的记录，应当具有鲜明时代性和科学性”③。按此推论:《褚志》应是褚家塘村域内的资料性文献，从其横分的16个类目（卷）考察:举凡土地河川、地理沿革、姓氏溯源、经济民生、衣食住行、风土人物、民俗习惯，以及大事，无不一编在手而历历如在眼前，形象地展示了褚家塘自然村60年社会主义农村的发展史，是其资料翔实系统在宏观层面上的具体展示。

从其中观、微观（分目、子目）层面上考察:其资料注重细节记录，显示的是多元的资料文献价值。现举例说明之:（1）卷二，政事·组社，下设互助组、初级社、高级社、公社化、承包等子目，记其1951年土改后，褚家

---

① 邹逸麟:《修志贵在征信——读新修〈云翔寺志〉有感》，《立信求志的探索:〈云翔寺志〉论文集》，上海辞书出版社2010年7月版，第37页。
② 胡乔木:《希望上海市志严格要求提高质量》，《中国地方志》1990年第4期。
③ 陈奎元:《在全国第四次地方工作会议上的讲话》，《上海地方志》2009年第1期。

塘村民从各家各户单干耕作，历1953年互助组、1954年的初级社、1956年的高级社、1958年的人民公社化到1984年起的联产承包责任制，并附有“联产承包合同书”。由此从褚家塘自然村层面上展示江南农村生产关系演变的发展脉络，具有认识与学术研究价值。（2）卷三，土地·征地，记载自“1992年6月……工业区开始征用褚家塘土地……1995年12月31日，征用褚家塘队耕地16 600平方米（合24.9亩）、非耕地9 905平方米（合14.86亩）……。此次征地后褚家塘已无土地，按规定撤销生产建制”。这里以完整的征地资料告示褚家塘自然村城市化的具体过程，具有认识、存史之价值。（3）卷四，经济·分红，记述“1950年代中期……年终分配时间均在翌年春节前。劳动工分单价从0.10元（若按劳动日计算，10个工分为一个劳动日，单价则为1.00元）上下逐步提高，最高的1980年工分单价为0.182 6元（劳动日单价为1.826元）。劳均收入从1960年代的每年200元，提高到1970年代后期的每年500元。1984年为1 524元”。并辅以1966年褚家塘年终分配水平状况表，表内记时为1961—1981年，逐年记载其分配户数、分配人口、劳动力数、分配情况。以其具体翔实的细节资料反映1961—1986年褚家塘每户、每个劳动力及插队知识青年的年终分配收入（数据）水平，展示的是褚家塘村民生活水平逐渐提高的发展脉络。（4）卷十四，杂记·出饭率，记述1958年人民公社化后食堂吃大锅饭，至1961年6月2日食堂停办，各家重新自己烧饭吃，出饭率也用不到了。记载出饭率这一事件的全过程，展示当时粮食紧张，社员吃不饱的动态画面。

上述举例足以证明《褚志》资料翔实，注重细节，从微观层面上展示江南农村自1949年至2009年60年中的生产、生活画面，其资料都是宝贵的第一手原生态史料，可资作史者参考借鉴，可作当政者资政借鉴，具有认识、资政、教化、学术研究等多元价值。

三、值得研究的问题

《褚志》记载对象是上海市闵行区城乡一体化进程中一个自然村，总面积仅0.31平方公里。其志卷一，概况·位置中开宗记载“褚家塘地理位置东经121°22′，北纬31°06′”。考此地理位置（坐标）实为闵行区莘庄镇之地理坐标。“莘庄镇……地处北纬 31°06′，东经 121°22′。”① 莘庄镇域面积为“19.12 平方公里”（《闵行年鉴（2010）》，学林出版社 2010 年 11 月版，第 352 页）褚家塘位于莘庄镇域之西北端，其面积是莘庄镇域面积的 1.5%，褚家塘村域包容于莘庄镇域之中，其志用莘庄镇地理坐标代替褚家塘村域地理坐标，以整体代局部有违科学性。笔者认为：自然村、行政村之类的基层志书，只要记清其具体四至八到位置即可，其地理坐标可不记。卷九“风俗”、卷十“方言”，3.3 万字，为全志版面文字 24 万字的 13.8%，所记内容是上海西南部之风俗与方言，以大地域代替其中一点，亦有违科学性。笔者认为：如果无特殊性的风俗与方言，在自然村志中不可记或略记。

资料准确无误是志书的生命。其志在资料记载上亦有值得推敲之处。其一，“1958 年 1 月……褚家塘随西郊区划入上海县”。考“1958 年 8 月 15 日上海市调整行政区划，撤销西郊区，大部分并入上海县”。②《褚志》对其划入上海县之具体时间的记载显然有误。其二，“1964 年……本年，农业学大寨运动全面开展……”考“1964 年冬，开展农业学大寨运动”。③《褚志》记述农业学大寨具体时间以“年”为单元的时间跨度太大，当以“冬”为好。其三，“1978 年 9 月，徐银儿错划右派问题得到纠正，恢复教师身份”。考“1978 年 9 月上海县摘掉‘右派分子’帽子领导小组成立，至 1980 年 4 月……全部予以改正”。④ 上海县摘掉“右派分子”帽子小组成立之时恰是徐银儿错划右派得到纠正之时，有违常理，其具体纠正时间有误，应考证！资料入志之前应作严格考订，方可使用志者大胆使用。

规范使用具有时代性的名称概念。例，“1984 年 3 月莘庄乡人民政府成立，原人民公社解体”。“人民公社”是中国农村从 1958 年至 1984 年前后党政一体化的基层政权机构，是历史性专用名词，其志使用“解体”欠妥，应记作“1984 年 3 月，撤销莘庄乡人民公社，同时成立莘庄乡人民政府”。

从整体上考察，《褚志》是一部体例规范又有创意，资料翔实系统、文献价值多元、学术品位甚高的自然村志。究其成功之原因：其志编撰者褚半农

---

① 上海市上海县县志编纂委员会编：《上海县志》，上海人民出版社 1993 年 7 月版，第 102 页。
② 上海市上海县县志编纂委员会编：《上海县志》，上海人民出版社 1993 年 7 月版，第 49 页。
③ 上海市上海县县志编纂委员会编：《上海县志》，上海人民出版社 1993 年 7 月版，第 55 页。
④ 上海市上海县县志编纂委员会编：《上海县志》，上海人民出版社 1993 年 7 月版，第 65 页。

先生在20世纪80年代就主编《上海县教育志》（上海人民出版社1989年12月版），参编《上海县志》并撰写其中的《褚家塘社会情况调查表》。积累了丰富的志书编纂实践，因而《褚志》编撰既规范又有创意。同时褚先生是褚家塘人，在村长期生活近70年，亲自体验、目睹了这一历史变迁——由农村到城区的全过程，本村人记本村事，对于村情一目了然，又具有学者的研究水平。平时注重对褚家塘的资料积累："生产队资料虽然缺乏，我仍到处寻找，正式的收集工作前后达三年之久。"（《褚志》"后记"）褚半农先生编撰《褚志》的编撰实践、学术研究、资料收集、考证史实等值得当代志人学习，唯有如此，才能编纂出具有一定学术水准的资料性文献！

（作者单位：上海市闵行区地方志办公室）

（原载2011年第2期《上海地方志》）

精神家园　可学可鉴

——学习《褚家塘志》心得

张　军

摘　要：《褚家塘志》为褚半农先生个人专著，2019 年 5 月版是在 2010 年 12 月初版的基础上增删调整后再次出版的。全志资料原始珍贵、体例特色鲜明、图文并茂，是一部充满浓郁乡土气息的自然村志。在今天城镇化快速推进的进程中，开展村志编纂，全面系统地记载乡村自然、政治、经济、文化、社会的历史和现状，反映乡村的沿革变迁，记住乡情、留住乡愁，构筑共同的精神家园具有重要意义。尤其像褚家塘这样已经完全消失了的村庄，村志更是全体褚家塘人精神家园的永恒记忆，编纂《褚家塘志》尤为迫切、弥足珍贵。本文从《褚家塘志》编纂的重要意义、体例特色、优势特点等方面粗浅地谈几点心得体会，以供编纂其他村志时借鉴。

关键词： 褚家塘志；村志；资料

褚半农先生个人专著《褚家塘志》，2010 年 12 月由上海人民出版社出版，被列为闵行区非物质文化遗产丛书。2012 年 10 月，上海市举办第三届地方志优秀成果评选，《褚家塘志》获得（志书类）三等奖，作为个人主编的村志，着实不简单。2019 年 5 月，《褚家塘志》第二版在初版的基础上调整卷目、增加社会调查、增写撤制和概述及无题序等，由中西书局出版。全志 41 万字，被列为莘庄镇“莘文化”丛书。《褚家塘志》体例鲜明、资料翔实、图文并茂，是一部充满浓郁乡土气息的自然村志，为如何编纂村志做出了很好的榜样。我在学习这部村志的过程中受到不少启发，下面就学习的一些心得体会，兹录于后。

一、第一部自然村志

自然村是中国社会的基层细胞，没有自然村就不会有乡镇、区县、市、省及国家的社会组织。在中共十九大提出的“产业兴旺、生态宜居、乡风文明、治理有效、生活富裕”20字乡村振兴战略方针中，乡风文明是加强农村文化建设的重要举措。乡村在城市化的进程中，随着社会环境的改变，人们生活水平和文化水平的不断提高，“不仅许多古人遗留下来的古迹正在消失，村落中许多古老传说，曾经鲜活的乡村文化和民间艺术、传统民俗，随着一批一批老人的去世也将随之失传。一些古老的村落在现代文明的进程中逐渐被湮没、被遗忘，如果不及时抢救这些传统历史文化的遗存，必然会造成不可挽回的历史遗憾”①。2015年8月，国务院办公厅印发的《全国地方志事业发展规划纲要（2015—2020年）》中指出“指导有条件的乡镇（街道）、村（社区）做好志书编纂工作”。2017年5月，中共中央办公厅、国务院办公厅印发的《国家“十三五”时期文化发展改革规划纲要》中指出：“完成省、市、县三级地方志书出版工作。开展旧志整理和部分有条件的镇志、村志编纂。”

褚家塘是上海西南的一个自然村。清乾隆四十九年（1784年）至五十三年编修的《娄县志》，在记述三十五保53个村庄时，第一次出现了“褚家巷”名称，距今已有230多年历史。1961年9月起，褚家塘是上海县莘庄人民公社东吴生产大队的一个生产队。1984年3月后，分别是上海县莘庄乡和闵行区莘庄镇东吴村的一个村民小组。1995底，撤销生产队建制。2009年4月，褚家塘农民新村里最后几户家庭动迁至邻里苑等处，褚家塘从此不复存在。为消失的褚家塘留下精神家园的永恒记忆，真实记录褚家塘的沿革变迁，是褚家塘人的期盼和责任。

据《中国地方志联合目录》记载，现存1949年前编修的旧志共有8 200多种，其中乡、镇、村、里志有160种左右。“但学界一般认为，我国乡镇志的编修始于南宋绍定三年（1230年）常棠编写的浙江省海盐县《澉水志》，而最早的村志则是清康熙二十四年（1685年）由郎遂编纂的安徽省贵池县

① 王建设：《村落文化——亟待纂修的民俗遗存》，《中国地方志》2015年第9期。

《杏花村志》。”① 现在正式出版的村志，从其记述范围看，其实都是包含有若干个自然村的行政村志，或是原来人民公社下包含若干个生产队的生产大队志。不同于政治名村凤阳小岗村、昔阳大寨村，红色名村韶山冲、西柏坡，也不同于经济强村华西村、大邱庄，历史文化名村黟县宏村、临县西湾村，学术名村武安十里店、苏州江村，褚家塘只是上海一个消失了的普通自然村。编纂褚家塘村志，资料难度可想而知。但是，2010 年，褚家塘的历史却留存在褚先生主编的《褚家塘志》中。由于褚家塘是自然村、是村民组，因此，中国名村志编纂委员会学术委员王晖说：“这样的最小单元修志将形成一个独具特色的新志种，村民组志。”② 《褚家塘志》是自然村志，也是生产队志。复旦大学蒋凡教授兴奋地说：“《褚家塘志》是我所见到的我国第一部自然村志。”③ 因此，《褚家塘志》作为以最小区划单元为记述对象的我国第一部自然村志，填补了方志界的空白，是拓荒之举，具有标志性意义。

二、 体例特色鲜明

傅振伦在《中国方志学通论》中指出：“修志之道，先严体例，义不先立，例无由起，故志家必以凡例冠之。”明永乐十年（1412 年）、十六年，明成祖朱棣两次颁发《纂修志书凡例》，对志书的类目设计作出明确规定。地方志的体例内容，自此有了官方依据。清末张百熙任学部尚书时，奏请全国撰辑乡土志，并要求京师编书局制定《乡土志例目》，有经验后，以学部名义于全国颁发试行。

《地方志书质量规定》指出：“体例科学、规范、严谨，适合内容记述的要求。”纂志之道，重在篇目结构。一部好的村志，必须有一个科学而符合实际的总体框架。村志篇目的设计取决于村庄的实际情况，村志的质量不在于面面俱到，而在于对村情特色的真实反映。“因为村志所记的村民村事是村民看得见、摸得着的日常生活事例，包括村庄的地理环境、自然条件、民风民

① 沈松平、乔方悦：《关于〈中国名镇志丛书〉〈中国名村志丛书〉编修的思考》，《史志学刊》2018 年第 2 期。

② 王晖：《52 部中国名镇名村志稿点评与思考》，《史志学刊》2019 年第 1 期。

③ 蒋凡：序，褚半农：《褚家塘志》，中西书局 2019 年 5 月版。

俗、村民村事等内容，是整个村庄从自然环境到人文活动，从政治生活到经济活动等各方面的真实反映。”① 如果按照县、镇志的篇目来搜集资料编写，就会千篇一律，缺乏个性和特色。村志的框架应约而丰，不宜小而全，更不宜大而空。乡村面积较小，人口、事务少，所以体例、篇目的设定应从实际村情出发，门类不宜太细，或并或略，卷目或章节目两到三个层次就可以涵盖。《褚家塘志》的篇目为：序、凡例、概述，卷一图志、卷二概况、卷三政事、卷四土地、卷五经济、卷六农业、卷七住房、卷八家庭（一）、卷九家庭（二）、卷十撤制、卷十一物产、卷十二风俗、卷十三方言、卷十四人物、卷十五艺文、卷十六事录、卷十七调查、卷十八特记、卷十九文献、卷二十索引（一）索引（二），后记、跋。《褚家塘志》为了避免横排竖写造成各卷下内容相对零散，再版时补充了无题小序，字数虽不多，却钩玄提要，总括各卷所领内容，纲举目张。

全志图片主题鲜明，内涵清晰，原始感强，每幅都是乡村历史的见证者，增加了阅读的美学感受。前有 1977 年褚家塘生产队地图、1990 年褚家塘位置图，并附 1980 年褚家塘生产队公章，别有新意。全志彩图 92 幅，有不同时期形成的生产生活照片。图照编排上，志首彩照先位置图，再建筑，再农具，后生活日用品，再证票、农产品、树木花草，既有主编亲自拍摄的珍贵老照片，也有影印件，全部清晰明确，井然有序。文字说明简洁、朴实，文约事丰，要素齐备，如，图 90 苦草 3（泥胡菜）。文见第 172、350 页。图 6 老房子：绞圈房子仪门头（北向。空处为仪门，共两扇，已缺失。南面即为墙门间）。图 55 灶头，全景最为真实，信息多，若干年后就是农村厨房的百科全书。图 64 莘庄镇知识青年钱德麟下乡插队落户通知书，图中姓名为钱德林，看似相互矛盾。但是，凡例四指出：“村民名字，用字向来不严，时用同音字代替，在实际使用中逐渐约定俗成。”姓名不规范，这才是农村的实际情况，也是村志独有的现象和特征。全志表格将静态事物动态化，同时节省了大量文字篇幅。全志图文并茂，重视随文插图的运用，给人以直观和真实的感受，增强了志书的存史价值和可读性，起到了“一图胜千言”的功效。

褚家塘隶属关系历史上多次变化，有时属华亭县、娄县的最东边，有时

---

① 青岛市崂山区史志办公室：《浅谈村志编纂工作》，《中国地方志》2014 年第 1 期。

又属龙华区、西郊区、上海县、闵行区的最西边。《褚家塘志》第二版在地图上增加了 12 幅，配上各时期的位置示意图，分别记载上海古冈身和褚家塘地区位置示意图、明嘉靖年间褚家塘地区在上海县域外位置示意图、明万历年间华亭县和褚家塘地区位置示意图、清嘉庆年间褚家塘在娄县位置示意图、清嘉庆年间松江府域和褚家塘位置示意图、1915 年褚家塘在上海县域外位置示意图、1918 年褚家塘位置示意图、1948 年龙华区廿八保和褚家塘位置示意图、1952 年龙华区和褚家塘位置示意图、1957 年西郊区和褚家塘位置示意图、1984 年上海县和褚家塘位置示意图、2014 年闵行区和原褚家塘位置示意图、1976 年褚家塘在东吴大队位置示意图、1918 年民国《上海县续志》中横塘位置示意图。不同时期的褚家塘位置图，既重现了历史事实，又增加了阅读趣味，非常直观而一目了然，让人印象深刻。并且，《褚家塘志》将“图志”列为一卷，较为罕见，这是一个大胆而富有新意的尝试！卷十六“事录”类似大事记，是“队事记录”之意。共记 551 条，内容丰富，除了有阶级斗争、“大批判”这类当年的头等大事外，大量的是农家开门七件事，村民日常生活，如深翻土地、罱泥搪草、“三抢”种秧等，评工记分如小包工、大寨式，食堂吃饭如拆灶头、出饭率等。“事录”记录连续，内容鲜活，桩桩件件，皆褚家塘特色，连起来就是褚家塘自然村这几十年的完整历史。卷十八“特记”，将不宜入正文又有重大意义的事物单独归为一卷，有褚姓来源、《娄县志》记有村名、日本侵略军罪行、反动标语事件、小包工、大寨式评工记分、老宅出土银元事件、黄金瓜种植法、制作法（六则）等 9 篇，特合为一卷，类似纪事本末，完整地记述了每件事的来龙去脉。

《地方志书质量规定》指出地方志体裁为述、记、志、传、图照、表、录、索引 8 种。但在出版的志书中，仍有不少缺少索引。索引不仅是志书信息化的要求，也是提高人们利用志书效率的重要手段。早在 1930 年代，上海商务印书馆影印六省通志时，就编制四角号码索引了。《褚家塘志》卷二十特载索引，分为索引（一）（实际分为资料、表格）、索引（二）（事项、方言），还收录了俗语、俚语，歇后语。这些索引，给读者阅读和利用志书资料，提供了查询和检索的方便。在正文中，大量采取以附随文的形式，如：第 35 页“联产承包合同书”，第 67 页附 1964 年度褚家塘收益分配方案，第 68 页附 1974 年度褚家塘收益分配方案，第 88 页附 1962—1979 年生产队饲养生猪收支情况表，第89页附上海县莘庄食品网站生猪收购凭证，第105页附褚家塘老宅住房颁布示意图、绞圈房子平面图、建筑词语例释，第112页附1993—2009年各家动迁至小区情况，第198页附1986年3月陶华结婚嫁妆明细。附的采用，拓展了志书的宽度和深度，延伸了阅读。

三、保存原生态信史

资料是地方志的本质属性，也是其传承千年和有别于其他载体的根本。今天，省、市、县志记载的内容，大多可以通过互联网、档案、出版物等渠道获得。但是，村志中的内容，不要说若干年后，就是现在，你想从其他渠道找寻都是不可能的。褚家塘今天东距上海市中心16公里，北距虹桥机场6公里，地理位置优越。但在以前，褚家塘所在地区仍是农业区域之一，以种植水稻、小麦、棉花、油菜以及甜瓜等为传统，割稻、挑稻、插秧等农活全靠人工。褚家塘范围虽小，中国历史的发展变化在这都有反映。“这块小小的土地上，有过一抓再抓的阶级斗争，有过彩旗飘扬的战天斗地，有过喜上眉梢的粮食丰收，有过牵动人心的喜怒哀乐。”① 通过村志编修将消失的褚家塘历史留存下来，从先民手中接棒，为后人留住文化遗产，意义深远。《褚家塘志》记述内容多为未经加工过的第一手资料，原始系统、原汁原味、细微准确，是认识和了解最基层社会的最原生态的信史。

褚家塘的消失不是个例，全国“仅2001年一年，中国那些延续了数千年的村落，就比2000年减少了25 458个，平均每天减少约70个”②。编纂乡村志是记录乡愁、传承家园、功在当代、利在千秋的大事，刻不容缓。“这部几十万字的小小自然村志，犹如是个尚未成年的儿童，但它却保持了孩子般的一片天然纯真的‘童心’——即孩子真情流淌而不会说谎的习惯，这一写作心理，决定了作者必然重在保存农村原生态历史的真实。”③《褚家塘志》全是原生态的信史，读来特别亲切，很多也是自己小时候生长在农村时听过、见过，甚至使用过的。如第184页写字，村民（包括队长、会计、记分员）

---

① 褚半农：《褚家塘志》，中西书局2019年5月版，扉页。

② 李培林：《村落的终结——羊城村的故事》，商务印书馆2004年版，第1页。

③ 蒋凡：序，褚半农：《褚家塘志》，中西书局2019年5月版。

日常使用汉字，常写俗字或自己创造的小写字（即自创的简体字），如王瓜（黄瓜），电弗（电费），鸡旦（鸡蛋），麻古（蘑菇），太安（碳酸氢铵，一种化肥），介决（解决），予防（预防），匚疗（医疗），等等。第191页做记认，家庭用品上各家会做记认，如竹篮、叉袋、麻袋、扶梯、栲栳、扁担等上面，常会写上“褚××记办用”“褚××记”或“褚××用”等字样，以“褚××记”为多。不识字或做记号，如画○、△等，也可请人帮忙写字。购碗时，碗铺店员会按照要求，帮助在碗底凿上姓氏或名字中的某个字等。生产队集体财物，如麻袋、栲栳等，则写上生产队名称。这些习俗和做法当年司空见惯，今天却少见多怪，而以后却再也不会出现了。如果没有村志的记录，就再也不会有印记了。

“从农村土地改革运动开始，到1978年的改革开放在农村拉开大幕，跨度长达28年的农业生产关系变革运动一个接着一个，从土改到人民公社成立、解体，到联产承包责任制到后来的深度改革，可载可记资料非常鲜活，对每一个村庄、每一个农民的影响都是非同小可。”① 卷十八“特记”9项标志性事件始末，卷十九“文献”专记褚家塘生产队“四清”运动总结、莘庄公社“三干会”发言、“农业学大寨 普及大寨县”标语口号、撤销褚家塘生产队建制文件，记述了乡村相对较大的要事、特事。

资料尤为原始、细微。“乡镇村志由于所处位置、范围和作用之原因，资料较县志、省志要求更加细微，并具有典型性，以便反映社会最小细胞的历史与现状，这也正是乡镇村志价值可贵之处。”② 如1954年11月填的“华民初级社基本情况表”，将褚家塘、吴家塘25户农民组织起来成立的华民初级农业生产合作社，详细记载了社员姓名、成分、农业人口数、劳动力（男、女）、本户耕地面积、入股的耕地、水田、旱地、蔬菜地、大牲畜、猪、羊等信息。第73页1974年度插队知识青年年终分配情况，详列全村6位插队青年姓名、性别、工分数、分配金额、编结款、预支款、实际分配、透支数等信息。第74页物价，出售农副产品，列了小麦、油菜籽、粳谷、青豌豆不同年份的价格。第76页日常消费，列了籼米、标准粉、富强面粉、猪后腿肉、

---

① 胡卫星：《村志编纂中应注意的乡村十大变迁问题》，《史志学刊》2018年第6期。
② 祁明：《乡镇村志编纂初探》，《沧桑》1994年第3期。

猪肋条肉、大带鱼、煤灰、煤球、煤饼、火柴、前门牌香烟、飞马牌香烟、红灯牌711型6管2波段收音机、凤凰牌18型自行车、三五牌（十五天）台钟、18寸金星牌彩色电视机具体年份的价格。第77页购买化学肥料，列了碳酸氢铵、硫铵、尿素、磷肥、氨水、农用塑料薄膜、植保费、机耕费具体年份的价格。第82页粮食、油菜、棉花产量表，分列1961年至1986年褚家塘小麦、大麦、元麦、早稻、晚稻、后季稻。记载所及全是生活日用品和生产、生活场景，完全是自然村农民的草根历史。

全志资料虽多为第一手，却也重鉴别、核实，做到言之有据。如第145页1991年褚家塘婚姻情况，全村已婚者201人，占全村人口的66.3%。有99对夫妇，另有1人离婚，5人丧妻，8人丧夫，1人因严重残疾未婚。有15对招赘婚姻（2人改从妻姓），1对姨表亲。第115页依据1951年1月颁发的《上海市土地房产所有证》和《上海市国有土地使用证》档案，列表“1951年褚家塘家庭及人口数”，共42户，176人，详列门牌号、户主、人数、姓名，备注几代同堂。第125页褚家塘无褚姓家谱。当地风俗，家庭成员去世后，要立一块神主牌，上面记载有姓名、生卒时间及孝子孝女信息……1966年6月“文化大革命”开展初期，宅上造反派和红卫兵响应大破“四旧”号召，将各家神主牌连同家堂全部烧毁，家庭、家族关系信息由此完全失去依据和载体。

四、重视社会调查

社会调查是获取第一手资料的重要方法，可以弥补传统修志资料的不足。谢启昆编纂《广西通志》时克服重重困难，亲自作社会调查：“拄杖荷笠，登陟岭巘，求古昔摩崖之作。”① “编纂者傅振伦当时只有15岁，尚在直隶冀县第十四中学就读。利用寒暑假期，傅振伦和其弟振荣一道，徒步测量城召村的四至八到和与邻村疆界，到本村附近各地采访故老，搜集旧闻轶事，抄录乡村碑记、田粮账册。”② 今天的档案资料，基本上都是以乡镇或人民公社

① 龙廷驹：《重视社会调查　提高志书质量》，《中国地方志》1988年第6期。
② 乔福锦：《社会文化史视域中的太行村志编纂——〈桃树坪村志〉绪言》，《邯郸学院学报》2016年第2期。

为单位的，生产大队的内容已经比较少了，生产队的内容更是相当有限。要想使村志记述丰满起来，社会调查是必不可少的方法。《褚家塘志》对民生民事、民风民俗、社会问题、社会现象的调查，拓展了记述空间，增强了全志的资料性、学术性。

《褚家塘志》卷十七专设“调查”卷，收录褚家塘社会概况调查、褚家塘社会概况调查（1992—2011年）、公社农民食堂和出饭率、自留田三次收归和恢复、两次划分评定家庭阶级成分、婚宴操办和“三日头排场”共6篇。全志调查不论从生产到生活，从风情到民俗，还是从人文到文物，所记载的内容都是贴近村民、形象具体的日常生活事例，散发出浓浓的乡土气息，给人留下翔实、鲜明的印象。“褚家塘社会概况调查”被收入1993年7月上海人民出版社出版的《上海县志》，包括概述、户籍人口、姓氏宗族家庭、婚姻生育、职业、农副业收入、住宅、文化娱乐8个部分。“褚家塘社会概况调查（1992—2011年）”被收入2018年5月上海人民出版社出版的《上海市闵行区志1992—2011》，包括概况、姓氏人口家庭、婚姻生育、土地征用、住户拆迁安置、撤销生产队建制、户口“农转非”、吸（收）劳（力）、养老和职业、医疗保险和习俗10类。调查记录了当年有关的历史背景和恢复了历史细节，写清了来龙去脉、发展过程及结果，内容实实在在、系统完整而又绝无仅有。

针对村庄文献资料匮乏的窘境，只能在实物资料和口述资料上寻求突破。“关于村庄的文献资料很少，所以编纂者要拓展资料收集的深度与广度，科学系统地开展资料收集工作。注意挖掘本村事物，尤其是与外村的不同之处，对于体现本村特色的风俗民情、资源特产、方言民谣、谱牒文化等资料要花大力气挖掘整理。”① 如婚宴操办和“三日头”排场，记述农村婚礼和宴请习俗非常详细、生动和完整，记录了当年农村的真实情况，具有重要存史价值。褚家塘无褚姓家谱，加上“文化大革命”时各家神主牌连同家堂全部烧毁，所以褚姓来到褚家塘繁衍情况无从知晓。但是作者经过辛苦调查，将能理清关系的同宗共祖、子孙世系的各家谱系整理成表，虽不完整，却使得“村志也因此变得有温度，不仅有历史的温度，留存着代代赓续的记忆，还有血亲

① 黄凯端、盖含悦：《村志编纂的几点思考》，《福建史志》2019年第2期。

的温度，传递着乡情、乡愁和乡思”①。

《褚家塘志》力求学术性，调查来的资料讲求规范。志书中记述重大事项、重要数字时，都用小六号宋体字标明资料出处，其中“区档”“镇档”分别为闵行区档案馆藏档案、莘庄镇档案室藏档案的简称，并详细标明卷号。如“区档 80－2－211”“《莘庄乡志》第 82 页，1987 年 2 月内部印刷本”。每户获赠“老三篇”后即用括注“即毛泽东《为人民服务》《纪念白求恩》和《愚公移山》三文之简称”。第 100 页“绞（音 gáo）圈房子以前后两埭（即两进。埭，沪语读音 dá）的为多”。第 327 页“《中华人民共和国国史通鉴》第二卷第 435—441 页，当代中国出版社 1993 年 12 月第 1 版”。

五、记标志性典型

寿鹏飞在《方志通义》中指出方志的作用是“明正宜，垂治规，究兴衰之由，陈利弊之要，补救时政之缺失，研求民生之荣枯”。方志述而不论，要想鉴古知今，就靠资料，尤其是靠典型性资料说话。《褚家塘志》不可能事无巨细一一载入，但对全村标志性、典型性的事件和村史上的第一都一一记载，生怕疏漏，发挥着鉴古知今、以启未来的作用。笔者将此类资料大致分为自然、政治、经济、文化、生活、教育、社会等几类，试举几例，引志书原文，以探究村志究竟要记什么和如何记。

1. 记自然平实客观

> 1958 年“大跃进”时高大树木如皂荚树、榉榆树等因推广“车子化”而遭无偿砍伐，后引种过杉木、槐树、香樟等，但因多数家庭无地可种，收效不显著，待老宅基动迁后大小树木则全部砍尽。……入侵的一枝黄花则遍地疯长。
>
> 因平掉坟头、平整农田、农作物复种次数增加、普遍使用农药等原因，1950 年代还常见的野鸡、猪獾、野兔、稻田中的麻鸭等早已绝迹。1958 年全民灭雀后，麻雀也少之又少。1970 年代后期起河道污染严重，

① 巴兆祥：序，莫艳梅主编：《凤凰村志》，中国社会科学出版社 2019 年 6 月版。

野生鱼虾逐渐灭绝。（有时间、有地点，有自然、有人为，有主观、有客观，有进化、有入侵，周围环境变化之大、之快令人警醒。）

2. 记政治厚重深刻

1949年5月15日，莘庄地区解放，由苏南行政公署松江县接管，褚家塘随属。

1953年1月，赵琴参加中国人民志愿军，奔赴朝鲜战场。此为宅上第一参军者。

1954年9月16日，华民社主任陈才根加入中国共产党。此为褚家塘最早的共产党员。

1957年12月底，上海市区的初中学生洪荣根来褚家塘插队落户。此为第一个来褚家塘插队的城市知识青年。翌年去参军。

1958年11月20日起实行伙食供给制，即“吃饭不要钱”制度，社员“放开肚皮吃饱饭”（从开办食堂到结束“放开肚皮吃饱饭”，前后共101天）。

1971年3月，褚永林、褚秋玲（女）、褚引芳（女）3人响应政府号召，赴云南西双版纳屯垦戍边。1979年2月全部返回。

1976年2月，女青年褚林宝应征入伍。此为老宅历史上唯一的女兵。

1992年6月第一次征用29.774亩，后又几次征地，至1995年12月，褚家塘最后39.76亩土地被征用。仅用两年半时间，褚家塘土地共279亩耕地和98.43亩非耕地全部征完，从此结束各家口粮需自己种植的历史，村民户口也随之分批全部转为城镇户口。

3. 记经济蓬勃向上

1958年拖拉机第一次来耕地，机械化程度逐年提高。1970年1月，生产队购买上海工农Ⅱ型手扶拖拉机一部，总价2 800元。

1993年3月，民纪良开办私有独资上海莘纪机械厂，经营业务为锻件加工，初时有工人四五人。此为褚家塘最早的家庭工厂。

1998 年 8 月 1 日，褚亦军开办上海莘记贸易公司，注册资金 50 万元。此为最早的家庭公司。

2012 年 12 月 15 日下午，莘吴社区股份合作社第一届户代表假座莘庄镇文化中心正式召开。

2013 年 2 月 4 日第一次发放撤村分配费用，每 1 农龄年 3 470 元。

4. 记文化留住乡情

继 1950 年代初期办成人夜校后，1960 年又开展扫除文盲活动，并有一定成效。

1957 年 3 月 16 日，褚守农在此年第 6 期《儿童时代》上发表小说《两村之间》（得稿酬 40 元），引起轰动。

1959 年 9 月 18 日，自报后有些家庭安装家用广播喇叭（俗称广播机、喇叭头，需自费购置）。

2010 年 12 月，上海第一部以生产队（自然村）为记述范围的《褚家塘志》列入闵行区非物质文化遗产丛书，由上海人民出版社出版。

5. 记生活详细具体

1950 年代初其中 3 人回村务农，水手带回褚家塘最早的手表（奥美茄）。

1950 年代后期始有煤球炉，1974 年改烧煤饼用煤饼炉，1980 年代开始有液化气灶。

1950 年，村民从解放军处学会做馒头，此前，宅上无人会做馒头。

1951 年，从上海长春农场返乡的褚伯熙种植番茄，让村民品尝，还教授南瓜人工授粉方法。村民们第一次看到和吃到番茄。

1962 年 2 月 3 日，春节，生产队杀猪，每人分到 3 两。

1962 年 4 月，开始安装家庭电灯，4 月 7 日要求各家在 3 日内报名，并按 1 只灯头 10 元的标准暂收费用。5 月 28 日，褚家塘各家正式用上电灯。

1991 年 8 月，褚家塘农民新村自来水管铺设完毕，各家全部正式接用上海县自来水厂自来水。

1992 年 11 月，褚明礼购置江汉牌 0.6 吨小货车。此为宅上最早的私人汽车。

1994 年 4 月，开始有家庭申请安装电话，每门需支付初装费 3 500 元。

6. 记教育人才辈出

褚家塘人读书的学校，1950 年代初期，一、二年级在吴家塘国民小学，三、四年级在莘北西河浜小学，高小到莘庄镇小学或七宝明强小学。

1957 年 7 月，褚守农考入上海第一师范学院中文系，1961 年 8 月从上海师范学院毕业，分配至上海师范学院附属中学任教。此为褚家塘第一个大学生。

1952 年 7 月，褚惠群（女）考入上海市七宝农业学校，1954 年 7 月从南通农校毕业后分配至江苏省涟水县农林局工作。此为褚家塘第一个中专生。

1985 年 7 月，褚惠芳考入上海第二自行车厂技校，1988 年 7 月毕业后，进入第二自行车厂工作。此为褚家塘第一个技校生。

7. 记社会真实丰富

褚家塘原住民 1948 年 4 月共 39 户、157 人，除婚入者外都为褚姓。“文革”前大学生 1 名，“文革”中有工农兵大学生 1 名，以后大学生渐多。

1958 年提倡“光荣妈妈”，生育最多者有 2 人，终生生育分别为 10 胎和 8 胎。

1949 年至 2014 年死亡人数为 105 人，另有 16 名婴幼儿、少年夭折。

出现从未有过的非招赘婚褚姓后代不姓褚现象，即 2002 年 2 月和 2010 年 2 月，有 2 户婴儿未从父姓褚，而从母姓。

1970 年 5 月 22 日诞生第一个“独生子女”，以后的育龄夫妇除 5 对按政策生育 2 胎和 1 对超生 1 胎外，其余均生育 1 胎。

1964 年 2 月 17 日，宋芳琴坐花轿来褚家塘。此为褚家塘最后一位结婚乘坐轿子的新娘。

1974 年 6 月 9 日，管品娟死亡，由生产队干部送去殡仪馆火化。此为宅内第一个火葬者。

六、主编经历和资料积累

人是志书编纂的主体，编修人员的素质直接决定了志书的质量。所以，选好主编是编好村志的关键。旧志中的一些精品佳志，总纂都由当时闻名遐迩的真正学者承担。刘知几提出史学工作者要才、学、识兼备，章学诚在三者的基础上又增加了史德。写史修志之人兼具才、学、识、德者可谓凤毛麟角。《褚家塘志》编纂要素齐备，很多条件都是可遇不可求的。褚先生生于斯长于斯，是方志的实践者、劳作者，更是创新者、佼佼者，尤为难得的是褚先生才、学、识、德兼备，热爱家乡并掌握大量资料，焚膏继晷、呕心沥血，奉献了首部接地气的自然村志。

《褚家塘志》主编褚半农，是中国金瓶梅研究会理事、上海市作家协会会员。褚先生出生在上海，自我介绍说在农村修过地球、前线握过钢枪、学校站过讲坛、机关修过方志，经历丰富。褚先生虽没有受过专业的基础训练，却以其刻苦勤奋的执着追求，自学成才，作出了超乎常人的成就。散文创作，明清吴语、上海方言研究，方志编纂，成果丰硕，出版有散文集、学术专著和地方志书多种：2017 年 12 月上海书店出版社《话说绞圈房子》、2016 年 12 月复旦大学出版社《走到今朝的上海方言》、2016 年 10 月复旦大学出版社《步随流水赴前溪》、2013 年 3 月学林出版社《莘庄方言》、2010 年 12 月上海人民出版社《褚家塘志》、2008 年 10 月上海辞书出版社《明清文学中的吴语词研究》、2006 年 6 月上海人民出版社《上海西南方言词典》、2005 年 4 月上海古籍出版社《〈金瓶梅〉中的上海方言研究》、2004 年 5 月上海三联书店《听雨怀忠堂》、2001 年 11 月中国文联出版社《过去不会过去》、1989 年 12 月上海社会科学院出版社《上海县教育志》（主编）。褚先生早在 1983 年就参加了第一轮修志，在编撰《上海县教育志》的同时，还参与了《上海县志》编撰工作。二轮修志时，个人主编《褚家塘志》，受邀修纂《东吴志》。

一个人修志有一个人修志的优点："古代很多志书，今天看了仍然觉得很好，原因就在于它不是众手成志，而是一两个秀才写出来的，因此，不仅选材适当，文字考究，而且文风也是一致的。"① 褚先生是土生土长的褚家塘人，乡愁在这里，牵挂在这里，对褚家塘的情况非常熟悉，对村里的鸡鸣犬吠、沟沟渠渠、砖砖瓦瓦、一草一木充满感情。让村里的笔杆子写身边事，才能有如此接地气、有特色的《褚家塘志》面世。

旧志资料主要是靠采访，现代修志资料大量依靠档案和各部门提供，辅之以采访及口碑资料。而村志必需的基本资料，档案中大多没有，也不可能有部门来提供。《褚家塘志》的资料来源首先是闵行区档案馆，莘庄镇、东吴村档案室已公开档案和莘庄镇派出所户籍资料；其次是1970年代东吴大队通讯组编印的《东吴通讯》和其他有关印刷品资料；再次是采访村里见证、参与过许多大事、要事的老人；最后是作者历年积累的原始书面资料和当年的日记。褚先生手头有30多年前亲手绘制、刻印的包括褚家塘在内的东吴大队的地图册，有多年缴售农产品、出售生猪的原始发票，土地承包责任书，以及自家拍摄的录像带、老照片等。褚先生一人之所以敢编纂村志，完全因为他熟悉本村事务，对家乡浓烈的热爱之情，对修村志强烈的责任心和使命感，重要的是积累了大量当年的资料。这些实时记录有时间、有地点、有事实、有当事人，有的作者还是参与者，也是记录者。记录通常要比采访来的资料更准确可靠。可以说，没有褚先生多年的有心积累，就没有资料丰富的《褚家塘志》。

人无完人，志无完志。褚家塘地区东西长0.54公里，南北长约0.575公里，总面积约0.31平方公里，在卷二概况位置中记载四至经纬度，准确度不说，实在没有必要。第25页表下注释1用"清顺治13年"，注释2用"清乾隆四十九年"，不够统一。第69页表格"1974年度褚家塘年终分配情况"表格中家庭成分一栏都是略，就没有列入的必要。还有个别地方校核不精，如凡例"村民日逐做生活"应为"村民日常生活"（褚按：日逐为方言，即每天；做生活也是方言，即为干活）。然而瑕不掩瑜，《褚家塘志》作为完全靠

① 朱佳木：《朱佳木在〈地方志工作文稿（增订本）〉出版座谈会上的讲话》，《中国地方志》2017年第6期。

个人完成的专著，不失为一部体裁、资料、内容上佳的村志，给现在广泛开展的乡村志编纂提供了学习借鉴的范本。限于认识水平，加上本人学习不够深入，挂一漏万在所难免。所以，言过不妥之处，请批评指正。

（作者单位：安徽省地方志研究院）

（上海市“2019年地方志理论研讨会”入选论文）

修志之道贵在资料

——学习《东吴志》的若干思考

张　军

摘　要： 编纂村志是保留各村文献、保存记忆，传承乡俗、诉说乡音、记住乡愁、纾解乡思，唤起共同文化记忆的一项基础文化工程。褚半农先生主编的《东吴志》是继《褚家塘志》后又一部村志力作，无论是从思想观点、内容体例、语言文字，还是特点特色、记述表达、印制规范等方面来说都是一部富有强烈历史感和时代感的佳志。但是，最出彩和令人称道的地方却是褚先生对资料的长期积累和《东吴志》对资料的深入挖掘。同时，全面系统、真实准确的原始资料，也回答了地方志书最基础的怎么记和记什么的问题以及最根本的价值所在和命脉所系。故，《东吴志》是一部方志史上值得研究的村志。

关键词： 东吴志；资料；编纂

原东吴村民委员会、上海莘吴实业有限公司编，褚半农著，87.7万字的《东吴志》已于2020年12月由中西书局出版。承蒙主编褚先生厚爱，寄来供学习和借鉴，拜读数遍，再被其所主编的村志震撼。《东吴志》是一部村志，无论是从思想观点、内容体例、语言文字，还是特点特色、记述表达、印制规范等方面来说都是一部富有强烈历史感和时代感的质量上乘的佳志，也是一部方志史上值得研究的村志。但是，给我印象最深的和认为最值得借鉴的地方，却是褚先生对资料的长期积累和《东吴志》对资料的深入挖掘。《东吴志》全面系统、真实准确的原始资料，也回答了地方志书最基础的怎么记和记什么的问题以及最根本的价值所在和命脉所系。

一、强烈的责任感使命感

改革开放40多年以来，伴随着城市化与全球化进程的日益加快，乡村历史文化的传承延续，面临着前所未有的巨大挑战。守护乡村文化的命脉，守住华夏民族赖以生存的精神家园，成为社会各界人士的共同呼声。村志编纂，以志书的形式记载历史、留存记忆，已渐成为回应呼声的最好关切。放眼当前全国方志领域，不管是高校的纯理论研究者，还是埋头于编纂实务的工作者，能将地方志理论和实践有效结合起来的并不多，做得优秀的就更少了，褚半农先生却是其中的优秀者之一。褚先生是上海知名地方史志专家，1944年出生在上海东吴村褚家塘，系中国金瓶梅研究会理事、上海市作家协会会员、闵行区文联特邀会员。褚先生1983年就参加了上海第一轮地方志编纂工作，参与《上海县志》、《上海县教育志》（后任主编）的撰稿，后参加第二轮地方志编纂工作，负责《上海市闵行区志1992—2011》几个章节的编纂。2010年12月，出版全国唯一的自然村志《褚家塘志》，2012年获上海市第三届地方志优秀成果（志书类）三等奖。2019年5月，出版《褚家塘志》（第二版）。2015年起，受邀编纂行政村志《东吴志》。在《中国地方志》《上海地方志》等刊物上发表论文多篇，多次参加过全国和上海市的地方志学术研讨会。全国各地地方志培训和高校地方志教学所采用的案例中都有他编纂的志书。

东吴地区横跨上海古冈身两岸，东吴村历史悠久。清乾隆年间编纂的《娄县志》中，已记有东吴村吉家巷、褚家塘、明星村池河圈等村宅名。2003年东吴村在推进村集体经济组织改革中撤销了村委会，改制成实业公司。褚先生是东吴村褚家塘人，生于斯，长于斯，对东吴村的一草一木、一事一物都非常熟悉，而且还是个有心人，40多年留意地方资料的收集和记录，有着丰富的修志实践经验和较高的文学造诣，也是时代使然，所以他成为编纂《东吴志》的不二人选。“褚半农先生从《褚家塘志》到这本《东吴志》，为我们这个快速变化的时代，为我们这个完全崭新的社会，记录下了非常重要、具体的史料。”①《东吴志》近90万字，皇皇巨著，完成全凭褚先生

① 张剑光：跋，褚半农：《东吴志》，中西书局2020年12月版，第800页。

一己之力，历时五年，最终积劳成疾，个中艰辛，只有亲身经历修志的人才能深有体会！《东吴志》前有复旦大学巴兆祥教授、上海市闵行区政协主席祝学军、上海市闵行区莘庄镇党委书记李慧的序，以及凡例、概述、大事记。正文共27章，分别是示意图，建制沿革，地理环境，物产，土地，人口，行政、经济组织，基层党组织、群团、其他组织，兵役、民兵，自然村、生产队，政治运动，农村生产关系 农业经营体制，大队（村）级经济，农业，副业，工业，撤队、撤村、改制，教育，医疗卫生，村民生活，风俗，方言，艺文，人物，特记，社会调查，文献选辑。后有村事索引、表格索引、地图图照索引、方言词语索引，以及后记、跋、编修资料提供者名单。“长期的修志实践积累了丰富的经验，因而《东吴志》的编撰体例，既全面合乎方志写作的规范，又有自己的创意。”① 不可否认，今天，个别志书只是作为一项工作任务来完成。而《东吴志》由发自内心真正热爱又掌握资料、有文字驾驭能力的专家来编纂，是真把村志作为传承文明的文化工程来做。任何时候想办成一件事都要受到各种条件限制和因素制约，褚先生能完成《东吴志》的编纂，而且做得这么好，全凭对家乡的强烈的历史责任感和使命感！

翔实可信的资料，既是志书的坚实基础，也是志书的价值所在。笔者一直认为，地方志的价值所在和命脉所系，唯资料而无他。地方志是资料性文献，没有丰富的、系统的、科学的资料，再好的篇目，也只是徒具形式、虚有其表。文字再优美动人，哪怕字字珠玑、点点琅玕，也是华而不实、有名无实。志书的思想性、科学性、地方性、时代性，也都是通过资料体现出来的。否则，皮之不存，毛将焉附。东吴曾是莘庄九大行政村之一，1980年代起，这里经历了城市化，最终在2012年撤村改制。如何记述好东吴村的历史和现状？唯有资料。《东吴志》要想资料丰富，首先要做好资料搜集。褚先生在自己几十年积累的基础上，收集相关志鉴、各类文件、工作总结、会议纪要、调查报告、简报、杂志、报表等现有的各类资料等，再到图书馆、档案馆、统计局、工商局去搜集遗缺和流散的资料；通过实地考察搜集图片资料；采访可靠的历史见证人，录取口碑资料；向社会广泛征集相关的文字和图片资料。然后还要对广泛网罗来的原始资料进行筛选、甄别、提炼、归纳、

① 祝学军：序二，褚半农：《东吴志》，中西书局2020年12月版，第4页。

加工和整理等，工作量之大，超乎想象。也只有这样，才能成为留给后人可资可鉴的佳志。

二、富有特色的本地资料

今天，省、市、县志记载的内容多可以通过互联网、档案、出版物等渠道获得，但是村志中的内容想从这些渠道查找却是非常困难的。因而，村志既是最小的志书层级，又是最重要的个体和细微资料的载体。由于各地村志主编选取资料的水平有高低之分、对资料重要程度和角度的把握有异，因而在资料选择上也差别较大。你认为重要的，他却往往认为无关紧要而不记，或者虽认为重要却因没有资料而缺载。“从篇目看，该志设置的位置示意图、自留地、宅基地、生产队土地、征用土地、行政村高级社、农村生产关系、撤队撤村改制、方言、特记等章节篇目，极为罕见。”① 故，《东吴志》突出的优点，就是记载了其他村志往往没有或忽略了而又有存史价值的资料。

中国乡村社会几千年来一直较为稳定。中华人民共和国成立后，尤其是改革开放后，中国乡村社会无论是生产方式还是经济结构都发生了翻天覆地的变化。一种存在了几百年甚至上千年时间的社会结构、生活形态逐渐消失，几十年前建立的经济体制、生产方式也不复存在。“这种变动，单靠县志、镇志来记录，虽然会有宏观上的概括，但一到具体的变化究竟表现在哪些方面，可能并不丰富和足够，还需要有具体的更为下沉式的记录。”② 东吴村历史悠久，为突出本地特色，褚先生收集官书档案，博览文稿记录，采撷社区口碑传说，详录民间音像实物，排查深挖各个历史时期的代表和典型，使志中所记述的土地改革、农业合作化、插队落户知青、物价变动、本地物产、住宅建筑、村民收支、习俗方言等从其起始、转折、变化到结果都得以完整反映。如“人口”章，中国传统特别重视人口数量，因而任何一部志书都有人口的记录。但《东吴志》除了记述人口数量外，还记载了劳动力、户口、姓氏、婚育、长寿老人、死亡等信息，甚至家庭人口，细致到具体的每家每户。再

---

① 巴兆祥：序一，褚半农：《东吴志》，中西书局 2020 年 12 月版，第 2 页。
② 张剑光：跋，褚半农：《东吴志》，中西书局 2020 年 12 月版，第 800 页。

如1957—1958年的下乡知识青年表，从青年们的姓名、性别、年龄、下乡时间、落实家庭，使后人全面看到了这个政策在东吴村的实行情况。1968—1977年的插队落户知识青年表，不但有姓名、性别、下乡时间，还增加了知识青年的家庭地址和返城单位，从而让后人可以直观地感受到上山下乡这一历史现象。还有1965年的支疆、1971年的云南支边、1958年的下放干部、1961—1962年的下放回乡人员，这些几乎是被人忽略掉的历史，或心有余而力不足，而《东吴志》通过尽可能多的翔实的资料，将东吴村历史再现。

“修志人员要刻苦学习、顽强工作，真正进入角色，钻进故纸堆，从浩瀚的档案资料中挖掘珍宝。”①《东吴志》扩大资料的搜集领域和种类，既重视搜集文献资料、报刊资料、档案资料，也注意搜集口碑资料、实物资料。《东吴志》所引用的资料，一是闵行区档案馆，莘庄镇、东吴村档案室已公开档案和莘庄镇派出所户籍资料；二是其他有关印刷品资料；三是采访所得；四是主编历年积累的书面资料和当年的日记；五是1970年代东吴大队通讯组编印的《东吴通讯》；六是由村内外热心人士提供的资料。本地资料之丰富，再举一例：《东吴志》位置示意图竟有12幅之多，分别为上海古冈身和东吴地区位置示意图、华亭县东吴地区在上海县域外位置示意图（明嘉靖年间）、东吴地区在华亭县位置示意图（明万历年间）、东吴地区在娄县位置示意图（清嘉庆年间）、松江府域和东吴地区位置示意图（清嘉庆年间）、华亭县东吴地区在上海县域外位置示意图（1915年）、龙华区二十八保和东吴地区位置示意图（1948年）、东吴地区在上海市龙华区位置示意图（1956年）、东吴地区在上海市西郊区位置示意图（1957年）、东吴大队在上海县位置示意图（1984年）、东吴村在闵行区位置示意图（2012年）、东吴地区在莘庄镇位置示意图（2014年）。不同时期的东吴村位置图，通过比较非常直观而一目了然，既重现了历史事实，又增加了阅读趣味，让人印象深刻。尤其是，《东吴志》图片共372幅，卷首彩照194幅、随文照片178幅，除却资料照片和他人提供的39幅外，褚先生几十年拍摄积累的共332幅，约占90%。

清代方志学家章学诚说：“修志有二便，地近则易核，时近则迹真。”②

---

①《习近平同志谈修志工作》，福建省地方志编纂委员会编：《修志简讯》2008年第17期。

②（清）章学诚：《章学诚遗书》修志十议，文物出版社1985年8月版，第140页。

《东吴志》详细记载着各生产队的每一块土地的编号和亩数（田块地图是主编当年农田格子化后制作并保存至今的珍贵资料），同时保留了农民自留地、宅基地的数量。20 世纪 90 年代以后，随着建设的需要，东吴村的土地被征用，具体土地的征用时间、补偿金数量，《东吴志》都通过档案全部记录了下来。整个土地从私人到村集体所有再到被国家征用，这是一个几十年的历史过程，通过这些具体的数字，《东吴志》把具体的历史变迁给后人留了下来。

《东吴志》作为一部村志近 90 万字，资料全面系统、丰富翔实，有人认为字数多了。志书究竟是简还是繁为好？笔者一直坚持认为，该简的要简，该详的还是要详，形式一定要为内容服务，一切都要以质量为本。如果从资料性和存史的角度来看，繁比简要好得多。旧志中简约的代表是明康海《武功志》，3 卷 7 篇 2 万多字；韩邦靖《朝邑志》，2 卷 7 篇 6 000 多字。古人对这种简志褒贬不一、毁誉参半，王士祯称康志“文简事赅，训辞尔雅”。章学诚则讥康海和韩邦靖“不解史学，又欲求导于人”，“徒以简略为志，此朝邑、武功之陋识也”。[①] 又如，东汉张衡发明的地动仪是世界上第一台验震器，当时曾观测到陇西地震，1 700 多年前地动仪失踪。后人并不知道张衡地动仪原貌，相关资料最权威的就是《后汉书·张衡传》中记载的 196 个字，对内部结构记载非常简略，以至于有些西方学者长时间认为张衡地动仪根本没有达到科学的要求。

三、特记和社会调查增加了记述深度

《东吴志》在第二十五章设特记。其中第一节侵华日军暴行，第二节婚嫁形式，第三节装假肚，第四节老宅出土银元事件，第五节《莘庄方言》学术研讨会，第六节莘庄商务区。仅婚嫁形式就分为嫁娶婚、招赘婚、童养媳婚、叔接嫂婚、两面登五种，记全了我们可能都熟悉却无法总结的内容。志书可不可以设特记，方志界一直有不同声音。“鞋子合不合脚，穿着才知道。”[②]

---

① （清）章学诚撰，叶瑛校注：《文史通义校注》下·卷八《外篇三·书朝邑志后》，中华书局 2014 年 11 月版，第 830 页。

②《习近平在莫斯科国际关系学院的演讲》，新华网，2013 年 3 月 24 日。

幸运的是，2008 年 9 月印发的《地方志书质量规定》明确指出“专记设置因事制宜，选题严格，数量适度”。特记、专记实际上是一回事，从而得以保留。

《东吴志》第二十六章设社会调查。其中第一节插队落户知识青年情况调查、第二节赤脚医生参加劳动和年终分配情况调查、第三节褚家塘社会概况调查、第四节褚家塘自留地调查。详细的田野调查和记录，恢复了历史细节，写清了事物的来龙去脉、发展过程和结果，内容实实在在、系统完整，资料难能可贵，且是其他同类志书所不及的史料，更具有较高的史料价值。“社会调查是修志人认识地情和获取材料的基本途径。”① 《东吴志》社会调查几个重点专题，留存了东吴第一手详细的历史资料。民国方志大家黎锦熙说：“盖方志材料，其来源不外三宗：一曰实际调查，二曰档案整理，三曰群书采录。”② 方志界社会调查做得比较早和成功的就是《萧山市志》，2013 年 12 月出版的《萧山市志》以 1 005 万字的篇幅成为全国二轮县（市、区）志中字数最多的志书，其中最引人注目的就是使《萧山市志》成为鸿篇巨制的第 5 册——300 万字的“社会课题调查”。

除了特记和社会调查两个集中篇章外，《东吴志》的记述深度也体现在全志的方方面面。如“住房动迁”列表记载东吴所辖北彭、大张等 9 个村民小组动迁时间、迁入小区名称、总户数、动迁家庭（户主）名单，“日常生活”记述了各种票证、多年物价变化情况。特别是“教育”，除记载 1950—2014 年东吴全日制、非全日制大专及以上毕业生总数与专科、本科、硕士、博士人数外，还列表分姓名、性别、学校名称、入学年份、专业、学历等记载大学专科及以上毕业生名录。以管窥豹，从高校录取的东吴村学生数和专业名称可以反映出这个时段国家高等教育的一隅，可以看出农村孩子接受教育水平的高低；1960—1984 年村一级的经济情况表，可以看出一个时段内东吴村的公共积累和农业税的征收情况，反映出这 25 年中村一级经济的发展水准。利用档案记载村里各生产队基本经济情况的表格，更是详赡生动地展现出一个最为基层的生产组织的经济状况。如 1962—1984 年基本情况表中，记载了

① 韩章训：《谈修志中的社会调查》，《新疆地方志》2011 年第 1 期。
② 黎锦熙：《方志今议》，中国展望出版社 1982 年 10 月北京影印版，第 103 页。

种植的各种作物的面积、亩产量和总值，这些作物包括小麦、大麦、元麦、旱稻、后季稻、单季稻、棉花、油菜；记载了各生产队的总收入（包括农业收入与占比，畜牧业收入与占比）、净收入、支出，各生产队的分配，包括户数、人数、劳动力、分配金额、总工分、工分单价、平均每户的分配数。这些细微又具体的表格，反映出东吴村在该时段内的历史变化。

志书资料收集既要重视文字资料，也要重视口述、实物等种类的资料；既要明确资料收集的范围、方法、渠道，避免东一榔头西一棒槌，如无头苍蝇四处乱飞，不得其法，也要讲深度和广度，确保资料收集得全面。《东吴志》资料收集深得其法，如关于合作医疗的档案、关于“四清”运动总结的档案、撤村改制的请示与批复等，都是一个历史时期最重要、最真切的材料，都是发生在上海县的很典型的事件。《东吴志》记载事物和事件脉络清晰，因果彰明，过程完整，从一个村的这些变化可以推而知道全镇、全县的变化。

四、提升学术性

《全国地方志事业发展规划纲要（2015—2020 年）》规定：“指导有条件的乡镇（街道）、村（社区）做好志书编纂工作”；《国家“十三五”时期文化发展改革规划纲要》提出：“完成省、市、县三级地方志书出版工作。开展旧志整理和部分有条件的镇志、村志编纂。”上海、河南等省市都制定乡镇、街道（社区）、村志规划或编纂方案，将编修村志纳入地方志机构的工作指导、管理范畴。全国各地村志编纂蓬勃开展，如 2019 年 5 月，上海市金山区就完成 124 个村的村志出版，在全国第一个实现区域村志全覆盖。村志竞相编纂是个好现象，不可否认的是质量也是良莠不齐。1986 年，胡乔木同志在全国地方志第一次工作会议上提出：“我们编出来的书是一部朴实的、严谨的、科学的资料汇集。”① 资料性是志书的根本，但是如果只是单纯资料的堆砌，没有学术性的志书也称不上是佳志。胡乔木最早提出地方志学术性命题，他在听取中国地方志指导小组工作汇报时说：“从事地方志工作，还是要

---

① 胡乔木：《在全国地方志第一次工作会议闭幕式上的讲话》，中国地方志指导小组办公室选编：《中国方志文献汇编》（上），方志出版社 1999 年 10 月版，第 28 页。

搞学问，而把它作为学术工作来抓，本来不是行政性的事。修地方志，应是一个做学问的地方。过去修志是一些很有学问的人去做的，它本身是一项学术性的工作。”①

《东吴志》在记述重大事项、重要数字和表格时，注明“区档”“镇档”“村档”、《褚家塘志》《国史通鉴》等资料来源。其中，重大事项和重要数字都用小六号仿宋体字标明资料出处，“区档”“镇档”“村档”，分别为“闵行区档案馆藏档案”“莘庄镇档案室藏档案”和“东吴村档案室藏档案”的简称。多数已出版的志书会在《凡例》中列一条“一般不注资料出处”，许多人认为是旧志使然，或是为了省却工作上的麻烦。事实上，没有来源，别人无法引用，也无法相信，这些志书因为不注出处不仅使其学术品位大降，更重要的是弱化了使用价值。1993 年，第一次全国地方志评奖获一等奖的 164 部志书，在凡例中写明所引资料“一般不标明出版”的有 72 部，概要说明资料来源的有 34 部，无资料出版标明条款的有 51 部。

《东吴志》重视资料性，将依靠史料写志转变为以写志来保存史料，如“方言”中语音、成语、谚语、称谓等语料，插队落户知识青年情况、赤脚医生参加劳动和年终分配情况、褚家塘社会概况、褚家塘自留地等“社会调查”，撤村改制文件、“四清”运动、合作医疗等“文献选辑”，留存了原始的第一手历史资料。《东吴志》对史料中的错误、漏字，在尊重原文的前提下予以更正。全志引用文献均系原文，包括标点在内都不予改动，对文中的错别字，则改正后用括号标出。对文中的漏字，补足后也用括号标出。对所引资料中的病句，则予以指出。《东吴志》所用数字，均以档案表格中的为准，但使用中发现时有差错，也有同一内容有两个数字等，为尊重历史，志书中仅加说明而未作更正。

“地方志的学术性，主要负载于地方志书，体现志书所表现出来的学术品位和学术价值。衡量地方志的学术性，主要围绕资料的表现来进行，看其以什么样的观点统率资料，以什么样的体例形式来组织资料，以什么样的语言文风和图表照片来表达资料。”②《东吴志》中侵华日军暴行、婚嫁 10+1 种形

---

①《胡乔木同志谈新编地方志》，《上海修志向导》1992 年第 6 期。

② 柳成栋：《论方志的著述性》，《中国地方志》2012 年第 11 期。

式、吴山弟受贿案等“专记”，不仅提高了相关内容的记述深度，也提升了学术性，其价值与泛泛之作不可同日而语。“社会调查”专卷，重点剖析几个专题，留存了东吴村第一手详细的历史资料，增加了志书学术含量，提升了学术品位。2008 年中国地方志指导小组印发的《地方志书质量规定》明确指出索引是地方志的八种体裁之一。《东吴志》内容丰富，后所附村事索引、表格索引、地图图照索引、方言词语索引 4 种，方便查阅村事有关内容、统计表格、图照和方言词语。

《东吴志》因资料真实而增强了学术性，也因学术性而强化了资料的真实。本应全部标注真实姓名，但考虑到有些负面情况，文中少数改用“×某某”或“褚某×”等代替，但都是实有其人，绝无虚构。2010 年第六次全国人口普查时，因村宅全部拆迁，村民居住分散，统计数字分散在各居住小区，而外来人口大量增加，统计表格标注“东（莘）吴”的人口数字，不能反映东吴村实际人口情况，故志书不予采用。①

五、讲好东吴故事

习近平总书记强调：“要在展览的同时高度重视修史修志，让文物说话、把历史智慧告诉人们，激发我们的民族自豪感和自信心，坚定全体人民振兴中华、实现中国梦的信心和决心。”② 方志文化是中华民族特有的文化基因，为传承中华文脉、激活历史传统、记住乡愁、唤起共同文化记忆发挥了至关重要的作用。东吴村是位于上海闵行区莘庄镇的一个行政村，原本属于农业区，20 世纪 90 年代后，随着莘庄地区的城市化，东吴各队的房屋被动迁、土地被征用，村民变城镇居民，自然村、生产队随之消失，到 2012 年村建制被撤销，莘吴社区合作社成立，东吴村的历史就此终结。《东吴志》由原东吴村村民委员会、莘吴实业有限公司编纂，其价值就在于用最权威的志书形式对消失的东吴村相关的自然、政治、经济、文化和社会进行全面、系统的记述，形成该村最翔实的资料性文献，同时为其他消失的村庄如何修志提供

① 褚半农：《东吴志》，中西书局 2020 年 12 月版，第 155 页。

②《2014 年 2 月 25 日习近平在参观首都博物馆北京历史文化展览时的讲话》，《人民日报》2014 年 2 月 27 日，第 4 版。

借鉴的模式。

中国的农村经济和结构，自战国以后，大体上变化不大。但是，最近七八十年，农村在生产关系上发生了较大的变化。特别是20世纪80年代后，农村的变化越来越大，经济结构、生产结构、农村的人口、农民的生活方式和居住环境，变动是翻天覆地性的。这种带有全局性、大范围的变动，在中国历史上从未出现过，在极大改变社会形态和格局的同时，对家庭结构、村民生活、户际关系、民风民俗等产生了极大影响。所以，这种变动都需要用地方志书来记载，而单靠县志、镇志宏观上的概括并不丰富和足够，还需要有具体的更为下沉式的记录。在这种情况下，编纂一部村志，既有一村的总的概括，又有每家每户在新时代的具体变化，对农村最基层的分子进行存真，就显得十分重要。《东吴志》将消失的村庄通过村志的形式留存，这就是编修村志的价值和意义。上海郊区大队（村）一级实体的史料极为丰富，《东吴志》全方位记载了东吴村的历史和现状，如土地改革、农业合作化、插队落户知青、物价变动、本地物产、住宅建筑、村民收支、习俗方言等，都是富有特色的东吴故事。每个问题的记述又深入到社会最底层，这些都能作为历史研究的基本资料，将起到区县志、乡镇志起不到的作用，真正展现了东吴村庄几十年乃至几百年的发展史。

古有“治天下者以史为鉴，治郡国者以志为鉴”① 的要言，今有“修志问道，以启未来”之说，都是强调重视志书的功能。李铁映同志强调：“唯存真求实、存史资治才可流传百世。名志、良志都以其资治当代、通鉴后世而名垂。不真、不准，不能为明鉴。”②《东吴志》既是部对历史记述客观公正，对读者开卷有益的地情资料书，也是留给东吴村的一份精神文化财富，既可让老辈人记住乡愁，又可启迪后人，让年轻人了解东吴人走过的路，是今人和后人了解东吴村，乃至了解莘庄镇、闵行区的一个窗口。编纂《东吴志》，通过讲述地方故事，激活历史传统，传承乡俗、诉说乡音、记住乡愁、纾解乡思，唤起了共同文化记忆。同时也为后人提供了研究传统乡村社会向现代社会转变的历史文献，其资料价值随时代推进将会日益凸现。

---

①（明）杨宗气修、周斯盛纂：嘉靖《山西通志》序，全国图书馆缩微文献复制中心，1992年。

② 李铁映：《在全国地方志第二次工作会议上的讲话》，中国地方志指导小组办公室选编：《中国方志文献汇编》（上），方志出版社1999年10月版，第50页。

褚先生曾在农村修过地球，前线握过钢枪，学校站过讲坛，机关修过方志，阅历丰富，文思泉涌。工作之余从事散文创作、方言研究和地方志书研究，出版著作13种300多万字。他编撰的《褚家塘志》，被专家评为“一部反映一个自然村画面的百科全书”；他写的《莘庄方言》，被誉为“上海方言之根的又一次深挖”；他的《话说绞圈房子》出版后，他被赞为“上海绞圈房子研究第一人”。褚先生是土生土长的东吴人，乡愁在这里，牵挂在这里，对东吴的情况非常熟悉，对村里的鸡鸣犬吠、沟沟渠渠、砖砖瓦瓦、一草一木充满感情。让村里成长起来的专家写身边事，才能有如此接地气、有特色的《东吴志》的面世。《东吴志》注重农村原生态史实，是记录、保存本村历史的最佳载体，也是讲好东吴故事的百科全书。

（作者单位：安徽省地方志研究院）

（原载2021年第7期《黑龙江史志》）

勇于学习借鉴创新　切实提高村志质量

——以《凤凰村志》《褚家塘志》为例

张　军

顾炎武在《与友人书》中指出："独学无友，则孤陋而难成。"村志作为地方志的一种，是以自然村或行政村为记述范围的志书。由于村志不在国家规定必须编纂的志书序列之内，因此无论是在中华人民共和国成立前，还是中华人民共和国成立后首轮修志、第二轮修志前期，就全国范围而言，编纂的村志凤毛麟角，远不及省、市、县志汗牛充栋，但在广东、河南、江苏、浙江、上海等省（直辖市），村志编纂的势头却一日千里。2014 年，安徽在完成了二轮市志、县志的规定动作后，村志编纂处于从自发走向自觉、从要我编变成我要编的转型阶段。但是，如何提高村志编纂质量，还是一个老生常谈、常谈常新的话题。去年，志友莫艳梅和褚半农分别馈赠本人《凤凰村志》和《褚家塘志》，在认真拜读后，心潮澎湃，颇多感悟，深切感受到村志编纂要勇于学习借鉴创新。

一、编纂村志的重要意义

（一）编纂村志是讲政治的体现

毋庸置疑，农村是我国人口最多和面积最大的地区。编纂村志，通过对一个村落历史与现状的全面系统记载，管中窥豹，能综合反映一个村落乃至整个社会的发展历程，可以说，这既是时代发展和变化的需要，也是对传统文化的继承与弘扬，更是讲政治的直接体现。为什么？因为，今天村志编纂已上升到国家层面，乡村史志修编被列入中共中央、国务院印发的《乡村振兴战略规划（2018—2022 年）》。2015 年 8 月，国务院办公厅印发的《全国地方志事业发展规划纲要（2015—2020 年）》中提出："指导有条件的乡镇

（街道）、村（社区）做好志书编纂工作，做好中国名镇志文化工程、中国名村志文化工程组织编纂工作。”① 2017 年 5 月，中共中央办公厅、国务院办公厅印发的《国家“十三五”时期文化发展改革规划纲要》强调：“完成省、市、县三级地方志书出版工作。开展旧志整理和部分有条件的镇志、村志编纂。”② 所以，一叶知秋、见微知著，完成村志编纂就意味着责任和担当。

（二）村志是省、市、县志的基础和补充

省、市、县志编纂是政府的法定职责，省、市、县志也是志书的主要形式。但是，由于村志的资料更详细入微，因此能在事实上填补省、市、县志第一手资料的不足，成为省、市、县志资料的重要补充和编纂省、市、县志的基础。如常棠在《澉水志》序中提到：“郡有嘉禾志，邑有武原志，其载澉水之事则甚略焉，使不讨论闻见，缀辑成编，则何以示一镇之指掌。于是正订稽考，集作一经，名曰‘澉水志’。”③ 浙江省杭州市萧山区衙前镇凤凰村志编纂委员会编，莫艳梅主编兼总纂的《凤凰村志》，2019 年 6 月由中国社会科学出版社出版。《凤凰村志》是迄今为止全国篇幅最大的村志，也是全国首部与纸质书同步发行的“掌上村志”，更是一部在方志发展史上具有重要标志意义的村志。全志分上、下两册，计 18 编、76 章、240 多节、500 多条目，有图照 1 700 多幅、表格 778 张，共 1 366 页。如此丰富的资料，填补了省、市、县志关于村庄记载的许多不足。

上海市闵行区褚家塘村东西长 0. 54 公里，南北长约 0. 575 公里，总面积仅仅 0. 31 平方公里。褚半农先生专著《褚家塘志》，2010 年 12 月由上海人民出版社出版，被列为闵行区非物质文化遗产丛书。2019 年 5 月，在初版的基础上调整卷目、增加社会调查、增写撤制和概述及无题序等，《褚家塘志》第二版由中西书局出版，全志 41 万字。被列为莘庄镇“莘文化”丛书，是全国第一部自然村志。其中，“褚家塘社会概况调查”被收入 1993 年 7 月上海人民出版社出版的《上海县志》，包括概述、户籍人口、姓氏宗族家庭、婚姻生育、职业、农副业收入、住宅、文化娱乐 8 个部分；“褚家塘社会概况调

①《全国地方志事业发展规划纲要（2015—2020 年）》，《中国地方志》2015 年第 9 期。
②《国家“十三五”时期文化发展改革规划纲要》，《人民日报》2017 年 5 月 8 日，第 1 版。
③（宋）常棠：《澉水志》，全国图书馆文献微缩中心，2005 年。

查（1992—2011 年）”被收入 2018 年 5 月上海人民出版社出版的《上海市闵行区志 1992—2011》，包括概况、姓氏人口家庭、婚姻生育、土地征用、住房拆迁安置、撤销生产队建制、户口“农转非”、吸劳养老和职业、医疗保险和习俗 10 类，成为编纂县、区志难得的第一手资料。

（三）留住乡村记忆

守护乡村文化的命脉，守住中华民族赖以生存的精神家园，已成为社会各界人士的共同呼声。随着城镇化进程的加速，村庄被社区代替，村委会被居委会代替，每年都有许多村庄快速消失。一些存在了几百、几千年的村落，连同村落中的老屋庭院、家庙祠堂、老井古树都消失得无影无踪，代之而起的是集中建设的高楼大厦、居民新区。多个村庄集中为一个社区，社区比村庄数量少，相应地，许多乡村有的被撤销、有的因合并而消失了。编纂村志，“它可以为人们认识和研究各地农村变迁提供翔实的人文资料，为政府制定和实施乡村振兴战略提供重要的决策依据，为各地保存文化记忆、提高文化软实力作出贡献，具有其他书籍不可比拟的历史价值、文化价值和学术价值”①。《中国地方志联合目录》记载，现存中华人民共和国成立以前编修的旧志共有 8 200 多种，其中乡、镇、村、里志有 160 种左右。“但学界一般认为，我国乡镇志的编修始于南宋绍定三年（1230 年）常棠编写的浙江省海盐县《澉水志》，而最早的村志则是清康熙二十四年（1685 年）由郎遂编纂的安徽省贵池县《杏花村志》。”② 截至 2016 年 9 月底，全国累计已出版乡镇志、村志 4 700 多部。为了传承优秀传统和响应时代的召唤，2016 年 10 月，中国名村志文化工程正式启动。2017 年 12 月 29 日，推出首批“中国名村志文化工程丛书”26 部，全面、系统地记述了村落历史发展变化的过程，为人们记住乡愁、留住乡情，为后人留住文化遗产而贡献“志”慧。

（四）争取领导重视的重要举措

目前，二轮修志年底将全部完成，三轮修志还没有开展。处在这个空档

---

① 黄建安：《论“村落终结”时代的村志编纂》，《中国地方志》2019 年第 2 期。

② 沈松平、乔方悦：《关于〈中国名镇志丛书〉〈中国名村志丛书〉编修的思考》，《史志学刊》2018 年第 2 期。

期，地方志人更应该要有些动作，才能引起领导重视。地方志是一项长期的系统工程，绝对不是一项短期的形象工程，地方志工作是否风生水起，很大程度上取决于当地党政领导对地方志工作的认识和重视程度。中国地方志指导小组提出“一纳入八到位”，在这“一纳入八到位”中首先提到的就是“把修志工作纳入国民经济和社会发展规划、各级政府工作任务中”和“领导到位”。其中领导对修志工作的认识尤为重要，只要领导真正重视，其他一切都好办了。王伟光说：“没有领导的重视，地方志工作是干不了的。”① 但是，任何事情也都是相对的，要想引起重视，你也得有为。编纂村志恰恰在这个节点提供了可能。当下正处于实现中华民族伟大复兴、国家振兴的历史盛世，文化自信、乡村振兴，为地方志工作提供了良好的社会环境和财力支持，村志编纂处在历史机遇的风口。启动村志编纂，不飞也难。

《凤凰村志》出版不久，即被全球在线计算机图书馆中心收入其世界总书目，被美国哈佛大学哈佛燕京图书馆、哥伦比亚大学东亚图书馆、斯坦福大学东亚图书馆、加利福尼亚大学伯克利分校东亚图书馆、加利福尼亚大学洛杉矶分校东亚图书馆、匹兹堡大学东亚图书馆，加拿大多伦多大学东亚图书馆，日本一桥大学附属图书馆等10多家著名藏书机构收藏，在国内各省、自治区、直辖市交流。一部村志，肩负传承和开发乡村优秀传统文化资源的重任，有利于传播中国声音，助力乡村振兴，如此效应，想不被领导重视、关心都难。

二、村志编纂的设计和内容

（一）确定村志的框架和篇幅

框架是志书的蓝图，直接关系到志书的质量。历代方志学家和方志工作者，都十分重视篇目结构，无一不是反复打磨。实践也告诉我们，凡是好的框架，都不可能是一次完成的，而要经过多次推敲和修改，直至出版付印。《地方志书质量规定》指出：“体例科学、规范、严谨，适合内容记述的要求。”一部合格的村志，必须有一个科学而符合实际的总体框架。村志篇目设

① 王伟光：《在北京市调研地方志工作时的讲话》，《中国地方志》2014年第4期。

计取决于村庄实际，内容不在于面面俱到，而在于对村情特色的真实反映。村庄面积虽小，却事物纷呈。因此，村志的框架，不宜抄县志的“作业”，应该突出“微而特”，不求面面俱到，但要重点突出。此外，村志的框架层次不能过多，一般分为章、节、目，以条目为载体，条目以下根据实际情况可增设子目。这样的框架较为精炼，又便于检索。村志孰繁孰简，一直没有定论。个人认为，地方志是全面系统的资料性文献，这是志书性质也是衡量志书质量的核心和关键所在，经历千辛万苦收集来的村庄资料很不容易，有价值的还是能保留尽量多保留吧。早在1936年，《鄞县通志》就有550万字，创造了当时方志文字字数之最。时至今日，历史可鉴。2019年6月出版的《凤凰村志》，也有231万字。

（二）设计村志的篇目

与县志相比，村志的篇目应遵循大异小同，尤其要突出地方特色。既要遵从“横排门类，纵述史实，事以类聚，类为一志”的要求，又不必过分拘泥，自缚手脚。凡是有地方特色和时代特点的，资料较丰富的，可以破格升目为节，升节为章，无特点或特点不明显的尽可能略写或删去。村志在篇章结构上，多采用条目式，横排竖写操作便捷、简明实用。“村镇志篇目的设置不要过细过全，应本着有啥写啥的原则。可根据本村镇自然、经济、社会的特点，采取较为灵活的体例方式。”① 村志的篇目设置应以小篇为主，适当设置一些综合性的篇目，体现出村志的特点。

《凤凰村志》全志设总述、大事记、大事纪略，第一编村庄、第二编姓氏、第三编人物、第四编村民访谈、第五编凤凰村民未来期待调查、第六编衙前农民运动、第七编村政、第八编村区建设、第九编农业、第十编工业建筑业、第十一编商业服务业、第十二编村级经济收益分配、第十三编村民生活、第十四编教育卫生、第十五编文化体育、第十六编艺文、第十七编风俗、第十八编文献，索引、参考文献、后记。反映凤凰村特色的有：“全国首个农民协会、全国首次农民运动、衙前农民运动胜迹、衙前农民运动纪念馆；‘三园二区’建设、美丽乡村建设、最清洁村庄创建和‘改—拆’‘五水’共治、

① 乔方辉：《从〈曹口村志〉编纂出版谈村镇志编修》，《中国地方志》2016年第1期。

旧村改造；萧山纺织工业园区、浙江省中小企业创业园；杭州萧山衙前消费品综合市场、萧山轻纺坯布市场和小商品市场；水电管理服务、出租房维修；凤凰剧团、凤凰老龄艺术团、电影放映队和文物胜迹；凤凰广场、游泳池；沈定一著作、沈定一文章选录、沈定一楹联选录和沈定一书法选录、农民运动诗；创业新村社区、萧山市衙前镇凤凰现代农业示范园区、奖学金制度、扶持经济薄弱村，与台湾南投县鹿谷乡结对交流。”①《褚家塘志》的篇目为：序、凡例、概述，卷一图志、卷二概况、卷三政事、卷四土地、卷五经济、卷六农业、卷七住房、卷八家庭（一）、卷九家庭（二）、卷十撤制、卷十一物产、卷十二风俗、卷十三方言、卷十四人物、卷十五艺文、卷十六事录、卷十七调查、卷十八特记、卷十九文献、卷二十索引（一）索引（二），后记、跋。

（三）村志的体裁

一直以来，村志的编纂在体裁上受到的约束较小，编写者可以根据自己的喜好或是出于记载当地史料的便利来写，方志的述、记、志、传、图照、表、录、索引都可以用。因为内容决定形式，修志的作用在于将史料全面而系统地保存下来。可以根据村庄实际情况进行创新，创新的广度和深度，因志而异，但是无论如何，村志本质上还是方志的一种，方志的根本原则还是要遵守的。

以资料见长的《凤凰村志》编纂时采取“群众口述、专家记录、全民参与”的形式。在“姓氏”编中，第77页至第483页，共406页，以占全志内容29.7%的容量，创造性地设置了一户一张基本情况表，配以一户一幅全家照和一户手写一句最想说的话，成为全志内容最为丰富的一编。村里人口少，一个村往往就是一个家族分支的居住地，或几个不同家族成员的杂居地，家谱世系也是村志记述的内容之一，这与市、县志乃至乡镇志都完全不同。家谱世系以合适的形式入志，会增强村志的资料性、著述性和原创性。《凤凰村志》姓氏编不同于传统的家谱世系，其以家庭为单位，不仅有家庭成员姓名、性别、家庭关系、文化程度、出生年月、工作职务，还有上三代及住户信息，甚至有全家福，提高了全民参与的积极性，实现了全村人全部入志的愿望，

① 金雄波：《谈谈村志的编修——以〈凤凰村志〉为例》，《福建史志》2018年第5期。

充分体现了村志的村民性。《凤凰村志》村民访谈编20多万字，创造了村志中最大规模运用口述史的实例，对与错，好与坏，读者和时间已给出了答案。

《褚家塘志》卷十六“事录”类似大事记，是“队事记录”之意。共记551条，内容丰富，除了有阶级斗争、“大批判”这类当年的头等大事外，大量的是农家开门七件事，村民日常生活，如深翻土地、罱泥搪草、“三抢”种秧等，评工记分如小包工、大寨式，食堂吃饭如拆灶头、出饭率等。“事录”记录连续，内容鲜活，桩桩件件，皆褚家塘特色，连起来就是褚家塘自然村这几十年的完整历史。卷十八“特记”，将不宜入正文又有重大意义的事物单独归为一卷，有褚姓来源、《娄县志》记有村名、日本侵略军罪行、反动标语事件、小包工、大寨式评工记分、老宅出土银元事件、黄金瓜种植法、制作法（六则）等9篇，特合为一卷，类似纪事本末，完整地记述了每件事的来龙去脉。

（四）村志的内容

村是地域最小的行政单位，但“麻雀虽小，五脏俱全”，其变迁可以说是整个地方变化的缩影。因此，要全面系统地记载好一个村庄的历史与现状，并非易事。编纂村志，特色村毕竟就那么多，绝大多数都是地形地貌、气候、物产资源、经济类型、生产生活比较相似，民情风俗相差无几的普通村庄。所以，一部村志记载的内容既要有国务院《地方志工作条例》中指出的自然、政治、经济、文化、社会五个大方面，更要记载不同、唯一和第一。“因为村志所记的村民村事是村民看得见、摸得着的日常生活事例，包括村庄的地理环境、自然条件、民风民俗、村民村事等内容，是整个村庄从自然环境到人文活动，从政治生活到经济活动等各方面的真实反映。”① 如，《凤凰村志》所记载的衙前镇，中国共产党在这里成立了全国第一个农民协会，创办了第一所农民子女学校，撰写出了新民主主义革命时期第一部农民革命的行动纲领。《褚家塘志》物价，出售农副产品，列了小麦、油菜籽、粳谷、青豌豆不同年份的价格。《褚家塘志》所记载的第一：1950年代后期始有煤球炉，1974年改烧煤饼用煤饼炉，1980年代开始有液化气灶。1950年，村民

① 青岛市崂山区史志办公室：《浅谈村志编纂工作》，《中国地方志》2014年第1期。

从解放军处学会做馒头。1951年，村民们第一次看到和吃到番茄。1962年5月28日，褚家塘各家正式用上电灯。1991年8月，各家全部正式接用上海县自来水厂自来水。1992年11月，最早的私人汽车。1994年4月，开始有家庭申请安装电话。在习俗中记载了常写俗字或自己创造的小写字、家庭用品上各家会做记认，这些习俗和做法当年司空见惯，今天却少见多怪。

（五）选好主编

事业成败，关键在人。人是志书编纂的主体，编纂人员的素质直接决定了志书的质量。所以，选好主编是编好村志的关键。旧志中的一些精品佳志，总纂都由专家学者承担。编修村志的具体人员不仅需要有广博的文史知识、扎实的方志基础和文字功底，还要熟悉乡村历史。主编周围，可以动员专家学者、老干部、老教师等参与村志编纂工作，作为村志编纂的补充力量。

"地方志编纂工作是一项学术性、业务性很强的工作，不是随便什么人都能干的，更不是随便什么人都能干好的。"① 《凤凰村志》主编莫艳梅，湖南省江华瑶族自治县党史与地方志征集编纂办公室原主任，现萧山区委党史和地方志编纂研究室副研究员、浙江省地方志专家、中国地方志专家库专家。1989年大学毕业后即投入地方志事业，参加过3省4部市县志编纂，在省级以上刊物发表论文100多篇，专著有《莫艳梅方志文集》《莫艳梅方志探论》等。由于业务精湛、成绩突出，2014年，莫艳梅被评为首届浙江省"最美方志人"。莫艳梅在主编《凤凰村志》过程中，全程指导、全程审稿，拜能者为师、不耻下问，前后到凤凰村80多天（次），走访知情人和当事人。自甘寂寞，长年累月在档案馆、图书馆，翻阅、摘抄各种档案文献，获取第一手资料。2018年春节，只休息了年初一，初二就到办公室修改志稿。

事非亲历不知难，"吟安一个字，捻断数茎须"。主编经历之艰辛，外人难以体会。褚半农生于斯长于斯，是方志的实践者、劳作者，更是创新者、佼佼者，是中国金瓶梅研究会理事、上海市作家协会会员。褚半农手中有30多年前亲手绘制、刻印的包括褚家塘在内的东吴大队的地图册，有多年缴售农产品、出售生猪的原始发票，土地承包责任书，以及自家拍摄的录像带、

① 李富强:《不断深化新方志编纂研究　促进地方志事业健康发展》,《中国地方志》2009年第12期。

老照片等第一手资料。褚半农出生在上海，自称在农村修过地球、前线握过钢枪、学校站过讲坛、机关修过方志，经历丰富。褚半农虽非科班出身，却刻苦勤奋、自学成才，做出了超乎常人的成就。散文创作，明清吴语、上海方言研究，方志编纂，成果丰硕，出版专著有《话说绞圈房子》《走到今朝的上海方言》《步随流水赴前溪》《莘庄方言》《明清文学中的吴语词研究》《上海西南方言词典》《〈金瓶梅〉中的上海方言研究》《听雨怀忠堂》《过去不会过去》等，主编《褚家塘志》《上海县教育志》《东吴志》。

三、如何写出特色

（一）写微观实在

由于村志在方志大家庭中所处的位置，决定了其反映社会最小细胞的历史与现状，资料较县志、市志也更加细微，具有典型性和个性，这也正是村志的价值所在。今天，省、市、县志记载的内容，花些工夫，都可以通过互联网、档案、出版物等渠道获得。但是，村志中的内容，不要说若干年后，就是现在，想从其他渠道找寻都是不可能的。改革开放给安徽农村不仅带来了宏观变化，也带来了吃、穿、住、行等微观变化。如果把这些阶段性变化都记载下来，提高村志质量，不言自明。如，《凤凰村志》记载有村劳动力人数及分布、集体经济、村民收入、集体土地、农机具拥有量、农业生产责任制、农业承包经营责任制、农作物种植面积和产量、农业总产值及产业分类、农户建房、家庭生产与生活用品和老人享受养老保险等 26 张表格，既细又实。

《褚家塘志》在日常消费中，列了籼米、标准粉、富强面粉、猪后腿肉、猪肋条肉、大带鱼、煤灰、煤球、煤饼、火柴、前门牌香烟、飞马牌香烟、红灯牌 711 型 6 管 2 波段收音机、凤凰牌 18 型自行车、三五牌（十五天）台钟、18 寸金星牌彩色电视机具体年份的价格。又载，1950 年代初其中 3 人回村务农，水手带回褚家塘最早的手表（奥美茄）。1950 年代后期始有煤球炉，1974 年改烧煤饼用煤饼炉，1980 年代开始有液化气灶。1950 年，村民从解放军处学会做馒头。1951 年，从上海长春农场返乡的褚伯熙种植番茄，让村民品尝，还教授南瓜人工授粉方法，村民们第一次看到和吃到番茄。1962 年 2 月 3 日，生产队春节杀猪，每人分到 3 两。1962 年 4 月，开始安装家庭电灯，4 月 7 日要求各家在 3 日内报名，并按 1 只灯头 10 元的标准暂收费用。5 月 28 日，褚家塘各家正式用上电灯。1991 年 8 月，褚家塘农民新村自来水管铺设完毕，各家全部正式接用上海县自来水厂自来水。1992 年 11 月，褚明礼购置江汉牌 0.6 吨小货车，此为宅上最早的私人汽车。1994 年 4 月，开始有家庭申请安装电话，每门需支付初装费 3 500 元。

（二）增加图片

“中国名镇志丛书” 要求图照与文字的比例达到 1∶3，“中国名村志丛书” 中图照与文字的比例是不低于 1∶4。它们是名字号工程，很多地方值得学习。在读图时代，增加图照已不单单是一种形式追求，而是与文字相映生辉。现代社会生活节奏快，人们很难长时间坐下来去读长篇文字。而图片信息丰富，对视觉有着强烈的冲击。因此，一个读图的时代已经悄然到来。早在 2005 年，中华书局版《高青县志》就走在了前面。“山东省的《高青县志（1978—2004）》全书收入图片数量达到 511 幅之多，全书 780 页中，平均每 3 页就有 2 幅图片。”①

《凤凰村志》重视随文插图的运用，全志图文并茂，给人以直观和真实的感受。《凤凰村志》有图照 1 700 多幅，图片主题鲜明、内涵清晰、原始感强，每幅都是乡村历史的见证者，增加了志书的美感、增强了志书的存史价值和可读性，起到了“一图胜千言”的功效。《褚家塘志》彩图 92 幅，有不同时期形成的生产生活照片。图照编排上，志首彩照先位置图，再建筑，再农具，后生活日用品，再证票、农产品、树木花草，既有主编亲自拍摄的珍贵老照片，也有影印件，全部清晰明确，井然有序。第二版在地图上增加了 12 幅，配上各时期的位置示意图，分别记载上海古冈身和褚家塘地区位置示意图、明嘉靖年间褚家塘地区在上海县域外位置示意图、明万历年间华亭县和褚家塘地区位置示意图、清嘉庆年间褚家塘在娄县位置示意图、清嘉庆年间松江府域和褚家塘位置示意图、1915 年褚家塘在上海县域外位置示意图、1918 年褚家塘位置示意图、1948 年龙华区廿八保和褚家塘位置示意图、1952

---

① 杨克亮：《浅议在第二轮志书中如何突出地方特色》，《河北省方志论文选编》，河北人民出版社 2016 年 6 月版。

年龙华区和褚家塘位置示意图、1957 年西郊区和褚家塘位置示意图、1984 年上海县和褚家塘位置示意图、2014 年闵行区和原褚家塘位置示意图、1976 年褚家塘在东吴大队位置示意图、1918 年民国《上海县续志》中横塘位置示意图。不同时期的褚家塘位置图，既重现了历史事实，又增加了阅读趣味，非常直观而一目了然，让人印象深刻。

（三）实地调查

目前，大多数志书内容记述平面化、公式化，只记是什么，不记为什么，记述的广度和深度不够，反映不出记述对象的丰富性和内在本质，追根溯源，还是欠缺资料所致。郎遂在编纂《杏花村志》时，面对文献资料短缺、文物建筑倾圮的困难，首先发布《征杏花村诗文启》，广搜博采，“凡夫、缙绅、韦布，无不咨询；巷议街谈，无不茹纳”①。《凤凰村志》编纂者不仅收集文字、实物和图片资料，更重视从“口述访谈”和田野调查等渠道获取第一手资料，以填补文献、实物资料的空白。可以说，志书的第一手资料比例越大就越有独特性和地方性，也越有存史价值。2017 年 2 月开始，莫艳梅对凤凰村民进行访录工作，共访谈 46 人，录入 36 人的访谈整理成《富裕起来的农民在想什么——凤凰村民访谈录》一书，2019 年 6 月由中国社会科学出版社出版。《凤凰村志》第四编“村民访谈”分为现任村党委书记村委会主任访谈、20 世纪 20—40 年代村民访谈、20 世纪 50—70 年代村民访谈、20 世纪 80 年代村民访谈、外来人员访谈共 5 章，20 多万字，增强了原创性和鲜活性，对文献资料起到补充、印证和鉴别的作用，创造了口述史大规模记入村志的纪录。又如，《褚家塘志》卷十七专设“调查”卷，收录褚家塘社会概况调查、褚家塘社会概况调查（1992—2011 年）、公社农民食堂和出饭率、自留田三次收归和恢复、两次划分评定家庭阶级成分、婚宴操办和“三日头排场”共 6 篇。

（四）重视重大历史事件

今年网络上有句流行语：“时代的一粒灰，落在个人头上，就是一座山。”

---

① 郎遂：康熙《杏花村志》卷首，聚星楼刻本。

2015 年 12 月 29 日，在北京召开的全国地方志系统先进模范座谈会上，国务院总理李克强批示指出，地方志“直笔著信史，彰善引风气，为当代提供资政辅治之参考，为后世留下堪存堪鉴之记述”①。中华人民共和国成立以来，乡村经历很多重大历史事件：农村生产关系变革、“大跃进”、农业学大寨、“文化大革命”、村民自治、废止农业税、建设美丽乡村等。除“大跃进”“文化大革命”具有普遍性外，其他都发生在乡村。这些跨度几十年发生在乡村的历史事件，是“无法尘封的历史”。黄勋拔在《方志编纂学论纲》中指出：“不写清楚主要政治运动的情况，就不能说清中国 1949 年到 1976 年这个历史时期的历史。”② 在遵守党和国家法律、法规、政策的前提下，多一些秉笔直书，就多一份资料存留。

寿鹏飞在《方志通义》中指出方志的作用是：“明正宜，垂治规，究兴衰之由，陈利弊之要，补救时政之缺失，研求民生之荣枯。”③ 方志述而不论，要想鉴古知今，就靠资料，尤其是靠典型性资料说话。《褚家塘志》记载：

> 1949 年 5 月 15 日，莘庄地区解放，由苏南行政公署松江县接管，褚家塘随属。
>
> 1953 年 1 月，赵琴参加中国人民志愿军，奔赴朝鲜战场。此为宅上第一参军者。
>
> 1954 年 9 月 16 日，华民社主任陈才根加入中国共产党。此为褚家塘最早的共产党员。
>
> 1957 年 12 月底，上海市区的初中学生洪荣根来褚家塘插队落户，此为第一个来褚家塘插队的城市知识青年，翌年去参军。
>
> 1958 年 11 月 20 日起实行伙食供给制，即“吃饭不要钱”制度，社员“放开肚皮吃饱饭”（从开办食堂到结束“放开肚皮吃饱饭”，前后共 101 天）。
>
> 1971 年 3 月，褚永林、褚秋玲（女）、褚引芳（女）3 人响应政府

---

① 中国政府网_ 中央人民政府门户网站，2015 年 12 月 29 日。

② 黄勋拔：《方志编纂学论纲》，广东人民出版社 2000 年 7 月版，第 184 页。

③ 寿鹏飞：《方志通义》，黄苇主编：《中国地方志词典》，黄山书社 1986 年 11 月版，第 324 页。

号召，赴云南西双版纳屯垦戍边。1979 年 2 月全部返回。

1976 年 2 月，女青年褚林宝应征入伍，此为老宅历史上唯一的女兵。

1992 年 6 月第一次征用 29.774 亩，后又几次征地，至 1995 年 12 月，褚家塘最后 39.76 亩土地被征用。仅用两年半时间，褚家塘土地共 279 亩耕地和 98.43 亩非耕地全部征完，从此结束各家口粮需自己种植的历史，村民户口也随之分批全部转为城镇户口。

（五）人物

方志学创立者章学诚把人物志看成“志中之志”“书中之髓”，强调“国史取材邑志，人物尤属紧要”。① 人物历来是方志的重要组成部分，旧称“方志半人物”，是说人物在志书中占的分量很重，所用篇幅最多，人物种类也分得很细，有名宦、师儒、流寓、忠勋、文人、忠节、贤良、进士、乡举、岁贡、吏员、隐逸、义门、孝子、顺孙、义士、节妇、寿官、义官、医术、能书、善画、仙释、方伎、异行、正学、孝悌、节义、直臣、治行、耆旧、隐德、儒雅、贞女等。

乡村是熟人社会，很看重各方面的名人，对本村甚至邻近的名人如数家珍，非常熟悉，收集资料比较容易。所以村志更应注重记载人物，要把在某一方面做出成就的优秀人物都记入志书。有影响的，多生活在外地，既要记其成就，也要注重记载其在家乡成长的情况。尽可能多用“以事系人”法，在记述相关事物时一并记其姓名事迹。如种粮大户可结合种植业的发展记载，养殖专业户可结合养殖业的发展记载，工业革新能手、先进工作者可结合工业发展记载，道德模范可在精神文明分志中记载。为反映本地人物之盛，村志要多用人物表，把各行各业的优秀人物都记载下来，如劳动模范、先进工作者表，副高级以上职称专业技术人员表，人大代表、政协委员表，科级以上干部表，优秀民营企业家表，历史名人表，90 岁以上老人表，革命烈士表等。“历史实践告诉我们，人类活动具有复杂性和多元性。从反映历史本来面目讲，只有在人物志中辑录多领域的人物，我们的人物志才能成为丰富多彩

---

① （清）章学诚撰，叶瑛校注：《文史通义校注》下·卷八《外篇三·答甄秀才论修志第二书》，中华书局 2014 年 11 月版，第 756 页。

的历史画卷，才能更加具有思想性和可读性，也才能真正体现社会发展的有机性和完整性。”①

总之，编纂村志是一门科学，必须秉持高度的时代责任感和历史使命感，以科学的态度、严谨的学风、刻苦的探究，勇于学习先进典型，反复打磨，精雕细刻，在合格的基础上再追求精品，避免在出书后留下遗憾。本文是个人粗浅体会，希望能为正在编纂和即将编纂的村志提供一点有益启示。

（作者单位：安徽省地方志研究院）

（2020 年第十届中国地方志学术年会入选论文）

① 梅森：《方志学简论》，黄山书社 1997 年 11 月版，第 242 页。

城市化过程中一个农业村庄的百科全书

——褚半农《东吴志》的价值

丁晓蕗　张剑光

摘　要： 20世纪中叶以后，中国的农村社会变化巨大。尤其是改革开放以来，各地城镇、农村的面貌发生翻天覆地的变化。新的生产形式、体制和社会结构在建立，旧的行为习惯、生活方式、风俗方言在消亡。褚半农的《东吴志》，正是着眼于记录东吴村在这一重要历史时期变化、发展的志书，全方位记载上海市闵行区莘庄镇东吴村的自然、政治、经济、文化、社会的历史和现状，为后人提供研究传统乡村社会向现代社会转变的历史文献，是城市化过程中一个农业村庄的百科全书。《东吴志》全书资料来源翔实可靠、体例规范、框架完整、内容丰富，无论是从志书内容、资料来源、体例形式还是叙事特点来看，它都具有很高的史料价值和现实意义，是方志史上一本值得研究的佳作。

关键词：《东吴志》；褚半农；农业村庄；城市化；价值

“一邑之典章文物皆系于志，若旷而弗修，不几于久而湮没者乎。”① 文化底蕴深厚的上海农村更需要整理、编纂地方史志。中华人民共和国成立以来，全国已开展两轮大规模修志，但这些新修志书大多是以县志和乡镇志为主，很少再向下延及村、组。“十三五”期间，国务院相关文件规定：“指导有条件的乡镇（街道）、村（社区）做好志书编纂工作。”② 上海等省、自治区、直辖市据此制定乡镇街道、村和社区志规划或编纂方案，将编修村志纳

① 李敏：弘治《将乐县志》卷十四《将乐县志后序》，载《天一阁藏明代方志选刊续编》第37册，上海书店出版社1990年影印本，第658—659页。

② 国务院办公厅：《全国地方志事业发展规划纲要（2015—2020年）》，2015年8月25日。

入方志机构的管理范畴。由中西书局出版的上海市闵行区莘庄镇第一部村志《东吴志》，在此文化氛围中应运而生。

20 世纪中叶以后，中国的农村社会变化巨大。尤其是改革开放以来，各地城镇、农村的面貌发生翻天覆地的变化。原来的农村生活方式在急剧发生变动，新的生产形式、体制和社会结构在建立，旧的行为习惯、生活方式、风俗方言在消亡。如果无人记录、无人留心中国农村面貌发生的改变，宝贵的历史资料将会失去。褚半农的《东吴志》，正是这样一本着眼于记录东吴村几十年间变化、发展的志书，可以为当代农村发展史研究提供宝贵的史料。

《东吴志》作者褚半农是上海知名的地方史志专家，是土生土长的上海市闵行区东吴村人。方志由本村人编纂，有很多好处。因为他出生于东吴村褚家塘，对家乡的一砖一瓦、一草一木都非常熟悉，他在《东吴志》后记里写道："我这一辈子中，除了当兵 6 年外出外，其余时间一直居住在东吴褚家塘。"① 东吴村几十年间发生的变化，是他生活的一部分，他对家乡的人和事满怀深情和眷恋。他有着丰富的编修方志的经历：自 1983 年以来，他参加了上海第一轮、第二轮修志工作，为《上海县志》《上海市闵行区志 1992—2011》撰稿，还主编过《上海县教育志》，熟悉修志规范。他编写的 2010 年版《褚家塘志》，被复旦大学蒋凡教授誉为"一个自然村半个世纪的社会主义农村的发展史"②。三年后，作者的《莘庄方言》由学林出版社出版，收录方言词语 9 400 多条，总结归纳出莘庄方言有 30 个声母、48 个韵母，书中的记述范围超出了《上海县志》方言部分的论述。由于作者对上海方言和史事颇有研究，编写方志功底深厚，既有语言学素养又有史学风范，且积年留心观察、笔耕不辍，《东吴志》的问世便在意料之中。

87.7 万字的《东吴志》，共分 27 章，编有村事索引和 370 多幅珍贵历史照片。《东吴志》给人的第一感觉是书中有大量第一手资料，是一部充满浓郁土气息、非常有学术意义的村志③。

---

① 褚半农：《东吴志》"后记"，中西书局 2020 年 12 月版，第 794 页。
② 蒋凡：序，褚半农：《褚家塘志》，上海人民出版社 2010 年 12 月版，第 2 页。
③ 祝学军：序二，褚半农：《东吴志》，中西书局 2020 年 12 月版，第 3 页。

一、关于近现代村志的主要回顾

村志作为地方志的一部分，虽古已有之，如康熙年间的《杏花村志》是现存第一部被收入《四库全书》的村志，但旧时村志的编纂并不兴盛。直到20世纪以后，全国各地的村志（史）编纂得到快速发展。60年代村志（史）与社史、厂史、家史合称为当时的“四史”①。80年代村志（史）真正得到国人重视，优秀的村志（史）作品有《山城子村志》《常青村志》《大路村志》《黄冈村志》。90年代村志（史）不仅数量增长，质量也有所提高，如《伊家村志》上起南宋绍兴二年（1132年），下迄1992年，全书10章，共有6万余字，前后详载伊家村建村800多年来的村情和史料，做到明古详今。在城市化发展进程加快的社会状况下，越来越多的村庄和社区认识到保存村史的重要性。在21世纪初的拆迁浪潮中诞生了一批新村志。如2011年的《东华村志》《上兰村志》《荷湖村志》《凤凰村志》，2012年的《白沙村志》《江二村志》《绿景村志》，其中浙江省江山市凤林镇白沙村《白沙村志》由方志专家毛东武主编，出版后得到好评，颜越虎对《白沙村志》在姓氏、家庭、人口记述上的创新给予高度评价②。2015年有《大冲村史》《北关村史》，其中《北关村史》是甘肃首部现代村史。

中华人民共和国成立以来，各个时期的村志编修呈现不同的时代特点：20世纪60年代为起源，80年代承前启后，90年代开始尝试新的村志风格。同时，随着城市化进程的发展和农村地区的消退，由城市化发展倒逼导致村庄或主动或被动抢修村志的浪潮出现③。时代在向前，村志的编修特点跟随时代的发展而变化。

---

① 林丽娥：《近三十年中国村史志研究》，宁波大学2017年硕士学位论文。

② 颜越虎：《从〈白沙村志〉到“珠三角现象”——乡村志编纂的解读与分析》，《中国地方志》2014年第10期。

③ 张丽蓉：《改革开放以来村志编修的分析与思考——以广州地区为中心》，《中国地方志》2016年第10期。

二、《东吴志》的珍贵资料来源

梁启超曾说：“方志之著述，非如哲学家、文学家之可以闭户瞑目其理想遂自创获也，其最主要之工作在调查事实，搜集资料。”① 资料是地方志书的生命，是编纂志书的坚实基础。没有扎实的资料基础，就不可能编纂出高质量的志书。《东吴志》的资料翔实可靠，且文献价值多元。除正式出版的文献外，特殊的资料来源主要有六个方面：

（一）档案资料

方志书编纂的质量，与档案资料的使用程度关系密切。在中国古代社会，因文献档案具有资料丰富、可靠真实、收藏集中的特点，史官都将其作为编史修志的主要资料来源。《东吴志》引用的档案资料主要来源于闵行区档案馆和莘庄镇、东吴村档案室已公开档案，以及莘庄镇派出所户籍资料等。如志书正文前记录各项重大村务事件共达319条的“大事记”，其记事时限上溯至唐天宝十载（751年），下迄公元2019年，而自记载1946年的第12条“东吴、新生地区管辖权多变。是时属上海市二十六区。翌年，二十六区改名龙华区”② 起开始使用闵行区的档案馆藏档案。根据统计，仅“大事记”中就有40条记载引自区档案材料，27条引自村档案材料，2条引自镇档案材料，还有其他条目引用大量的公文文件和户籍资料。翔实的档案资料为规范、全面记录村民的生产活动起到基础作用。再如第五、六章中关于土地面积、人口数量的相关数据也来源于闵行区档案馆藏档案、莘庄镇档案室藏档案、东吴村档案室藏档案和莘庄镇派出所户籍资料等。第七、八章中关于行政、经济组织和基层党组织、群团、其他组织的内容编写也同样选用大量档案资料。当然，面对浩如烟海、十分庞杂的档案文献，如何选取合适的修志资料是一个非常复杂的问题，更是一项异常艰苦细致的工作。作者较好地完成了这项工作，让人钦佩。

---

① 陈其泰、陆树庆、徐蜀编：《梁启超论著选粹》，广东人民出版社1996年4月版，第975页。

② 褚半农：《东吴志》“大事记”，中西书局2020年12月版，第12页。

（二）内部印刷品资料

印刷品是使用印刷技术生产的各种成品的总称，它与人们的日常生活关系密切，人们所接触到的报纸、书刊、地图、海报、广告、信封、钞票、证卡等，都属于印刷品资料的范畴。而《东吴志》呈现大量珍贵的印刷品资料：1970年的结婚证，图片正反两面都清晰可见，得以见证当时家庭婚姻生活的一个侧面；1975年第四季度，在开展“农业学大寨 普及大寨县”运动中，东吴大队按莘庄公社制定远景规划要求，丈量所有耕地并编制“东吴大队地图册”①，1975年褚家塘生产队耕地分布图即属地图册中的一部分；1982年的劳动手册工分簿则反映公社时代的劳动规则，工分是每个家庭、每个社员赖以生存的命根子，“社员只有在生产队参加劳动取得工分并记入工分簿，才能凭工分参加年终分配，获得收入”②。还有1984年家庭养猪补贴签收表（当地家庭素有养猪习惯）和2001年的村园林墓地迁入证等。直观、鲜活地将当时东吴村人的生产生活状况呈现在读者面前。

（三）采访所得

作者撰写这篇村志可谓身体力行，许多资料都是四处采访搜集而得。如第二十六章专门设置“社会调查”章节，共收录社会调查4篇，重点剖析几个专题，留存了一个大队（村）第一手详细的历史资料。1968年10月开始的知识青年响应号召上山下乡插队落户，是涉及城镇千家万户以及农村的大事，第一篇“插队落户知识青年情况调查”，从四方面（18个子目）详述9批下乡青年的种种情况，全面反映当年史实。剩下三篇分别是“赤脚医生参加劳动和年终分配情况调查”“褚家塘社会概况调查”“褚家塘自留地调查”，均以微观视角记录当时情况，为消失的村庄留下原始的历史细节，值得其他志书借鉴。

（四）笔者历年积累的书面资料和日记

因作者自小有记录村事（原为文学创作准备的素材）和收藏资料的习

---

① 褚半农：《东吴志》，中西书局2020年12月版，第123页。
② 褚半农：《东吴志》，中西书局2020年12月版，第404页。

惯，家里积有几十万字的文字档案，电脑存有几百幅照片，志书中有334幅图片均为作者自己拍摄、积累所得。作者把这些都用在志书编纂中，为《东吴志》注入独特的史料价值。这些个人记录的档案资料内容价值很高，大都是官方馆藏档案中没有或记载不全的，弥足珍贵。另志书中提到的《莘庄方言》一书也是作者历经十几年收集、记录的成果，基于此，流传有序的松江府县老方言、明清民国老词语等传统方言得以真实面貌保存下来。

（五）1970年代东吴大队通讯组编印的《东吴通讯》（俗称“战报”）

此“战报”于1972年5月19日“三夏”即将开始时创办，1977年“三秋”后停办。每逢“三夏”“三抢”“三秋”三个大忙季节，大队通讯组就开始采访撰稿，或综合各生产队“土记者”来稿，用钢板刻字油印8开套色小报，无固定出版日期，每个农忙季节一般出刊10~15期，有时会日出一期。“战报”要围绕大队中心工作，配合农忙季节，宣传有关政策，表扬好人好事，鼓舞社员斗志。“战报”分发至各个生产队宣读，很受社员欢迎。它是特殊时代下的重要产物，在当时发挥过积极作用。

（六）由村内外热心人士提供的资料

如由华伦其拍摄的一张珍贵的黑白传统民居照片——一间歇山式五开间单埭头平房。据统计，由作者朋友提供的照片共39幅，约占志书图片总数的十分之一。此外，《东吴志》书末部分还附有“编修资料提供者名录”，作者将提供资料的各方热心人士的姓名和单位进行了归纳整理。除上述六大特殊资料来源外，有关东吴村历史沿革和具有地方特色的物产部分也借鉴了相关的文献书籍，如清乾隆年间的《娄县志》、民国时期的《上海县续志》、1987年版的《莘庄乡志》、1991年版的《松江县志》，以及随后的《闵行区地名志》《褚家塘志》等。总体来说，作者自己所提供的图文素材占比不小，“官修私著”① 的性质更加凸显《东吴志》独特的历史价值。

① 褚半农：《东吴志》“后记”，中西书局2020年12月版，第795页。

三、《东吴志》规范、创新的编写体例

细翻《东吴志》，会有很深的感受。首先是编写体例成熟规范且有所创新，叙事手段丰富多样。章学诚有言：“志为史裁，全书自有体例。志中文字，俱关史法，则全书中之命辞措字，亦必有规矩准绳，不可忽也。”① 《东吴志》的编写体例遵循“横排门类，纵述史实”原则，设章、节、目、子目四级目录，力求系统、详细、客观地记述东吴大队（村）政治、经济、文化和社会生活的历史和现状，体现时代特征和东吴特色。

（一）体裁规范

全书采用一般方志的章节体，各部分之间相互独立，最终构成一个有机的整体。具体编写的手法上，使用述、记、志、传、图、照、表、录等多种体裁形式，尤其是保存大量的照片和整理出各种表格，通过图、照片、表来说明东吴村的经济社会变化和历史演变。如在第十二章“农村生产关系农业经营体制”中，用文字和表格，分别记录全村 291 户家庭的人口、土地、房屋情况，完整地保存了这段历史。关于“土改”中第一次评定家庭阶级成分和 1965 年“大四清”中第二次评定家庭阶级成分情况，书中用 3 张表格详列，使人一目了然。再如从 1990 年代起，东吴村土地陆续被征用，村宅被拆迁，村民动迁至各个小区，东吴村地区实现了城市化。村民生活习俗发生巨大变化，为村民生产、生活服务的能工巧匠（木匠、泥水匠、竹匠、漆匠等）失去用武之地，基本歇业，也再无后人习此技艺。作者在第二十四章中记载“能工巧匠名录”，以图表的形式将这最后一批“手艺人”的信息保留，既保存珍贵的生活细节，同时又展现上海农村的变化。

（二）体例创新

《东吴志》在编写体例上既继承中国传统方志文化，又有新的尝试。如志

---

①（清）章学诚著，叶瑛校注：《文史通义校注》卷八《外篇三·与石首王明府论志例》，中华书局 1985 年 5 月版，第 861 页。

前设有记录319条村事的“大事记”，将东吴地区历史沿革、设置演变和各项重大事件以时间先后的顺序排列展示出来，尤其是还原和保存城镇化进程中东吴村几十年的历史细节。整理编写“大事记”的做法，是许多旧地方志书所没有的，它是新方志的重要组成部分。另外，在篇目设计上，《东吴志》根据历史情况及记载需要，设置具有时代特征的篇章，如“位置示意图”“自留地”“宅基地”“各生产队土地”“行政村、高级社”“撤队、撤村、改制”“特记”等，其所呈现的村志历史令人印象深刻。第十八章“教育”得到复旦大学巴兆祥教授的肯定，他在《东吴志》序中说道：“特别是‘教育’，除记载1950—2014年东吴全日制、非全日制大专及以上毕业生总数与专科、本科、硕士、博士人数外，还列表分姓名、性别、学校名称、入学及毕业时间、专业、学历等记载大学专科及以上毕业生名录，实现了我多年来一直倡导的县志、乡镇志要收录大专以上或本科以上学生名单的愿望。”① 第二十三章“艺文”单独设立，也是《东吴志》特色之一，内容有文学作品、学术论文、书法绘画、地方志书、其他书目等，都为本村人士创作、研究之成果，特色章节的设置也是《东吴志》自身特色的体现。

（三）记载全面

作者在对志书记载的整体和宏观把握上比较用心，致力于全方位记载改革开放后东吴村发生的变化，通过一个村庄的变化可以让读者看到上海乃至中国农村在新时期发生的巨大变化。《东吴志》完整记载1949—2019年东吴村民众的生产生活变迁经历，以及生活形态和社会结构的变化。书中对东吴村由20世纪50年代的互助组、初级社、高级社、人民公社到此后开展的各项政治运动，再到80年代实行家庭联产承包责任制，都加以详尽记录。如1983年，大张生产队率先进行家庭联产承包责任制试点，因耕地、灌溉、收割机械化，生产队对有些农活提供有偿服务等，由此带来社会格局的改变，也带来村民生产方式、生活习俗的重要转变。90年代初，城镇化建设开始大量征用各生产队集体土地，东吴村的集体土地相继被征完，随即生产队建制全部被撤销，村民的农业户口也随之分批转为城镇户口（俗称“农转非”

---

① 巴兆祥：序一，褚半农：《东吴志》，中西书局2020年12月版，第2页。

"农转居"），各个宅基地的动迁工作同步开始。至2009年6月最后一批农户住房被拆迁，东吴村共有583户（以实际分配名单为准）村民分批动迁至16个居住小区。2011年12月，东吴村启动撤销东吴村建制和改制工作。2012年5月，正式撤销东吴村村民委员会建制。12月，莘吴社区股份合作社正式成立，村民入股后成为股东。东吴村作为一个农业村庄从此消失。

将一个消失的农业村庄的历史通过志书的形式记载保存，既为后人研究或追忆该村的历史留下资料，也为消失或即将消失的村庄如何修志提供可以借鉴的模式，更为我国城镇化进程中一系列的探索和中国乡村今后的发展带来思考。

四、《东吴志》灵活而有原则的叙事风格

中国历代注重修志，志书语言表达的原则和方法是最重要的方面之一，因为语言表达和语言叙事特点起着奠定全志风格的决定性作用。有志书编纂就必然有语言表述工作，离开了语言表述，就无所谓编纂。语言表述是志书编纂这一整体中不可分割的主要部分。作为一本村志，《东吴志》具有灵活而有原则的叙事风格。

（一）记录内容接地气

《东吴志》作为上海市闵行区莘庄农村的一个缩影，比较全面地记录了当地的动植物、生产和生活用具、风俗、语言等内容。如《东吴志》第四章的物产部分，谈到东吴村向来主产麦子、水稻、棉花、油菜，也有少量西瓜、黄金瓜等。又称小瓜、金石瓜的黄金瓜，为东吴地区的传统特色产品，历来都有种植。《东吴志》第十四章"农业"对东吴村的传统农具和农业机械进行分类、整理。不过机械农具的强势来袭，并没有立刻占据农业耕种技术上的高地，传统农具仍旧存在于每家每户的房舍田头。从1950年开始，东吴大队在生产中引入机械农具，首先是抽水机这一灌溉农具的引进和普及，其配套工程就是东吴大队河道灌溉网的修建，再加上机房、渠道、渡槽、总闸门、分闸门和田头放水口定点设置、相互配合，保证了所有田块全年灌溉抗旱所需用水，做到旱涝保收。尽管机械化农具拥有压倒性的技术优势，但部分传统农具的使用一直流传至今，保留着精耕细作的历史韵味和时代特点。再如对本地

植物交替种植的记载也很有价值。1958年“大跃进”时，高大树木如皂荚树、榉榆树等因推广“交通运输”而遭无偿砍伐。后引种过杉木、槐树、香樟等，但因多数家庭无处可种，收效不显著，待村庄动迁后原大小树木被全部砍尽。

岁月流逝中，同社会大环境一样，传统风俗有很大改变。尤其在城镇化进程中，随着村庄祖居全部拆除、动迁，社会人文环境彻底改变，生活水平和文化水平的提高，外来人口大量导入，传统民俗与现代民俗、城镇民俗与农村民俗、本土民俗与外来民俗相互交汇，风俗变化明显。趋势是新旧交替和程序简化，传统民俗虽仍占主导地位，但好多习俗风尚已消失殆尽，存留的习俗不变中有变，还增加了外来风俗因素。《东吴志》在第二十一章“风俗”篇中有详细的介绍说明，如结婚时新娘穿婚纱，生日宴上许愿、吃蛋糕等。与此同时，方言使用也出现较大变化，历史上属松江方言系统的东吴地区方言由于普通话教育的普及和生活环境改变，方言老派读音和老词语正在逐渐被普通话取代。而作者在第二十二章“方言”中以五小节的分类方式罗列莘庄方言的语音、成语、称谓、谣谚的原生面貌，这些祖辈传下来的传统词语，保留着几乎和几百年前文献记载同样的词义，有些在明清吴语文献中多见记载，可谓研究上海方言和吴语的资料宝库。就语言形式而言，俗谚俚语、歌谣谜语生动活泼、富有浓郁的地方特色和乡土气息，它们大都来源于坊间，多与当地当时的现实生活息息相关，一定程度上更能反映社会的真实情况，是人民生活的真实写照，是村志记述社会关系、反映人文精神不可或缺的参考资料。

（二）资料“详县志所略”

县、镇志因为记载比较宽泛，有较多宏观的描述，而村志往往需要具体、细节的描述，从而体现一个村的个性。褚半农在《重大事件在村志中的记载现状及理论思考——基于上海5区10部村志的考察》一文中就特别强调：“以上海五区10部村志为样本进行考察，发现其实际记载土地改革运动（简称‘土改’）部分极其简单，致使重大内容遗漏，不能反映一村的主要事件和历史进程，而这必会导致村志史料价值降低，存史功能弱化。”①

① 褚半农：《重大事件在村志中的记载现状及理论思考——基于上海5区10部村志的考察》，《上海地方志》2019年第3期。

如何避免村志中遗漏重大内容呢？《东吴志》以“详县志所略”的实际行动作出回应，“详县志所略，总的要求是抓住重大事件、民生事件的时间节点，确定关键词，从经济到政治，从生产到生活，从风情到民俗，从人文到人物，对原始资料充分梳理和利用，对重点资料深入挖掘，用文字和表格保留大量可资研究的细节资料，经过科学整理和系统编著，让基础性资料充分展示事件的内部联系和结构”①。“详县志所略”既是方法也是手段，由此，体量近90万字的《东吴志》坚持“详县志所略”的叙事特点，将村里的重大事件、重要历史作详细、完整的记录，进一步提高村志质量，增加资料厚度。在这一点上，胡俭、黄文雷与褚半农不谋而合，他们在《关于如何做好乡镇街道村志编修的一些思考——以上海市编修情况调查分析为例》一文中提到：“如杨浦区的《五角场镇志》中记载了抗战前国民政府的大上海计划，便比《杨浦区志》更为详细，具有重要价值。”②

（三）遵循“述而不作”原则

《东吴志》坚持遵循“述而不作”的客观原则，以保存原始文献记载为前提。这一特点，不仅体现在正文内容的书写上，而且体现在贯穿于整部志书的小注、解释说明部分。志书的注解部分或直接保留原文，仅在后面标记作补充说明，或根据史实增添新的内容，如“大事记”中第178条记载1977年2月事：“春节每户供应粉丝1斤、枣子1包，鱼每人半斤，猪肉每人增加1元（自去年7月16日起凭票购买猪肉，每人每月1元）。”③ 括号里的补充说明就很到位，让读者对前后事件的来龙去脉了解得更加清楚明白。而且作者在特别小的细节上都会注意区分，第92条记载1962年5月事中有：“5月14日，凭‘专用商品购货券’和‘日用工业品购货券’供应的商品调整用券标准，糖精片由100片（小粒）收券2张调整为100片（大粒，等于200小粒）收券8张。”④ 对糖精片的大小颗粒都会严格记载，作者本人求真求实的

---

① 褚半农：《东吴志》“后记”，中西书局2020年12月版，第796页。

② 胡俭、黄文雷：《关于如何做好乡镇街道村志编修的一些思考——以上海市编修情况调查分析为例》，《上海地方志》2017年第2期。

③ 褚半农：《东吴志》“大事记”，中西书局2020年12月版，第28页。

④ 褚半农：《东吴志》“大事记”，中西书局2020年12月版，第19页。

态度可见一斑。另一种则是对事件的有误部分进行纠正说明，在尊重原文的前提下予以更正，在“1974—1990 年东吴大队（村）合作医疗收支情况表”① 下方即指出表格中部分年份数据缺失，并补充说明 1974 年另有 1 名采草药工的情况。对史料中的错字、漏字，也以同样的方式处理。

近数十年来上海农村的变化是巨大的，但这种变化历史如果不通过具体内容的记载，是很难令人理解的。在城市化的进程中，很多上海农村的物品和工具逐步稀少，甚至消失；传统民俗与现代民俗、城镇民俗与农村民俗、本土民俗与外来民俗相互碰撞交流频繁，新旧风俗文化变化愈加明显；在大力推行和使用普通话的背景下，上海方言传承面临困境。诸如此类与民众生活紧密相关的日常变化，迫切需要文字的记载，而《东吴志》接地气的记载为后人留下了珍贵资料，为中华人民共和国成立后农村翻天覆地的变化，做了最好的注释。

五、结语

村志作为地方志的一种，有其独特的历史价值、学术价值和文化价值。闵行区莘庄镇第一部行政村志《东吴志》具有重要的史志价值，是上海村志编纂史上不可多得的存在，它的成书为研究上海地区农村社会发展起到积极作用。略有不足之处是其编纂始末不够具体详细，比如《东吴志》的编修分为几个阶段进行？每个阶段具体解决村志中的哪些问题？若有一份细致严谨的编修计划的陈述，可为后人编修同类村志提供宝贵经验。

为《东吴志》作跋的张剑光教授认为，中华人民共和国成立后，中国农村的生产关系发生了根本性变化，而改革开放以后，农村的经济结构、生产结构、农民的生活方式、农村的人口、居住环境更是发生了巨大的变化。“一部村志，既有一村总的概括，又能落实到每家每户在新时代的具体变化，对一个村最基层的小小分子进行解剖、进行存真，就显得十分重要。”② 因此，《东吴志》所记载的既是过去传统乡村渐渐消亡的历史，也是社会主义新农

---

① 褚半农：《东吴志》，中西书局 2020 年 12 月版，第 546 页。

② 张剑光：跋，褚半农：《东吴志》，中西书局 2020 年 12 月版，第 800 页。

村诞生和走向富裕的历史。这种新生是从原来农村的消亡中孕育而来的，继承与发展了传统文化，“横塘没有了，淀浦河还在，东吴村撤销了，《东吴志》出版了”①。在习近平新时代中国特色社会主义思想指导下，通过记录过去的岁月风土、曾经年轻的村庄容颜，把握古老乡村故土的根与魂，继承前辈艰苦奋斗的精神传统，传承中华优秀传统文化，加快建设具有世界影响力的社会主义现代化国际大都市。

（作者单位：上海师范大学）

（原载 2023 年第 2 期《上海地方志》）

① 褚半农：《东吴志》“后记”，中西书局 2020 年 12 月版，第 799 页。

四

附录

久而思。

附录 1：修志经历和修志成果

1980 年代初，上海第一轮地方志编修工作开始。1983 年 2 月 28 日，我从莘庄人民公社明星中心小学借调至上海县教育局教育志编纂室，参加《上海县教育志》编纂工作，并为《上海县志》撰稿。2011 年 9 月 5 日起，受莘庄镇政府之邀，成立编纂办公室（仅我一人），正式参加第二轮地方志编修工作，为《上海市闵行区志 1992—2011》（上海人民出版社 2018 年 5 月版）撰写莘庄镇的内容，实际担任的撰稿任务远不止这些。具体成果如下：

一、教育志

1.《上海县教育志》（后任主编、总纂）（上海社会科学院出版社 1989 年 12 月版）。

2. 同时完成市教育志办公室关于上海县教育的撰稿任务，手头的资料有：

《上海市学校概况（中学、小学、幼儿园）》中的上海县部分（上海社会科学院出版社 1990 年 12 月版，第 639—701 页）。

3.《上海普教人物（第一辑）》（上海市教育局教育志办公室、上海市教育教学研究所 1992 年 9 月内部印刷）上海县入编的普教人物计有秦荣光、顾言、秦锡田、钮永建、丁仁科、林德昭、朱思良、杨光霖 8 位（以生年先后排列）。

二、县志

为《上海县志》（上海人民出版社 1993 年 7 月版）撰写的志稿有：

1. 第十六篇农业（下）：（一）畜牧水产业，（二）生猪生产，（三）禽、蛋生产，（四）小宗畜禽生产，（五）水产。（第 558—576 页）

2. 第二十四篇教育：（一）义学、书院，（二）幼儿园，（三）小学校，（四）中学校，（五）特殊、职业、专业学校，（六）经费、设施，（七）中小学教师，（八）中小学生，（九）中小学教育、教学，（十）成人教育。（第844—885 页）

3. 第三十篇社会：（六）褚家塘社会概况调查。（第 1115—1120 页）

三、区志

为《上海市闵行区志 1992—2011》（上海人民出版社 2018 年 5 月版）撰写的志稿有：

1. 卷三“地名”：第二章“村名”第一节“建制镇村名”中的五、“莘庄镇村名”（第 90 页），第三章“居住区名”第一节“建制镇居住区名”中的六、“莘庄镇居住区名”（第 99—102 页），第四章“道路名”第二节“区级道路名”、第三节“街镇级路名”中的莘庄镇道路名，第五章“河流名”中的莘庄镇河道名。

2. 卷四十四“风俗　方言”：第一章“风俗”，第一节“岁时节庆”中的一、“传统节俗”，二、“外来节日”；第二节“礼仪习俗”中的一、“婚嫁习俗”，二、“寿诞习俗”，三、“丧葬习俗”；第三节“生活习俗”中的一、“日常生活习俗”，二、“禁忌迷信与恶习”。第二章“方言”，第一节“音系”中的一、“声母”，二、“韵母”，三、“声调”；第二节“语音和词汇的变化”中的一、“语音变化”，二、“词语变化”；第三节“沪谚”中的一、“沪谚概况”（非笔者撰稿），二、“俗谚俚语选录”，三、“歇后语选录”。（第 1653—1672 页）

3. 卷四十五“镇　街道　莘庄工业区”：第一章“建制镇”第六节“莘庄镇”中的一、“区位与地理环境”，二、“经济”，三、“文化与社会”。（第1694—1698 页）

4. “专记”：“四、1992—2011 年褚家塘社会概况调查”。（第 1767—1772 页）

四、独立编修的地方志书

1.《褚家塘志》（自然村志，上海人民出版社 2010 年 12 月版）

2.《褚家塘志》（第二版）（自然村志，中西书局 2019 年 5 月版）

3.《东吴志》（行政村志，中西书局 2020 年 12 月版）

4. 上海民信置业公司志稿（2017 年 4 月，约 10 万字）

5.《闵行方言志》（刘民钢、褚半农著，将由上海辞书出版社出版）

附录 2：参加地方志评议、审定

一、《上海市志·民俗·方言分志·民俗卷（1978—2010）》（上海市地方志编纂委员会编）

2020 年 1 月 9 日下午召开评议会。评议专家名单：组长陈勤俭，成员（以姓氏笔画为序）：田兆元、完颜绍元、张勤、柯玲、徐赣丽、黄景春、褚半农、谭雪明、薛理勇、戴建国。

2020 年 12 月 15 日下午召开审定会。审定专家名单：组长陈勤俭，成员（以姓氏笔画为序）：田兆元、吕建、杨仁雷、徐赣丽、黄景春、褚半农、谭雪明、戴建国。

二、《上海市志·民俗·方言分志·方言卷（1978—2010）》（上海市地方志编纂委员会编）

2019 年 10 月 28 日下午召开评议会。评议专家名单：组长刘民钢，成员（以姓氏笔画为序）：平悦铃、许宝华、张日培、陶寰、徐兵、游汝杰、黄显功、蒋冰冰、褚半农、薛才德。

2020 年 9 月 21 日下午召开审定会。审定专家名单：组长刘民钢，成员（以姓氏笔画为序）：毛承慈、张日培、杨仁雷、陶寰、游汝杰、蒋冰冰、褚半农、薛才德。

三、《新生村志》（上海市莘庄工业区管理委员会编著）

2021 年 6 月 15 日下午召开审定会。出席人员：① 莘庄工业区：宋延辉、唐为群、徐文珍、夏敏；② 闵行区地方志办公室：朱雷萍、庞宇；③ 审定专家名单：组长褚半农，成员：赵龙、亓书理、马惠林、陈海翔；④ 委托第三方：杜玉虎。

代后记：
我在修志领域的两个“上海第一、全国第一”

上海第一轮地方志编修工作开始后的1983年2月28日，我被上海县教育局从莘庄明星中心小学借调至教育志编纂室，参加《上海县教育志》编纂工作（后任主编），并为《上海县志》撰稿。2011年9月5日起，我又应莘庄镇政府之邀，正式参加上海第二轮地方志编修工作，并成立只有我一人的编纂办公室，为《上海市闵行区志1992—2011》（上海人民出版社2018年5月版）撰写莘庄镇的内容，实际完成的撰稿任务还有区志中的方言、风俗、专记中一个生产队的社会调查等章节。2015年6月1日起，我应原东吴村之邀，在5年时间里，以一人之力（村里不肯建立编委会和增加人员）编修完成87.7万字的行政村志《东吴志》（中西书局2020年12月第1版）。另外，我为自家的一个自然村（生产队）编修了《褚家塘志》（上海人民出版社2010年12月第1版），9年后又增补撤队改制、各家谱系等内容，出版了《褚家塘志》第二版（中西书局2019年5月第1版）。其间，还为一家企业修了公司志稿，现正与上海师范大学刘民钢教授共修《闵行方言志》（出版中）。

时间一晃过去了几十年，我也从当年修志队伍中最年轻的中年人，跨入耄耋之年，我把此生的一半时间交给了心爱的地方志事业。编修地方志，让我开阔眼界，增长见识，丰富思维，担起责任，给了我当好历史文化守护者、本土文化挖掘者和为史志工作贡献力量的机会，并在修志领域不经意间创造了两个“上海第一、全国第一”。此生终难忘。

全国第一部自然村志诞生记

褚家塘老宅，清乾隆《娄县志》中就记有村名的一个自然村，是原上海县莘庄公社东吴大队一个生产队、闵行区原莘庄乡东吴村一个村民小组，也是生我养我的家乡地。

城镇化大潮于1990年代初涌起，上海近郊、远郊的村庄开始成批消失，村落终结成为时代特征。上百年甚至更长时间里形成的农村社会结构、农家生活形态消失，几十年里逐步建立的农村集体经济体制、集体生产方式也不复存在，农耕社会结束。1993年，褚家塘也开始被征用土地，村民陆续向外动迁。至2009年底最后一批动迁，前后用了16年，褚家塘从地球上消失了，彻底地消失了，老房子、新房子都被全部拆除，一间不剩，世世代代居住在一个宅基上的褚家塘人也被分散到了6个动迁小区里，互相之间连见一次面的机会也变得非常少了，后代之间也逐渐互相不认识了。在城镇化进程中，褚家塘这样的宅基能存留下来的会越来越少，远处的不说，团近十头念里（方言，意为周围）半径的农村老宅基也都已拆光，这更显得记录、留下相关文字的迫切和重要。当自家的村庄也面临消失之际，已有20多年“志龄”的我，一种方志情结促我思考，可以为她做点什么？

总面积约0.31平方公里的褚家塘，是社会的最小细胞，也是一个经济实体单位，有其特殊的基因。除了几年在外当兵，我一辈子没有离开过这里。这里有我的亲人、族人和朋友，我叫得出每个人的名字，也知道他们的性格脾气，熟悉每个人在不同情况下会讲些什么话，会用什么语气说话。这块小小的土地上，鸡犬之声相闻，邻里之间相安。社会上的阴晴冷暖，老宅上自然也会有反应。这里曾经有过“狠抓到底”的阶级斗争，有过自给自足的集体生产，有过彩旗飘扬的大干苦干，有过喜上眉梢的粮食丰收，有过牵动人心的喜怒哀乐。几十年中这里发生的村事、队事、家事，我参与、我知道、我熟悉，我有责任和义务把自家村庄的历史写出来。我决定趁退休不久人未老的有利时机，发挥特长修纂《褚家塘志》，用这个载体为消失的小村庄留下历史。几乎在老宅最终消失的同时，我完成了《褚家塘志》的撰稿并正式出版。

为一个自然村修志，困难主要在资料缺乏。我之所以敢撰写一个自然村的《褚家塘志》，一个原因是我手头有足够多的资料。几十年中我有不少记录，还注重收集、保存而形成了家庭档案，比如我手头有30多年前亲手绘制、刻印的包括褚家塘在内的东吴大队地图册，有多年缴售农产品、出售生猪的原始发票，土地承包责任书，以及自家拍摄的录像带、老照片等，这些显得特别珍贵了。这原是我为文学创作搜集素材积累的，可在撰写《褚家塘志》时也派上了用场，当年记录的公社农民食堂出饭率、数次划分或收回自留地、建造生产队农民新村等内容，对我撰写志稿带来了意想不到的方便。

档案是直接形成的历史纪录，但大量的馆藏档案资料，基本上都是以人民公社为主的，生产大队（行政村）的内容已比较少了，生产队的内容在馆藏档案中可能相当有限，但我还是将区档案馆作为收集资料的首选地。从2007年3月5日起的两个月时间里，我几乎每天都孵在馆里忙碌，查阅了全部开放档案目录，从中挑选有关案卷。光这个档案目录，我就整整抄录了28页报告纸，涉及约500本案卷。在以后的日子里，按照目录，每天从管理员手中接过一本又一本案卷，再从一页又一页发黄的纸张中，细细找寻出一条又一条自己村庄的内容。努力之后，终有收获。

自然村志在地方志六个层次（省、市、区县、乡镇、行政村、自然村）中，属最底层的志书，虽是部“小志”，但同样需要遵守地方志编修原则，遵循质量是志书生命的基本要求，内容上要做到“横排门类，纵述始末”。由于资料收集充分、详细，我以保存原生态信史为念，从“小志”特点出发，合理设置篇目结构，区分不同层次的入志资料，做到内容翔实完整、记述求真存实，重在保存历史真实。这使《褚家塘志》所立的条目，都有足够的材料支撑，全用资料说话，也使整部志书内容厚重、扎实，保证了志书质量。而这些有价值的底层资料，一般进不了上位志书，或者进入后也无法详细记载。现在我把它记进自然村志中，弥补了这种缺憾，也让“小志”发挥了详县志所略、补苴罅漏的独特作用。

褚家塘老宅的历史是褚家塘人创造的。这块土地上的田块河流、地理沿革、姓氏溯源、经济民生、衣食住行、风土人物、民俗习惯，以及村事，村志据实直书，一一记入其中而历历如在眼前，还原了一个自然村（生产队）的历史面貌，从中还可看到一个时代的许多历史细节。几十年收集、保存的家庭档案资料，经过筛选、核实，落笔成文，记载了村民的日常生活情况。如“事录”中除了记有阶级斗争、“大批判”这类当年的头等大事外，还记载村民“战天斗地”的具体事例，甚至有1959年提倡多子女生育时的“光荣妈妈”、1964年2月最后一名结婚坐花轿的新娘、1970年5月出生的第一个独生子女，以及1962年5月通电灯、1991年8月通自来水等内容，既记事、记物，又记人，这些不见于馆藏档案的重要内容，因唯一而变得珍贵了。这些材料扎实，内容鲜活，记录连续，桩桩件件，皆褚家塘独有，连起来就是这个村庄几十年的发展史。

1961年4月至6月，复旦大学在读研究生蒋凡和几个同学，曾下放到褚家塘劳动，并宣传贯彻中共中央农村工作“六十条”精神，我俩有过一段友谊。这次应我之请，早已是复旦大学教授、博士生导师的蒋凡先生欣然为《褚家塘志》赐序，阅志无数的他有感而发：“《褚家塘志》是我所见到的我国第一部自然村志，很有创新意义和借鉴价值。”

当我拿到出版样书，轻轻抚摸着设计简洁的封面，感慨油然而生：褚家塘消失了，她的历史保存在《褚家塘志》中。作为上海第一部自然村志，2012年还获得了上海市第三届地方志优秀成果（志书类）三等奖。2021年12月版的《上海市志·档案方志分卷·方志卷》（上海市地方志编纂委员会编）中设了“褚家塘志”条目，介绍内容中还有：“2010年12月，《褚家塘志》由上海人民出版社出版，为全国第一部自然村村志。”这一结论，既是对我付出的努力给予肯定，也给我带来了惊喜。

第一个将绞圈房子记入县志

在上海（包括市区、郊区）及苏南地区原有一种特色老房子，为立帖式，砖木结构，绞圈而建，梁、柱、帖之间因榫卯衔接而互相牵制，抗风、抗震性极强。形制有两埭头、三埭头，开间有三开间、五开间等，前有墙门间，后有客堂间，有的还有仪门头。这种优秀传统古建筑，老祖宗传下来的名称叫“绞圈房子”。它比石库门出现时间要早得多，分布范围也广得多。但在一个非常长的历史时期里，却被我们彻底遗忘了，没有记录，没有图照，没有论文。1980年代，当农村绞圈房子面临大规模拆除时，也竟听不到一丝阻止、反对或呼吁保存的声音，以至于闵行区乃至全市更大范围里的绞圈房子被拆得所剩无几，消失得无声无息。当时也居然只有我一个人在为它鼓与呼，声音虽微弱但仍然坚持，一直在用将其记入地方志书、发表介绍文章、为它立传存史等十件实事的实际行动，投身于建筑文化遗产的抢救，最终走上研究之路，成了上海发掘、记录和研究绞圈房子第一人。

1983年参加第一轮修志后，在分配的撰稿章节中，我最早将绞圈房子记进了《上海县志》（出版要到1993年），这也是我为它做的第一件实事。1990年，赶在莘庄乡谈家塘老宅拆迁前，我用刚买的相机，抢救性拍摄了上海第一张两进式绞圈房子的照片，留下珍贵的资料。1991年11月27日《劳动报》发表我第一篇，也是上海最早的介绍文章《也谈老式本地房》中，就使用了“绞圈房子”名称；到2016年底，我先后发表12篇文章（包括学术论文），一是介绍，二是为它鼓与呼。2008年12月，我从清光绪九年（1883年）出版的《松江方言教程》中，挖掘出了120多年前（距今已140年）记载绞圈房子的珍贵资料；翌年发表《绞圈房子：极具特色的上海传统民居》论文，公布我的发现和研究成果。这是上海第一篇有关绞圈房子的学术论文，先后被市地方志办公室编辑的《上海研究论丛》（第二十一辑）等3部文集收录（标题有改动），也为这种长期存在却被遗忘的古老建筑重新进入世人之眼，提供了研究课题和翔实资料。2017年4月28日《闵行报》两个版面发表拙文《我为绞圈房子鼓与呼》，5月23日《上海日报》和5月26日《闵行报》（英文版）分别转载，扩大了绞圈房子的影响。2017年4月，闵行区政协启动“发现闵行之美”丛书编撰工作，我的书稿《话说绞圈房子》被列入第一辑，于当年12月由上海书店出版社出版（现已第3次印刷），此为上海，乃至全国第一部专著，是我为绞圈房子做的第十件实事——立传，也是为建筑文化传承、发展做了件有意义的事，出了份力，值得。我又对一个自然村和一个行政村的绞圈房子作专题调查，还绘制了两（三）进式五开间绞圈房子平面图，附有详细的“建筑词语例释”，记入《褚家塘志》和《东吴志》中，期收保存重要资料之效。这些事实表明，我一直在为绞圈房子“鼓呼”，让它“入志”，助它“存史”。

这件事由我来做成，只是因为我具备了三个条件，缺一不可。一是我非常熟悉这种特色建筑。我自小就同几户本家合住在一幢绞圈房子里，不仅熟悉它，还建立有深厚的感情。说熟悉，是说我知道这种房子的形制、结构、特点和施工方法，叫得出每间房子和各种构件的名称。说感情，自幼年、少年，青年，直至进入中年，长达三十多年的时间里，我都是在绞圈房子里度过的，老房子里有过的喜怒哀乐，还有客堂里的迎来送往，堂名匾的擘窠大字，仪门头上的精美砖刻，都深深地嵌在我脑子了。我拍摄的第一张绞圈房子照片，最先刊登于对口的1993年第4期《上海住宅》（同时发表《典型的旧式上海农村住宅——绞圈房子》）。2012年2月25日《文汇报·笔会》发表《关注又一种老房子》时，应编辑要求，照片第三次刊用。照片的多次公开发表，让众多读者见到了绞圈房子的“面貌”，也让默默无闻的绞圈房子走进民众的视线。

二是我有幸参加了第一轮编修地方志工作。建筑是城乡历史、文化的载体，绞圈房子自然也是海派建筑、海派文化的重要组成部分，反映的是本土建筑的继承，积淀的是历史传统、风俗习惯、生活方式、方言土语等文化元素。从建筑实体来说，绞圈房子的设计理念、形制特色、施工技术等，都是值得业界研究、借鉴的宝贵资源。而房子名称、构件名称及众多的建筑词语等，它们长期在民间使用、流传、积淀，又都是语言学者，尤其是方言学者研究的对象。我为《上海县志》的一个撰稿任务涉及这种特色住宅，我想，对建筑遗产我们要有崇敬态度，再也不能让它默默无闻下去了，要给以应有的记载，让它在中国建筑史，尤其是上海建筑史上占一席之地。在县、市图书馆找不到任何资料的情况下，鉴于这种住宅的实际存在，以及悠长的历史和与众不同的特色，我将绞圈房子的名称和形制特色、结构特点等记录进了县志。先辈创造的优秀传统特色住宅，就这样被我第一个准确、完整地记入了历史。1997年6月11日上午，我应邀参加一部市专业志的评稿，这部记载全市住宅建筑的专志，因编纂者不了解这种特色房子而未提“绞圈房子”。我提了建议，主编崔广录先生十分重视，会后特派两位长者来听取意见，我提供了资料，他们将很多内容作了补充、修改，并把“绞圈房子”4个字写进了志书。

三是我作为上海方言研究者，为了寻找方言历史记录，特别关注明清和民国文献。2008年12月，在上海大学参加第二届国际上海方言学术研讨会时，石汝杰教授送我一册清光绪九年（1883年）出版的《松江方言教程》（复印件），这是法国传教士为其同伴编写的学习上海方言（当时称松江方言）的教材。书中有两处记载了绞圈房子，一是词语“一绞圈”，二是有一段30多字的关于绞圈房子的对话，且“绞圈”二字的写法和读音，同我以前使用的完全相同，这一意外发现让我大喜过望。这是我至今发现最早记载绞圈房子材料的历史文献，期望今后能发现更早的文献记录资料。因写作者不知道房子名称的正确写法，其他文章中不时出现读音不对的异形词，如“绕圈”“搅圈”“高圈”等。在上海方言中，“绞”字有文读的 jiǎo，和白读的 gáo 两个读音。绞圈房子中的“绞”字要读 gáo 音，我在文章中大力为其正名，强调其在建筑史、“非遗”等方面的重要性。现在，“绞圈房子”已成标准名称。

如果没有第一个条件，可能我至今不了解绞圈房子；如果没有第二个条件，就不会想到让绞圈房子存史于志；如果没有第三个条件，更不会知道，也不会去阅看那本方言教材。三个条件成就了我的又一个上海第一和全国第一：第一个将绞圈房子记入上海的地方志，出版了全国第一部专著《话说绞圈房子》。

（本文入选《当代上海研究论丛（第 6 辑）：庆祝中华人民共和国成立 75 周年专辑》，上海社会科学院出版社 2024 年 9 月版）

褚半农著作集

《或许乡愁》

（散文随笔，文汇出版社 2023 年 3 月）

《横塘莘两岸》

（散文随笔，上海辞书出版社 2023 年 3 月）

《东吴志》

（村志，中西书局 2020 年 12 月）

《上海方言客堂间》

（专著，上海书画出版社 2019 年 9 月）

《褚家塘志》（第二版）

（自然村志，中西书局 2019 年 5 月）

《话说绞圈房子》

（专著，上海书店出版社 2017 年 12 月）

《走到今朝的上海方言》

（专著，复旦大学出版社 2016 年 10 月）

《步随流水赴前溪》

（专著，复旦大学出版社 2016 年 10 月）

《莘庄方言》

（专著，学林出版社 2013 年 3 月）

《褚家塘志》

（自然村志，上海人民出版社 2010 年 12 月）

《明清文学中的吴语词研究》

（专著，上海辞书出版社 2008 年 10 月）

《上海西南方言词典》

（专著，上海人民出版社 2006 年 6 月）

《〈金瓶梅〉中的上海方言研究》

（上海古籍出版社 2005 年 6 月）

《听雨怀忠堂》

（散文集，三联书店 2004 年 5 月）

《过去不会过去》

（散文集，中国文联出版社 2001 年 11 月）

《上海县教育志》（主编）

（上海社会科学院出版社 1989 年 12 月）